集人文社科之思　刊专业学术之声

集 刊 名：非洲研究

主办单位：浙江师范大学非洲研究院

主　　编：刘鸿武　周　倩

AFRICAN STUDIES

编辑部

地　　址：浙江师范大学非洲研究院

电　　话：0579-82287076

E-mail: fzyjbjb2016@126.com

2023年第1卷（总第20卷）

集刊序列号：PIJ-2018-294

中国集刊网：www.jikan.com.cn/ 非洲研究

集刊投约稿平台：www.iedol.cn

中文社会科学引文索引（CSSCI）来源集刊
《中国学术期刊影响因子年报》统计源期刊
AMI（集刊）核心集刊
中国学术期刊网络出版总库（CNKI）收录
集刊全文数据库（www.jikan.com.cn）收录

**2023 年第 1 卷
（总第 20 卷）**

非洲研究

浙江师范大学非洲研究院 ｜ 主 办

刘鸿武 周 倩 ｜ 主 编

单 敏 ｜ 执行主编

社会科学文献出版社
SOCIAL SCIENCES ACADEMIC PRESS (CHINA)

目　录

政治与国际关系

经济与发展

社会文化与教育

中国与非洲关系

书　评

政治与国际关系

非洲研究　2023 年第 1 卷（总第 20 卷）
第 3—18 页
SSAP ⓒ，2023

"非洲问题非洲解决"的理念更迭
及其本土实践研究[*]

关培凤　孙小涵

【内容提要】自非洲各国取得独立以来，和平与安全问题一直是各国发展的最大障碍，各国也在实践中不断探索内部冲突解决的本土方案。在这样的背景下，"非洲问题非洲解决"概念应运而生。受泛非主义和非洲复兴思想影响，"非洲问题非洲解决"突出了非洲希望在解决内部冲突中发挥主导作用的强烈意愿，其内涵也在实践中不断明晰。尽管目前这一概念在实践层面依然面临诸多挑战，但随着相关案例的不断丰富，非洲大陆在解决内部冲突上已经表现出越来越鲜明的本土主张。

【关键词】非洲问题非洲解决；泛非主义；非洲复兴

【作者简介】关培凤，武汉大学中国边界与海洋研究院教授、博导，主要研究方向为印非关系、非洲边界问题；孙小涵，武汉大学中国边界与海洋研究院博士研究生，主要研究方向为非洲安全问题、法非关系及印非关系（武汉，430072）。

自非洲各国独立以来，内部治理挑战和外部干预影响一直困扰着各国发展。在长达半个多世纪的探索中，不少非洲有识之士都认识到非洲发展问题的关键在于和平，而倡导和平的关键在于非洲国家要充分发挥

* 本文系国家社会科学基金青年项目"中非命运共同体理念下构建我国对非洲安全合作升级版的对策研究"（项目编号：19CGJ028）的阶段性成果。感谢《非洲研究》匿名审稿人提出的意见和建议，文中疏漏由笔者负责。

主导作用。在这样的背景下，1994 年，著名美籍加纳裔政治经济学家乔治·阿伊泰（George Ayittey）在论述索马里危机解决路径时创造性地提出了"非洲问题非洲解决"（African solutions to African problems）这一概念。① 自此，非洲有识之士开始深入思考本国与非洲大陆所面临的内外困局，开始深入挖掘研究"非洲问题非洲解决"的内在含义，以逐步走出真正的非洲独立自主道路。②

目前，国外对于"非洲问题非洲解决"的研究体系主要可分为西方学者和非洲学者两类。西方学者侧重论述在非洲主导背景下西方国家如何参与非洲和平进程。如美国学者特里·M. 梅斯（Terry M. Mays）认为，"非洲问题非洲解决"有希望成为非洲与西方达成双赢的和平方案，但是其中有三个核心问题有待解决：一是非洲国家是否有能力主导和平方案；二是西方国家是否愿意提供必要后勤和资金支持；三是非洲与西方如何建立有效的合作机制。③ 而非洲学者侧重论述非洲推进内部冲突解决方案形成的路径。如加纳学者亨丽埃塔·门萨－邦苏（Henrietta Mensa-Bonsu）强调了摒弃西方影响、建立非洲学术话语的重要性。④ 埃塞俄比亚学者比路克·科迪尔·穆罕默德（Biruk Kedir Mohammed）和南非学者胡赛因·所罗门（Hussein Solomon）都认为，"非洲问题非洲解决"的发展前景在于加强以非盟为主导的国家间谈判，同时不断完善次区域协调机制。⑤

在国内研究方面，已有学者对非统或非盟冲突调解机制以及非洲国家和平安全理念变迁等问题进行了研究，但是对非洲国家如何探索内部冲突解决方案并不断加以改进完善的考察仍不多见。如周玉渊认为，非洲国家和平安全理念在不断变化，从"非洲问题非洲解决"到"以非洲

① George B. N. Ayittey, "The Somali Crisis: Time for an African Solution", Cato Institute Policy Analysis, March 28, 1994, p. 1.

② Remofiloe Lobakeng, "African Solutions to African Problems: A Viable Solution towards a United, Prosperous and Peaceful Africa?", Institute for Global Dialogue, October 2017, p. 1.

③ Terry M. Mays, "African Solutions to African Problems: The Changing Face of African Mandated Peace Operations", *Journal of Conflict Studies*, 2003, 23 (1), pp. 106 – 125.

④ Henrietta Mensa-Bonsu, "'African Solutions for African Problems': Where Is the Research?" Social Research Council, May 2018, p. 10.

⑤ 参见 Biruk Kedir Mohammed, "How the Concept of 'African Solutions for African Problems' Can Be Applied to Resolve the GERD Dispute", *Open Journal of Political Science*, 2021, 11 (4), pp. 594 – 613; Hussein Solomon, "African Solutions to Africa's Problems? African Approaches to Peace, Security and Stability", *Scientia Militaria: South African Journal of Military Studies*, 2015, 43 (1), pp. 45 – 76。

为中心的安全范式",再到当今的"完全责任"。① 关培凤和路征远、雷芳考察了非统在解决内部冲突上的实践。② 洪永红、方晓庆论述了非洲国家对于争端解决的国际法贡献。③ 然而,国内对非洲国家如何探索"非洲问题非洲解决"的研究却远远不够。因此,本文拟从非洲内部冲突的本土实践出发,探究"非洲问题非洲解决"的渊源、内涵及面临的挑战。

一 "非洲问题非洲解决"理念的渊源流变

阿伊泰在提出"非洲问题非洲解决"时便指出,"非洲国家要想实现'非洲问题非洲解决',就必须秉承泛非主义精神,团结一致应对挑战,并从非洲复兴思想中汲取本土争端解决智慧"。④ 由此可见,泛非主义精神和非洲复兴思想可视作"非洲问题非洲解决"的两大渊源。

(一)泛非主义对"非洲问题非洲解决"的塑造

泛非主义对非洲人民形成"非洲问题非洲解决"共识的影响可分为三个阶段:萌发期、探索期和形成期。萌发期与泛非主义兴起的时间相对应,这一时期的非洲有识之士已经认识到团结一致的重要性,呼吁消除散落世界各地以及非洲大陆本土非裔民众之间的隔阂。早在 20 世纪泛非主义运动兴起之初,黑人运动领袖马库斯·加维(Marcus Garvey)就曾提出"非洲人的非洲"(Africa for the Africans),呼吁散居世界各地的非裔群体要和非洲大陆本土民众团结起来,共同争取属于非洲人民的独立治理权。⑤ 但

---

① 周玉渊:《非洲集体安全机制的进展与挑战——从非洲和平安全框架到"2020 年消弭枪声计划"》,《云大地区研究》2020 年第 1 期,第 35 页。

② 关培凤:《非统与非洲边界和领土争端解决析论》,《中国非洲研究评论》总第四辑,社会科学文献出版社,2015,第 115 页;路征远、雷芳:《非统组织解决非洲内部争端问题探讨》,《理论建设》2009 年第 2 期,第 46 页。

③ 洪永红、方晓庆:《试论非洲国家对国际法发展的贡献》,《西亚非洲》2022 年第 3 期,第 133 页。

④ George B. N. Ayittey, *Africa Unchained: The Blueprint for Africa's Future*, New York: Palgrave Macmillan, 2005, p. 417.

⑤ Marcus Garvey, "Africa for the Africans", *Excerpt from the Negro World*, 1922, 12 (10), https://cpb-us-w2.wpmucdn.com/u.osu.edu/dist/1/3078/files/2012/06/Appendix-VI1.pdf. Accessed 2022 – 10 – 26.

是，这一时期的泛非主义运动并没有提出非洲人应该如何走向联合的具体方案，其反殖民主张也没有上升到价值观层面，没有明确要如何处理西方思想和非洲本土实践之间的矛盾。

探索期基本可对应为 20 世纪五六十年代的泛非主义运动。这一时期的非洲国家普遍刚刚独立，面临着严峻的发展困难，而冷战的时代背景也使得非洲国家建设道路选择越发复杂。这一时期的很多非洲国家初代领导人非常推崇泛非主义，主张以邦联或联邦的形式建立"非洲合众国"（United States of Africa）。[1] 他们深刻意识到非洲普遍国小势微，必须联合起来才能防止"巴尔干化"（Balkanisation），最大化地发挥非洲民众团结的力量。泛非主义倡导者、加纳国父恩克鲁玛曾在其著作中指出，"长久以来非洲都是在用他者的声音说话，现在我呼吁非洲人要在国际事务中发扬非洲人格（African Personality），用自己的声音说话，并发挥真正属于非洲的影响力"。[2] 肯尼亚著名学者阿里·阿拉明·马兹鲁伊（Ali Al'amin Mazrui）在其著作中也强调非洲国家应该一致反对外部国家干预，谋求大陆内部的争端解决方案。[3] 这一时期的泛非主义运动已经有了相当清晰的斗争目标和实现联合的具体方案，即建立"非洲合众国"。尽管从结果看这一时期的斗争目标并未达成，但是泛非主义所倡导的"非洲人民要联合起来"的观念已经深入人心，反对外来势力特别是殖民残余干预非洲事务的主张也越发强烈。

冷战结束初期，随着阿伊泰正式提出"非洲问题非洲解决"，泛非主义对于这一构想的影响也进入了形成期。以阿伊泰为代表的非洲学者已经深刻意识到非洲各国内部的政治经济危机与非洲大陆的和平安全局势息息相关，如果一国政府无法或不愿解决冲突，其他非洲国家就应该形成有效的大陆内部干预机制，确保"非洲的问题是由非洲人站在非洲大陆的立场上解决的"。[4] 乌干达总统穆塞韦尼在其著作中指出，"对于他国内部的冲突，我们应该意识到这会对这个大陆的社会经济发展和安全局

① George B. N. Ayittey, "The United States of Africa: A Revisit", *The Annals of the American Academy of Political and Social Science*, 2010（632）, pp. 86 – 102.

② Kwame Nkrumah, *I Speak Freedom*, London: Panaf Books, 1961, pp. 35 – 66.

③ Ali Al'amin Mazrui, *Towards a Pax Africana: A Study of Ideology and Ambition*, London: Weidenfeld & Nicholson, 1967, pp. 88 – 101.

④ Francis M. Deng et al., *Sovereignty as Responsibility: Conflict Management in Africa*, Washington, D. C.: The Brooking Institution, 1996, pp. 23 – 27.

势产生影响，所以应该联手做出及时有效的反应，同时要注意坚决摒弃外部势力的干预"。① 这一时期泛非主义对"非洲问题非洲解决"的借鉴价值已经相当明确，那就是要大陆内部团结一致、反对外部干预势力。

在泛非主义的影响下，"非洲问题非洲解决"深深扎根于非洲国家要团结一致的思想中。

（二）非洲复兴对"非洲问题非洲解决"的影响

如果说泛非主义使非洲国家形成团结一致、反对外部势力的普遍共识，为"非洲问题非洲解决"奠定了基础，那么，非洲复兴主要从协调非洲国家与西方世界和传统社会的关系方面为"非洲问题非洲解决"提供了实践路径。

这一思想最初是由塞内加尔历史学家谢赫·安塔·迪奥普（Cheikh Anta Diop）在 20 世纪 50 年代提出的。② 他在其著作《迈向非洲复兴：论非洲文化发展，1946~1960》中写道，"现实表明非洲大陆一部分传统受到了欧洲的污染，但另一部分则完好无损，正是基于这样的复合情况，非洲大陆有必要掀起一场复兴运动"。③

非洲复兴对于"非洲问题非洲解决"的贡献可以概括为以下两个方面。第一，非洲与西方的调试。非洲复兴思想的发扬者、南非前总统姆贝基曾指出，"文艺复兴是欧洲构建全球秩序、主导全球化的起点，非洲复兴也应该充分观照当前全球化趋势，积极融入国际秩序并力争做自身发展道路的主宰者"。④ 这在实质上就体现了非洲复兴倡导者与西方价值的和解，既肯定了非洲在历史实践上并不比欧洲落后，完全有潜力实现自主发展，又提出了对于西方有益经验应该部分借鉴的主张，强调非洲复兴运动不能全盘照抄西方，要以本土经验为主导，挖掘非洲传统中的优秀经验。第二，传统与现代的兼容。南非的非洲复兴研究院（African

---

① Yoweri Kaguta Museveni, *What Is Africa's Problem?*, Minneapolis: University of Minnesota Press, 2000, pp. 143 - 170.

② Leketi Makalela, Walter Sistrunk, "Review: C. A. Diop. *Towards the African Renaissance: Essays in African Culture and Development, 1946 - 1960*", *New Afrikan Journal of Culture, Politics & Consciousness*, 2002, 1 (1), https://www.africaknowledgeproject.org/index.php/proudflesh/article/view/243. Accessed 2022 - 10 - 26.

③ Cheikh Anta Diop, *Towards the African Renaissance: Essays in African Culture and Development, 1946 - 1960*, New Jersey: Red Sea Press, 2000, p. 34.

④ Thabo Mbeki, *Africa: The Time Has Come*, Johannesburg: Tafelberg Publishers, 1998, p. 241.

Renaissance Institute）对非洲复兴这一概念做出了如下定义："非洲复兴旨在推动本体观念的转变，以重建多元化的非洲传统价值观，倡导个人积极融入社区，与他人一道承担社会责任、掌握自身命运。"① 很多非洲学者认为在这一定义中应特别关注"非洲传统价值观"，强调此处指的是仅存在于非洲的独特传统观念，因此非洲复兴必须与传统社会实践相结合。② 还有人指出，非洲复兴要想取得像欧洲文艺复兴那样的成就，就要立足现实、观照历史，以推动非洲大陆发展为根本目标，兼容并蓄地吸收传统社会中的有益观念，为当前非洲大陆凝聚共识贡献力量。③

作为"非洲问题非洲解决"理念产生的两大渊源，泛非主义与非洲复兴对于"非洲问题非洲解决"理念的影响存在显著差异。泛非主义的本质是凝聚共识，实现非洲人的独立和联合；而非洲复兴的本质在于发展，且强调非洲国家与西方世界和传统社会的协调。受非洲复兴影响，如何借鉴西方世界和传统社会的有益经验解决当前内部冲突也是"非洲问题非洲解决"所关注的重要问题。另外，泛非主义与非洲复兴之间也有深厚的内在联系。没有泛非主义引领的"非洲复兴"无异于无根之木。因此，泛非主义和非洲复兴都反映了非洲国家在解决内部冲突中充分发挥自主性的强烈意愿，都突出了要警惕外部干预及任何形式的新殖民主义行为，这为推动非洲各国形成同质化的意识形态奠定了坚实根基。④

二　"非洲问题非洲解决"理念的内涵及实践

受泛非主义和非洲复兴推动，围绕"非洲问题非洲解决"的理论和

---

① African Renaissance Institute, *The Amended Version of the Version, Mission and Objectives*, African Renaissance Institute, Sandton, South Africa, 2000, pp. 5 – 37.

② Ngugi Wa Thiong'o, "The Allegory of the Cave: Language, Democracy, and a New World Order", *Penpoints, Gunpoints, and Dreams: Towards a Critical Theory of the Arts and the State in Africa*, Oxford: Oxford University Press, 1998, pp. 71 – 101.

③ Jose A. Cossa, "African Renaissance and Globalization: A Conceptual Analysis", *Ufahamu*, 2009, 36 (1), https://escholarship. org/content/qt8k7472tg/qt8k7472tg. pdf. Accessed 2022 – 10 – 26.

④ Lynda Iroulo, "Pan-Africanism and the African Renaissance through the APRM", Policy Briefing No. 162, South African Institute of International Affairs, 2017, https://www. jstor. org/stable/resrep25940. Accessed 2023 – 01 – 04.

实践研究越发丰富。曾担任前联合国秘书长安南维和事务顾问的尼日利亚学者恩杜布伊斯·克里斯蒂安·阿尼（Ndubuisi Christian Ani）认为"非洲问题非洲解决"的核心内涵有三方面：非洲主导性、传统实践性和创新融合性。[①] 也即非洲问题要由非洲自身来主导解决，其解决方案既要借鉴非洲传统实践，也要吸纳非洲大陆外部的有益经验，使其融合成可行的本土方案。[②] 应该承认，阿尼对"非洲问题非洲解决"内涵的分析深刻揭示了这一理念的历史蕴意和现实关切，但却未能结合更加丰富的非洲国家实践，对"非洲问题非洲解决"的内涵进行更加全面、系统的论证，国内外相关的学术成果也相对稀少。本文立足于非洲国家的本土实践，力图对阿尼的观点做进一步阐释和补充。

（一）非洲是解决非洲问题的主导者

2012 年，非盟委员会主席让·平（Jean Ping）在非盟第十九届首脑会议上论及非盟计划对刚果民主共和国和马里进行军事干预时曾指出，最关键的问题是让非洲在争端解决中发挥领导和核心作用，因为非洲人最清楚自身问题所在以及如何解决问题。[③] 事实上，出于对国家独立和主权的珍视，非洲国家在独立之初就本能地主张在非洲范围内解决非洲事务。

最早也最能体现这一主张的莫过于对殖民遗留边界存废问题的态度。1964 年 7 月，第一届非统首脑会议通过了《关于非洲国家之间边界争端的决议》，确立了解决非洲边界问题的三大原则，其中最核心的一点即在非统范围内解决非洲国家间的边界争端，根本上排斥外部势力介入非洲内部争端。[④] 这可以算作是非洲大陆对自己在非洲事务中核心主体地位的

① Ndubuisi Christian Ani, "Three Schools of Thought on 'African Solutions to African Problems'", *Journal of Black Studies*, 2018, 50 (2), pp. 135 – 155.

② Ndubuisi Christian Ani, "African Solutions to African Problems: Assessing the African Union's Application of Endogenous Conflict Resolution Approaches", University of KwaZulu-Natal, 2016, pp. 137 – 192, https://researchspace. ukzn. ac. za/bitstream/handle/10413/13990/Ani_ Ndubuisi_Christian_2016. pdf? sequence = 1&isAllowed = y. Accessed 2023 – 01 – 06.

③ Jean Ping, "Intervention de SEM Jean Ping, Président de la Commission de l'Union africaine à ma 21ème Session du Conseil exécutif", Bureau du Président, Union Africaine, Addis Abeba, 12 juillet, 2012, https://au. int/sites/default/files/speeches/29417-sp-version _ prononce _ dis-cours_ouverture_conseil_executif. pdf. Accessed 2023 – 04 – 11.

④ "Resolution Adopted by the First Ordinary Session of the Assembly of Heads of State and Government held in Cairo", UAR, from 17 to 21 July 1964, Organization of African Unity, https:// au. int/sites/default/files/decisions/9514 – 1964_ahg_res_1 – 24_i_e. pdf. Accessed 2023 – 04 – 11.

最早的公开宣示。20 世纪 70 年代中后期，索马里和埃塞俄比亚因欧加登地区的主权归属爆发战争，非统成立了八国调停委员会，负责调停两国冲突。利比亚与乍得围绕奥祖地带的争端爆发后，非统分别于 1977 年和 1984 年建立了利乍冲突特别委员会和六国和解委员会，负责调停两国边界争端、推动两国关系正常化。[①]

进入 20 世纪 90 年代，非洲次区域行为体在解决内部冲突时也已经能够发挥较大作用，如西非国家经济共同体（ECOWAS）对利比里亚内战的建设性介入。[②] 1990 年 5 月 28 日，西共体在冈比亚首都班珠尔召开了首脑会议，会上各国决定成立一个由尼日利亚、冈比亚、加纳、马里和多哥组建的调解委员会。7 月 6 日，调解委员会在会见冲突双方代表后，提出了一项和平计划，其中规定冲突双方立即停火、各国组建维和部队、建立利比里亚临时政府并在其境内举行公平选举。8 月 6 日，调解委员会再次在班珠尔举行会议，并成立了西共体停火监测小组（ECOMOG）。这些举措都为 11 月 28 日冲突双方短暂停火提供了有利条件。联合国安理会第 788 号决议对西共体在恢复利比里亚和平中所做的努力给予了充分肯定。

尽管非洲区域和次区域行为体对大陆内部的诸多冲突进行了积极的干预，但这种干预还没有体系化、机制化，依然高度依赖联合国等外部力量，甚至在卢旺达大屠杀和苏丹内战等重大事件中的干预未能成功。2002 年 7 月，非盟成员国首脑一致通过了《关于建立非盟和平安全理事会的议定书》。根据此议定书，非盟要组建"非洲待命部队"（African Standby Force, ASF）以支持和平安全理事会维护大陆和平安全的职责，这支部队也被视作非盟的维和部队，负责执行和平理事会授权发起的维和任务。[③] 自此，非洲大陆上的很多维和行动都是由非盟和次区域组织发起的，很多行动联合国并未介入。以索马里内战为例，尽管国际社会提供了一定支持，但非洲区域组织和本土力量在解决内部冲突中的主导性质逐步突出。[④] 2007

①　关培凤：《非统与非洲边界和领土争端解决析论》，《中国非洲研究评论》总第四辑，社会科学文献出版社，2015，第 16 页。

②　W. Ofuatey-Kodjoe, "Regional Organizations and the Resolution of Internal Conflict: The ECO-WAS Intervention in Liberia", *International Peacekeeping*, 1994, 1 (3), pp. 261 – 302.

③　"Protocol Relating the Establishment of the Peace and Security Council of the African Union", African Union, https://www.peaceau.org/uploads/psc-protocol-en.pdf. Accessed 2023 – 04 – 11.

④　Bewuketu Dires Gardachew, "Keeping the Peace in Somalia: Are 'African Solutions to African Problems' Enough?", *Research on Somalia and the Greater Horn of African Countries*, 2020, 7 (2), pp. 27 – 47.

年成立"非盟驻索马里特派团"（AMISOM），该特派团为索马里平民提供支持保护。2010 年 7 月，非盟还提出对特派团行动任务做出调整，创造性地提出以"先发制人打击能力"（pre-emptive strike capability）对局势进行监测。特派团的努力取得了很大成效，对索马里和平进程做出了巨大贡献，同时也充分证明非洲有能力主导解决非洲内部冲突。

除了非洲区域和次区域组织的行动外，这一时期很多非洲国家开始积极联合起来，共同应对非洲大陆安全威胁。如由贝宁、喀麦隆、乍得、尼日尔和尼日利亚组成的旨在打击"博科圣地"的多国联合特遣部队（MNJTF），以及由布基纳法索、乍得、马里、毛里塔尼亚和尼日尔组成的旨在打击恐怖势力和跨国犯罪的萨赫勒五国集团联合部队（G5 Sahel Joint Force），等等。这些行动不仅为非洲国家联合部队如何更好地在维护地区和平稳定中发挥主导作用、协商调配军事和经费资源并与外部参与者建立协调合作关系提供了良好范本，也为非洲探索以自身为主导的"非洲问题非洲解决"模式提供了建设性路径。[①]

总体而言，尽管受国际格局、非洲自身地位和内部问题等多种因素的影响，非洲大陆独立至今始终未能摆脱外部势力的影响，但追求非洲主导性的原则从来没有动摇过。随着非洲的发展及其在国际事务中影响力的提升，"非洲问题非洲解决"的实践将不断丰富，从而夯实非洲在解决自身内部冲突中的核心主体地位。

（二）非洲问题的解决要借鉴传统经验和惯例

受非洲复兴影响，"非洲问题非洲解决"在实践层面呈现了鲜明的传统实践性，即强调充分考察非洲本土在冲突解决实践历史中形成的惯例或原则，并将这些传统经验作为实现"非洲问题非洲解决"的重要路径。

谚语和舞蹈在约鲁巴社会和一些西非国家的冲突解决中能够发挥重要作用。[②] 在约鲁巴社会中，谚语被视作一种传达美德与教化的媒介。在

---

① Marie Sandnes, "The Relationship between the G5 Sahel Joint Force and External Actors: A Discursive Interpretation", *Canadian Journal of African Studies*, 2022, 57 (1), pp. 71 – 90.

② 参见 Adeyemi Adegoju, "Rhetoric in Conflict-Related Yoruba Proverbs: Guide to Constructive Conflict Resolution in Africa", *African Study Monographs*, 2009, 30 (2), pp. 55 – 69; Jacqueline Lacroix, Reina Neufeldt, "Creative Alternatives to Western Styles of Conflict Resolution: The Potential of West African Dance", Fall 2010, https://dra. american. edu/islandora/object/1011capstones: 206/datastream/PDF/view。Accessed 2022 – 10 – 24。

调解冲突时，往往会由酋长或德高望重者出面将冲突双方召集起来，围坐在一起讲述一个寓言故事，并从中引出一句具有重要意义的谚语，来使双方意识到和解和宽容的重要性，从而化干戈为玉帛。[①] 此外，在古老的约鲁巴奥约王国时代，王位原则上是世袭制的。但如果有篡权者谋取了王位，无论这个新王与此前的王室有无血缘关系，王国内都会有长者出面组织双方跳舞以化解冲突，从而最大限度维护王国内部的和平稳定。[②] 时至今日，谚语和舞蹈依然在约鲁巴社会和一些西非国家内发挥化解冲突的关键效用。

"苦饮"（Mato Oput）在解决乌干达内乱中发挥了积极作用。苦饮是乌干达北方部落的一种传统仪式，其字面意思为苦味的饮料，意指想要达成和解的人们在部落酋长或长老的见证下喝下用奥普特树叶子制成的苦味饮料，然后便相互原谅宽恕。[③] 这种和解传统的特色在于通过象征性仪式使冲突双方重新建立良好的社会关系，但前提是有罪一方本人及其宗族愿意为所犯行为承担责任并有能力进行赔偿。上帝抵抗军（Lord's Resistance Army）是乌干达国内主要的反政府武装，自 1987 年组建以来一直在乌北部地区作乱，扰乱社会治安。乌政府自 1993 年开始对上帝抵抗军进行清剿，双方交火长达十余年。联合国和区域组织都曾反复进行干预或调解，但始终未能取得理想结果。冲突双方造成该区域近 200 万人流离失所，约 10 万人死亡，8 名联合国维和人员也在执行任务时丧生。2007 年 7 月，在漫长的协商谈判后，双方和谈意愿越发强烈，一致决定在受冲突影响社区适用包括苦饮在内的传统司法机制，并将这些机制作为习惯性问责进程的重要部分，最终双方于 7 月 16 日在苏丹（现南苏丹）朱巴签订了《问责与和解协定》。苦饮等司法机制在乌干达全境和解中的积极效用证明了传统机制和经验的妥善引入有助于非洲国家解决自身冲突。乌干达常驻联合国代表弗朗西斯·K. 布塔吉拉（Francis K. Butagira）在给安理

① James Bode Agbaje, "Proverbs: A Strategy for Resolving Conflict in Yoruba Society", *Journal of African Cultural Studies*, 2002, 15 (2), pp. 237 – 243.

② Anthony Okion Ojigbo, "La résolution des conflits dans le système politique traditionnel des Yoruba", *Cahiers d'études africaines*, 1973 (13), pp. 275 – 292.

③ Tony Karbo, Martha Mutisi, "Psychological Aspects of Post-Conflict Reconstruction: Transforming Mindsets: The Case of the Gacaca in Rwanda", Paper Prepared for the UNDP/BCPR Ad Hoc Expert Group Meeting on Lessons Learned in Post-Conflict State Capacity: Reconstructing Governance and Public Administration Capacities in Post-Conflict Societies Accra, Ghana, October 2 – 4, 2008, pp. 36 – 54.

会轮值主席的信件中高度肯定了苦饮的效用，并认为在解决冲突、促进和解上有必要采纳非洲内部的一些习惯做法。①

一些非洲学者也指出，现代审判体系虽然看似伸张了正义，但其本质是一种基于法律的"报复行为"，如果在乌干达国内普遍推行现代审判惩罚制度，那么国内各族间的怨恨将会无休止。而苦饮等机制的引入使冲突以双方都能接受的公正、和平、持久的方式得到了解决，由此推动了民众的宽容和解，这才是最符合倡导国家内部冲突和平解决、实现地区长久和平安宁的路径。② 由苦饮在乌干达内战中的适用性可以看出，注重调解、强调部落酋长的作用和倡导宽容是非洲传统的争端解决方案或经验的一大特征，非洲本土化的冲突解决方案中应将有益的传统经验或惯例积极纳入其中。

此外，非盟智者小组（The Panel of the Wise）的设立也凸显了传统经验在解决非洲内部冲突中的重要价值。2007 年 12 月，非盟依据《关于建立非盟和平安全理事会的议定书》第 11 条成立了第一个智者小组。该小组由 5 人组成，均是"为非洲大陆和平、安全和发展事业做出过杰出贡献的来自社会各界的德高望重人士"，其主要职责是在预防和解决冲突方面为和平安全理事会提供咨询意见。③ 智者小组的创设灵感源于非洲传统社会部落酋长和长老在调解冲突矛盾上的重要作用，小组成员的选拔标准之一为"德高望重"，依照非洲传统观念小组成员往往便是族群内部的长者或位高者。第一个智者小组成立后不久便向已深陷内战泥淖三年之久的中非共和国派遣了第一支特派团。这支特派团系统评估了中非国内政治局势以及开展包容性政治对话的筹备工作，并与国内各政党、工会、民间组织及外国使团进行了一系列磋商。时任中非共和国总统弗朗索瓦·博齐泽·扬古翁达（François Bozizé Yangouvonda）特授予智者小组与反对派武装磋商的权限，智者小组在与反对派磋商后向博齐泽提交了一

① Francis K. Butagira, "Letter Dated 16 July 2007 from the Permanent Representative of Uganda to the United Nations Addressed to the President of the Security Council", S/2007/435, United Nations Security Council, July 17, 2007, https://documents-dds-ny. un. org/doc/UNDOC/GEN/N07/429/81/IMG/N0742981. pdf? OpenElement. Accessed 2022 – 11 – 24.

② Barney Afako, "Reconciliation and Justice: 'Mato Oput' and the Amnesty Act", May 2022, https://rc-services-assets. s3. eu-west-1. amazonaws. com/s3fs-public/Accord% 2011 _13Reconciliation% 20and% 20justice_2002_ENG. pdf. Accessed 2022 – 10 – 24.

③ João Gomes Porto, Kapinga Yvette Ngandu, *The African Union's Panel of the Wise: A Concise History*, Durban: ACCORD, 2015, pp. 21 – 40.

份报告，建议他组织一次全国性对话。正是在智者小组积极努力下促成的这次对话使得内战双方达成了和解，在一段时间内维护了中非共和国的和平。

从上述案例和阐述中不难看出，传统经验、传统机制或惯例有着深厚的本土民意基础，倡导冲突双方和解的宗旨也有利于冲突区域的长久和平，值得非洲人从"传统"中汲取灵感、探索出真正"非洲人提出、非洲人主导"适合非洲大陆的争端解决机制。①

（三）非洲问题的解决方案应有开放性和包容性

有非洲学者认为，尽管非洲各国通过推翻殖民统治获得了国家独立，但在国家建设中依然普遍沿袭了殖民时代的规章制度，同时又保留了大量的习惯法和传统实践，这种杂糅的现状造就了非洲大陆争端解决机制的融合性质。② 客观上，强调"非洲问题非洲解决"并非盲目排外，而是在明确非洲主导、重视传统的同时对吸纳外部优秀经验持开放态度。因为文明可以互鉴，将国际普遍认可的做法与非洲传统实践融合，对形成更适合非洲当前发展情况的创新性冲突解决机制不无裨益。

以非盟为例，其架构既与联合国、欧盟等国际和区域组织有高度相似之处，又体现出一些鲜明的非洲本土特色。非盟承袭了联合国框架下各委员会、法院和大会等的机制，还特别借鉴了联合国安理会，专门设置了和平与安全理事会作为综合安全体系中的关键支柱，并将该理事会定性为非盟预防、管理和解决冲突的常设决策机构。根据《非洲联盟组织法》第 4条，其职责包括冲突的预防和解决、向非盟大会提出干预建议并为实施和平任务授权和对违宪政府实施制裁等。③ 但由于非盟的运作高度依赖各次区域经济共同体的协同，非洲各次区域组织也对非盟决策产生重要影响。由此可见，非盟的架构本身就突出了对外来优秀经验和本土特色情况的融合。

而在吸纳国际普遍做法方面，非盟借鉴了联合国的非冷漠原则，在

---

① Adeyinka Theresa Ajayi, Lateef Oluwafemi Buhari, "Methods of Conflict Resolution in African Traditional Society", *African Research Review*, 2014, 8 (2), pp. 138 – 157.

② Mneesha Ilanya Gelleman, "Powerful Cultures: Indigenous and Western Conflict Resolution Process in Cambodian Peacebuilding", *Journal of Peace Conflict & Development*, 2007 (11), pp. 25 – 26.

③ Constitutive Act of the African Union, https://wipolex.wipo.int/zh/text/173361. Accessed 2022 – 11 – 24.

《非洲联盟组织法》第 4 条第 h 款和第 j 款中明确在出现侵犯人权、种族灭绝、战争罪以及对和平安全构成威胁等行为时授予非盟干预成员国内部事务的权力；在融合传统实践方面，非盟创造性地建立了非洲和平与安全架构（APSA），形成了以和平与安全理事会（PSC）、智者小组、大陆预警系统（CEWS）、非洲待命部队以及和平基金为支柱的综合安全体系。这一体系亦体现了国际普遍做法与非洲本土实践的融合。而体系中的智者小组又充分体现了非盟对于本土实践的传承，强调了非洲国家对于"酋长调节斡旋"传统的尊重。

需要认识到，阿尼在提出三点核心内涵时并未明确强调其中的关联性，但从上文所述非洲本土实践来看，这三点内涵是一体三面的关系，绝不能孤立、机械地进行分析解读。由此可以得出，实现"非洲问题非洲解决"一定要尊重非洲的主导作用，在充分借鉴传统经验和惯例的基础上，开放包容地吸纳外部有益实践。

三　"非洲问题非洲解决"理念与实践所面临的挑战

尽管非洲国家普遍追求"非洲问题非洲解决"，即在坚定非洲发挥主导作用的基础上，充分借鉴西方经验和传统社会中的习惯做法，团结协商，倡导和解，然而其深入发展也面临两点明显的挑战。

首先，非洲传统制度对于当前争端解决实践的影响存在两面性。尽管传统习俗在非洲冲突解决实践中接受度较高，但是在解决当前冲突时也存在显著局限性，集中体现为地域限制和惩戒机制不足。从地域看，非洲传统社会中形成的冲突解决习俗主要是以地区、部落为单位的，而现代非洲国家的形成在很大程度上是殖民者依据地理标识强行划分的，这就导致族裔网络与国家边界并不适配，不同部落的习俗之间也可能存在差异甚至冲突。

美国学者 I. 威廉·扎特曼（I. William Zartman）指出，非洲冲突仲裁和调解的成效高度依赖本部酋长或长老的威信，某一部族的人不会同意外族首领介入争端，但超出该部落或者几个部落间的冲突往往很难通过长老间的谈判协调和平解决。[1] 已故尼日利亚著名学者奥卢菲米·巴米

---

① I. William Zartman, *Traditional Cures for Modern Conflicts: African Conflict "Medicine"*, Boulder: Lynne Reiner Publisher, 1999, p. 3.

格博耶加·奥拉奥巴（Olufemi Bamigboyega Olaoba）也曾以约鲁巴社会文化为例，强调约鲁巴部落长老和尊者对部族冲突拥有崇高裁决权，部族内部的人几乎只信服他们的调解箴言。① 这显然降低了冲突各方达成和解的效率，严重时还会激化冲突。从惩戒机制看，非洲传统社会并不主张对犯人执行惩戒措施，相反还大力推动赦免与和解。非洲学者昂玮·弗里德（Onwe Friday）和埃泽·奥格博尼亚·埃泽（Eze Ogbonnia Eze）以尼日利亚为例考察了非洲传统社会的犯罪惩处机制，指出罚款赔偿、罪孽净化仪式、公众嘲讽、化妆和戴面具、关禁闭以及放逐为最主要的惩戒方式，死刑的适用条件相当苛刻，往往是犯下诸多命案或与首领妻子通奸的罪犯才会被斩首。② 由此可见，非洲传统观念更为重视从道德层面对罪犯加以规诫，发生冲突后首先做的是恢复秩序，"净化"肇事者的心灵使其重新融入社会。这样一来就助长了有罪不罚现象，因为道德规诫很多时候并不能对争端中有罪一方构成实质约束和惩戒。

其次，非洲维和的执行者在进行干预行动时的利益考量常常并不一致，从而引发非洲内部分歧，降低了安全治理成效。以 2006 年索马里内乱为例，当年 6 月，索马里境内宗教武装"伊斯兰法庭联盟"（ICU）击溃了非宗教性武装"恢复和平与反恐联盟"（ARPCT），并占领了索马里首都摩加迪沙。这一事件使索马里内部安全形势急剧恶化，引起了非盟、东非政府间发展组织"伊加特"（IGAD）及以埃塞俄比亚、厄立特里亚等为首的索马里邻国的高度重视和警惕，但这些相关方对于索马里局势都有着自身利益考量。非盟有意主导索马里冲突解决进程，但因其成员国众多，各方谋求共识以致谈判时间较长，此外还要和联合国安理会进行协调，致使非盟直到 2007 年 1 月 19 日才通过了成立非盟驻索马里特派团的决议。③ 而伊加特组织在 2006 年 9 月发表公报，其中明确指出谋求

---

① Olufemi Bamigboyega Olaoba, *An Introduction to African Legal Culture*, Ibadan：Hope Publications, 2002, p. 15.

② Onwe Friday, Eze Ogbonnia Eze, "Crime Control in Traditional African Societies：A Review of Crime Control in Nigeria", *International Journal of Academic Multidisciplinary Research*, 2019, 3（4），pp. 34 – 35.

③ "Communiqué of the 69th Meeting of the Peace and Security Council", AU, PSC/PR/Comm（LXIX），January 19, 2007, https：//www. peaceau. org/uploads/communiqueeng – 69th. pdf. Accessed 2023 – 04 – 14.

索马里问题在伊加特五国（埃塞俄比亚、肯尼亚、索马里、苏丹和乌干达）框架下得到解决。① 埃塞俄比亚是以基督教徒为主体的国家，并不乐见伊斯兰教在邻国索马里壮大起来。而厄立特里亚与埃塞俄比亚长期以来关系紧张且双方存在边界争端，所以厄立特里亚强烈反对埃塞俄比亚介入索马里局势。各方在协商谈判过程中的尖锐分歧严重影响了及时、妥善地应对索马里内乱，也暴露了非洲内部分歧对非洲安全治理的消极影响。

2010 年底，因科特迪瓦总统巴博不接受败选结果，该国陷入了严重的政治和社会危机，非盟、西共体以及部分非洲国家均对此做出了反应，但各方立场存在显著差异。西共体在当年 12 月 24 日发表声明坚决要求巴博"立即以和平方式进行权力移交"，如果其拒不执行，将"只能采取其他措施包括合法使用武力等实现科特迪瓦人民的目标"。② 非盟起初称"需要时间审查危机并提出具体建议"，委托毛里塔尼亚、南非、乍得、布基纳法索和坦桑尼亚五国元首进行选举结果审查，并指派了 20 名专家在次年 2 月初抵达科特迪瓦与竞选双方巴博和瓦塔拉进行会面。3 月，非盟委员会主席让·平表示，当前目标是"要让瓦塔拉能够行使权力，应该通过对话而不是武力达成目标"。③ 几天后，西共体委员会主席维克多·贝霍（Victor Gbeho）称"对非盟处理科特迪瓦危机的方式表示失望"，"这使我们的内部团结受到侵蚀"，此外他还指责了南非向科特迪瓦派遣军舰的行为。④ 而加纳总统约翰·阿塔·米尔斯（John Atta Mills）早在 1 月就表示本国军队已经捉襟见肘，且科特迪瓦国内有大量加纳侨民，

---

① "Communiqué Issued by the Extra-Ordinary Summit of IGAD Heads of State and Government on Somalia", IGAD, September 5, 2006, https://reliefweb. int/report/somalia/communiqu% C3% A9-issued-extra-ordinary-summit-igad-heads-state-and-government-somalia. Accessed 2023 – 04 – 15.

② "Extraordinary Session of the Authority of Heads of State and Government on Côte d'Ivoire", ECOWAS Commission, December 24, 2010, p. 3, https://ecowas. int/wp-content/uploads/ 2022/08/2010 – 24 – december-Extra. pdf. Accessed 2023 – 04 – 14.

③ "Le président de l'UA, Jean Ping, en Côte d'Ivoire porteur d'un message à Gbagbo et Ouattara", RFI, Mars 11, 2011, https://www. rfi. fr/fr/afrique/20110305 – jean-ping-cote-ivoire-porteur-message-gbagbo-ouattara. Accessed 2023 – 04 – 15.

④ "Côte d'Ivoire : le chef de la Cédéao critique les tentatives de compromis avec Gbagbo", Virgule, Mars 14, 2011, https://www. wort. lu/fr/international/cote-d-ivoire-le-chef-de-la-cedeao-critique-les-tentatives-de-compromis-avec-gbagbo – 4f6101a3e4b02f5ce8fb6500. Accessed 2023 – 04 – 15.

所以加方不会在科特迪瓦内政问题上选边站队，也绝不参与任何向科特迪瓦部署安全力量的行动。① 各方各执己见，难以决断，导致科特迪瓦迟迟难以结束内乱纷争、恢复秩序。显然，在应对地区冲突和地区危机时，非盟、次区域组织和非洲各相关利益国之间对危机的性质、应对的方案、各种利益的考量和平衡常会出现分歧甚至对立，如缺乏足够的外交智慧和平衡各方的领袖人物，就极有可能出现无力应对危机甚至适得其反的结果。

由此可见，这两大挑战严重制约着非洲国家内部冲突本土化解决实践的发展，要想寻求其应对策略，还需非洲国家进一步协商探索，才能真正实现"非洲问题非洲解决"。

结　语

"非洲问题非洲解决"是非洲国家在探索内部冲突本土化解决方案时所提出的重要主张。其丰富的实践案例充分表明了，它早已从阿伊泰所提出的一个概念逐步落实为非洲国家在解决内部冲突时的共同实践。非盟在重要的纲领性文件《2063 年愿景：我们想要的非洲》中明确指出，未来非洲国家要在发扬民族自决、国家独立和大陆团结精神的基础上实现包容性和可持续发展，这就为"非洲问题非洲解决"指明了光明前景。② "非洲问题非洲解决"所承载的不仅是解决内部冲突的非洲本土化方案，更是一种倡导和平发展、推进多极化进程的"非洲智慧"。

【责任编辑】宁彧

---

① "Ghana Neutral on Ivory Coast, Opposes Force: President, Reuters", January 7, 2011, https://www.reuters.com/article/us-ivorycoast-idUSTRE6BU1ZX20110107. Accessed 2023 - 04 - 15.

② "Agenda 2063: The Africa We Want", https://au.int/en/agenda2063/overview. Accessed 2022 - 11 - 24.

非洲研究　2023 年第 1 卷（总第 20 卷）
第 19—40 页
SSAP ©，2023

国家脆弱性的社会历史根源：以刚果（金）为中心的考察[*]

闫　健

【内容提要】冷战结束后，非洲国家发展遭遇严重困难，这反映出被平等的主权国家资格所掩盖的国家脆弱性问题。借鉴"社会中的国家"视角并基于人类学和历史学的相关研究成果，本文阐述了刚果（金）在前殖民时期和殖民时期"碎片化社会控制"形成和固化的历史经历，同时讨论了为何"碎片化社会控制"最终成为独立后刚果（金）国家构建进程中不得不面对的结构性障碍。本文的论述表明，国家构建并非发生于真空之中，而是会受到特定社会历史经历的极大制约。正因如此，对脆弱国家的研究必须把"历史"带进来。

【关键词】刚果（金）；"社会中的国家"；殖民统治；社会控制；首长

【作者简介】闫健，副教授，北京外国语大学国际关系学院，主要研究方向为非洲比较政治和国家构建问题（北京，100089）。

非洲去殖民化运动的一个深远影响就是使民族国家成为现代非洲政治版图的基本单元。去殖民化运动使非洲殖民地国家获得了法律意义上的主权国家地位，第一次以"平等主体"的身份参与到国际体系中来，

---

* 本文系国家社科基金项目"非洲马克思主义政权比较研究"（项目编号：22BZZ003）和国家社会科学基金重大项目"非洲马克思主义研究及代表人著作译介"（项目编号：22&ZD019）的阶段性成果。感谢《非洲研究》评审专家的意见和建议，文责自负。

新生的非洲主权国家进而成为非洲国际体系的基石。然而，冷战的终结以及非洲国家战略地位的下降，最终揭示了被平等的主权国家资格所掩盖的非洲国家脆弱性问题。20 世纪 90 年代，非洲国家发展遭遇严重困难，索马里、塞拉利昂、利比里亚、刚果（金）等国相继出现了中央政府丧失对"合法使用暴力的垄断权"的状况，并造成惨痛的人道主义灾难与外溢后果。如克里斯托弗·克拉彭（Christopher Clapham）所言，法律意义上的国家资格原本是为了维护全球和平和秩序，但是，它对脆弱国家的保护却最终走向了这个目标的反面。① 大量的非洲国家发展遭遇严重挫折，也使得对国家脆弱性的讨论成为学术界的一门显学——"国家为何会失败"成为若干有影响力的学术著作的标题。

本文并不尝试从一般意义上寻求非洲国家脆弱性的原因何在。相反，本文以刚果（金）② 为案例，致力于从国家构建的长历史视野探究后独立时期刚果（金）的国家构建为何举步维艰这一核心问题。在国际学术界，刚果（金）一直都被认为是脆弱国家的典型。蒙博托时期的刚果（金）（1965～1997）经历了从国家构建到国家崩溃的整个过程。自 1997 年蒙博托政权崩溃之后，刚果（金）便陷入了持续性的混乱和内战之中，造成了惨痛的人道主义灾难。世纪之交，刚果（金）的两次内战共使 550 万人遇难，造成了难民潮、践踏基本人权等人道主义后果。③ 国家崩溃还带来长期的经济社会后果。根据联合国开发计划署《人类发展指数：2020》的统计，在全球 189 个国家和地区中，2019 年刚果（金）的人类发展指数仅排名第 175 位。④ "脆弱国家指数"是美国和平基金会衡量国家失效风险和脆弱性的权威指标。2021 年，刚果（金）在"脆弱国家指

---

① Christopher Clapham, *Africa and the International System: The Politics of State Survival*, Cambridge: Cambridge University Press, 1996, p. 19.

② 比属刚果（Belgian Congo）在 1960 年独立时国名改为刚果共和国，因其首都为利奥波德维尔，便简称刚果（利）；后于 1964 年改为刚果民主共和国，首都利奥波德维尔改名为金沙萨，所以简称刚果（金）。1971 年，蒙博托改国名为扎伊尔共和国。1997 年蒙博托政权被推翻后，国名又重新改回刚果民主共和国。如无特殊说明，本文以刚果（金）作为统一指代。

③ Rene Lemarchand, *The Dynamics of Violence in Central Africa*, Philadelphia: University of Pennsylvania Press, 2011, p. IV.

④ UNDP, "Human Development Reports: Congo (Democratic Republic of the)", https://hdr. undp. org/data-center/specific-country-data#/countries/COD. Accessed 2022 – 06 – 09.

数"排行榜上高居全球第五位，属于"极度警惕"类别。①

具体言之，本文从"社会中的国家"（State in Society）的理论视角，初步探究刚果（金）前殖民时期和殖民时期的"碎片化社会控制"如何形成和固化，并最终成为独立后国家构建进程中不得不面对的结构性障碍。换言之，国家构建并非发生于真空之中，而是会受到特定社会结构和历史经历的极大制约。诺斯指出，历史对于社会科学研究至关重要，这是因为"时间代表了理念、制度和信念演进的维度"。② 更进一步，社会科学中任何理论构建的努力都必须考虑到时间维度，"必须基于对于历史的深刻理解之上"。③ 与社会科学中的"历史转向"趋势相一致，众多研究欧洲近代国家构建的学者已将关注视野回溯到了中世纪晚期。④

本文的结构安排如下：第一部分将简要梳理关于刚果（金）国家脆弱性的研究文献，归纳其主要观点与不足；第二部分介绍"社会中的国家"的理论视角并阐明为何它是分析脆弱国家的一个有效理论工具；第三部分和第四部分分别论述刚果（金）前殖民时期和殖民时期的历史经历如何造就并加剧"碎片化社会控制"，同时讨论其对后独立时期国家构建进程的长期影响；最后是文章的结语。

一　文献综述

自 1972 年让 - 克劳德·威拉姆（Jean-Claude Willame）出版《家产制与刚果的政治变迁》（*Patrimonialism and Political Change in the Congo*）一书后，学术界对于刚果（金）国家脆弱性的讨论就一直没有中断过。这些讨论在 1997 年蒙博托政权被推翻后达到了一个高潮。从内容上看，这些讨论的重点均是刚果（金）国家脆弱性的根源。概而言之，研究者

---

① The Fund for Peace, "Country Dashboard: Congo Democratic Republic", https://fragilestatesindex. org/country-data/. Accessed 2022 – 06 – 09.

② Douglass North, "In Anticipation of the Marriage of Political and Economic Theory", in James Alt et al. , eds. , *Competition and Cooperation: Conversations with Nobelists about Economics and Political Science*, New York: Russell Sage Foundation, 1999, p. 316.

③ Paul Pierson, *Politics in Time*, Princeton: Princeton University Press, 2004, p. 4.

④ 典型的例子包括 Joseph Strayer, *On the Medieval Origins of the Modern State*, Princeton: Princeton University Press, 1970; Thomas Ertman, *Birth of the Leviathan: Building States and Regimes in Medieval and Early Modern Europe*, Cambridge: Cambridge University Press, 1997。

们将刚果（金）国家脆弱性的根源归结为两个方面。

第一，家产制。在韦伯对政治权威的类型划分中，家产制（Patrimonialism）① 属于传统型权威的一种亚类型。在家产制下，整个统治体系由忠诚或亲族联系而非由科层或明晰的管理职能连接到一起。与法理型权威相比，家产制下的权威被赋予个人而非公职人员。与克里斯马型权威相比，家产制下的权威深深嵌入社会和政治秩序之中，而非（像克里斯马型权威那样）超脱于社会之外。简言之，在家产制权威下，所有的权力关系都是个人关系，不存在私人领域与公共领域之间的实质性区别。蒙博托在刚果（金）政治中的绝对主导地位这一事实，使得一些研究者选择通过家产制概念来理解刚果（金）政治体系内在的脆弱性。威拉姆将蒙博托的政治主导地位称为"官僚恺撒主义"（Bureaucratic Caesarism），官僚恺撒主义基于蒙博托个人对国家政治和精英的严密控制之上。② 托马斯·加拉吉（Thomas Callaghy）以"家产制行政国家"（Patrimonial Administrative State）指代蒙博托构建的家产制网络。在他看来，蒙博托通过家产制网络安抚和拉拢刚果（金）的各种政治势力和社会群体，尽管他并不试图完全摧毁它们。这被他称为"覆盖策略"。③ 借用诺斯等人提出的"有限准入秩序"概念，凯·凯泽（Kai Kaiser）和斯蒂芬妮·沃尔特斯（Stephanie Wolters）指出，为了维持其统治，蒙博托不得不榨取租金并在主导性同盟内部进行分配，这使得刚果（金）成为"有限准入秩序"的一个典型。④ 对于国家构建而言，家产制的优势是它能够以相对较小的成本迅速加强国家在领土范围内的主导，但这种主导往往是不稳定的：财政资源的耗竭、主导性同盟的分裂以及被排斥社会群体的不满都有可能动摇家产制的根基，进而导致国家构建进程的

---

① 国内学术界对 patrimonialism 一词有"家产制""世袭制""家长主义"等不同译法。本文选择《经济与社会》（〔德〕马克斯·韦伯著，阎克文译，上海人民出版社，2019）中的译法，将其译为"家产制"。

② Jean-Claude Willame, *Patrimonialism and Political Change in the Congo*, Stanford：Stanford University Press, 1972, pp. 131 – 134.

③ Thomas M. Callaghy, *The State-Society Struggle: Zaire in Comparative Perspective*, New York：Columbia University Press, 1984, p. xv.

④ Kai Kaiser and Stephanie Wolters, "Fragile States, Elites, and Rents in the Democratic Republic of Congo", in Douglass North et al., eds., *In the Shadow of Violence: Politics, Economics, and the Problem of Development*, Cambridge：Cambridge University Press, 2013, p. 106.

中断。①

第二，盗贼统治。一些研究者在 20 世纪 70 年代提出"盗贼统治"（kleptocracy）概念，用来描述很多第三世界国家统治集团的掠夺行为。在他们看来，这些国家出现的并不是真正的资产阶级和工人阶级，而是国家阶级（state class），后者利用对国家机器的控制而谋取私利。盗贼统治的特征是腐败和资源浪费，它本质上是反发展的、腐朽的并最终会给国家带来灾难性后果。20 世纪 80 年代之后，随着蒙博托政权日渐衰朽，"盗贼统治"成为一些研究者分析刚果（金）国家衰败的理论工具。例如，彼得·科纳（Peter Körner）详细描述了蒙博托政权如何在刚果（金）建立起盗贼国家。在她看来，围绕在蒙博托周围的国家精英，是一群自私自利的人，他们都在肆无忌惮地侵吞国家的财富。② 罗伯特·罗特伯格（Robert Rotberg）认为蒙博托是导致刚果（金）滑向深渊的决定性人物，"将蒙博托与其他新家产制统治者区分开来的是他无与伦比的能力，可以将盗贼国家嵌入社会的每个角落，以及他将个人统治转化为个人崇拜、将政治庇护主义转化为任人唯亲的能力"。③ 珍妮·哈斯金（Jeanne Haskin）将蒙博托称为"盗贼统治之父"。在她看来，蒙博托个人的盗窃行为导致了刚果（金）整个官僚体系的腐败。

仅对刚果（金）国家脆弱性的分析而言，"家产制"概念强调的是统治者的统治策略，即蒙博托通过庇护网络构建了一个执政同盟；相比之下，"盗贼统治"概念突出的是执政精英的掠夺行为。它们反映了刚果（金）统治者在国家衰败的不同阶段的目标退化，即从维持执政同盟退化为赤裸裸的掠夺。另外，无论是"家产制"还是"盗贼统治"，都将分析的重点聚焦于行为体层面，倾向于突出统治者或统治集团在导致国家脆

① 关于家产制的不稳定性，详见 Patrick Chabal and Jean-Pascal Daloz, *Africa Works: Disorder as a Political Instrument*, Bloomington: Indiana University Press, 1999; Crawford Young and Thomas Turner, *The Rise and Decline of Zaire State*, Madison: The University of Wisconsin Press, 1985; Robert Bates, *Markets and States in Tropical Africa: The Political Basis of Agricultural Policies*, San Francisco: University of California Press, 1981。

② Peter Körner, *Zaïre, Verschuldungskrise und IWF-Intervention in einer afrikanischen Kleptokratie*, Hamburg: Institut für Afrika-Kunde, 1988, 转引自 Gabi Hesselbein, "The Rise and Decline of the Congolese State: An Analytical Narrative on State-Making", Working Paper, No. 21, 2007, Crisis States Research Centre, p. 4。

③ Robert Rotberg, *State Failure and State Weakness in a Time of Terror*, Washington: Brookings Institute Press, 2003, p. 31.

弱性方面的"能动性"，换言之，国家脆弱性是统治者"糟糕选择"的结果。但是，这种倾向可能会低估统治者所面临的结构性约束与压力。至少在刚果（金）的案例中，将国家脆弱性的责任完全归咎为蒙博托个人是有失公允的。事实上，正是蒙博托 1965 年的政变终结了持续五年之久的刚果危机，而蒙博托执政的前十年也被认为是刚果（金）国家构建取得最大进步的时期。[①]

本文认为，对刚果（金）国家构建进程的深刻理解需要"把历史带回来"，具体分析特定的历史情境如何塑造了国家构建的特定轨迹。在国际学术界，历史情境塑造国家构建进程已是一项共识。查尔斯·蒂利（Charles Tilly）强调近代欧洲的地缘军事竞争是导致现代国家出现的重要推动力，如他所言，"发动战争、资源提取和资本积累共同塑造了欧洲的国家构建进程"。[②] 托马斯·埃特曼（Thomas Ertman）的研究表明，近代早期欧洲国家地方政府的组织方式、持续性地缘政治竞争压力发生的时机以及代议制机构的性质和能力塑造了不同国家的构建轨迹。[③] 通过"社会中的国家"视角并在借鉴相关人类学和历史学研究成果的基础上，本文尝试探究刚果（金）前殖民时期和殖民时期的"碎片化社会控制"如何形成和固化，并最终成为独立后国家构建进程中不得不面对的结构性障碍。

二 "社会中的国家"：国家构建与对社会控制的争夺

"社会中的国家"的分析视角最初由米格代尔在《强社会与弱国家：第三世界的国家社会关系及国家能力》一书中提出，后来在其《社会中的国家》一书中得到了进一步发展。简言之，"社会中的国家"的分析视

---

① James Putzel et al. , "Drivers of Change in the Democratic Republic of Congo: The Rise and Decline of the State and Challenges for Reconstruction", Working Paper, No. 26, 2008, Crisis States Research Center, p. 3.

② Charles Tilly, "War Making and State Making as Organized Crime", in Charles Tilly, ed. , *The Formation of National States in Western Europe*, Princeton: Princeton University Press, 1975, p. 171.

③ Thomas Ertman, *Birth of the Leviathan: Building States and Regimes in Medieval and Early Modern Europe*, Cambridge: Cambridge University Press, 1997, p. 6.

角包含以下主要观点。

第一，国家"内嵌于"社会。现代国家在本质上是一个强制性组织，它致力于实现对社会的主导，这意味着国家要凌驾于社会之上。另外，在实践中，国家又不得不"内嵌于"社会之中，无法与社会截然分开。米格代尔将国家的这种困境归纳为"国家同时脱离于社会，但又属于社会"。① 因此，"社会中的国家"强调国家与社会关系的矛盾性质。一方面，国家可以拥有一个强有力的形象、清晰的边界、统一的组织，能够作为一个单一行为体实现对社会的主导；另一方面，在实践层面，国家是由不同部分组成的松散的集合体，国家组成部分与社会群体之间的界限并不总是很清晰，国家不同部分很可能推行相互冲突的规则。②

第二，国家构建的实质是对"社会控制"的争夺。国家"内嵌于"社会的现实意味着，国家与社会的关系是双向度的，即国家在试图主导社会的同时，也面临来自社会的渗透和抵制，而国家构建的进程取决于国家在全社会推行"一致性规则"的能力。所谓推行"一致性规则"的能力，就是指国家机构在何种程度上可以期待它所确定的规则能够得到社会的自愿服从而不必诉诸强制力。③ 在米格代尔看来，国家成功推行"一致性规则"的结果就是带来了"社会控制"，即"民众社会行为的自身意愿、其他社会组织所寻求的行为都符合国家规则的要求"。④ 然而，国家并非总能成功实现"社会控制"，而是往往遭到既有社会群体的抵制。这是因为社会控制的基础在于控制个体的生存策略，而后者往往被掌握在既有社会群体和地方强人手中。从这个意义上讲，国家构建的实质就是国家与其他社会群体对"社会控制"的争夺，其核心在于"谁（国家还是社会群体）最终获得在社会中制定规则的权力和能力"。⑤

第三，社会结构是影响国家构建进程的基础性因素。所谓"社会结

---

① Joel S. Migdal, *State in Society: Studying How States and Societies Transform and Constitute One Another*, Cambridge: Cambridge University Press, 2001, p. 263.

② Joel S. Migdal, *State in Society: Studying How States and Societies Transform and Constitute One Another*, Cambridge: Cambridge University Press, 2001, p. 22.

③ Joel S. Migdal, *State in Society: Studying How States and Societies Transform and Constitute One Another*, Cambridge: Cambridge University Press, 2001, p. 110.

④ 〔美〕乔尔·米格代尔：《强社会与弱国家：第三世界的国家社会关系及国家能力》，张长东等译，江苏人民出版社，2009，第24页。

⑤ 〔美〕乔尔·米格代尔：《强社会与弱国家：第三世界的国家社会关系及国家能力》，张长东等译，江苏人民出版社，2009，第31页。

构"，即社会控制在国家与社会群体之间的分布状况。由于国家构建的实质是对"社会控制"的争夺，因而，当社会控制在很大程度上被掌握在某些社会群体手中时，国家在全社会推行"一致性规则"必然会遭到抵制。反之，当社会群体无法行使实质性社会控制时，则国家推行"一致性规则"所遭遇的抵制和挑战将大幅削弱，国家构建的进程也会相对顺利。例如，在讨论 13 世纪英格兰国家构建历程时，约瑟·斯特雷耶（Joseph Strayer）指出，诺曼人在 11 世纪的入侵摧毁了英格兰旧贵族的权力，由此导致英格兰缺乏强大的地方性制度安排，"这一事实提升了英格兰政府的效率，减少了对大规模专业行政人员的需要"。① 米格代尔指出，"社会结构——尤其是当存在众多能够行使有效社会控制的社会组织时——能够对国家切实提高自身能力产生决定性的影响"。②

对于我们理解国家构建的历史进程而言，"社会中的国家"视角能带来一些明显的优势。首先，它有助于我们理解国家构建路径的多样性与结果的开放性。一方面，由于每个国家所面临的社会结构和历史情境不同，因而它们的国家构建路径也可能不尽相同。即便是在 18 世纪的欧洲——现代国家的发源地——也曾出现家产式绝对主义、家产式宪政主义、官僚绝对主义和官僚宪政主义四种不同的国家构建路径。③ 另一方面，既然社会结构是影响国家构建进程的基础性因素，假如既有社会结构下大量的社会控制由社会组织行使，则国家很可能在对"社会控制"的争夺中败下阵来。换言之，国家构建并非单向度的线性进程，而是存在被逆转和失败的可能性。其次，它有助于我们理解国家构建也是一场深刻的社会革命。国家构建的实质是对"社会控制"的争夺，它不仅涉及国家和社会组织对规则制定权的竞争，而且涉及谁将为社会成员提供生存策略。换言之，国家构建不仅意味着社会控制从社会组织和地方强人手中转向国家，而且意味着社会成员为了适应国家的规则而重新调整自己的生存策略，这不啻一场社会革命。最后，它有助于我们理解国家构建的历史性。国家构建的实质是对"社会控制"的争夺，而一个社会

---

① Joseph Strayer, *On the Medieval Origins of the Modern State*, Princeton: Princeton University Press, 1970, p. 47.

② Joel S. Migdal, *State in Society: Studying How States and Societies Transform and Constitute One Another*, Cambridge: Cambridge University Press, 2001, p. 64.

③ Thomas Ertman, *Birth of the Leviathan: Building States and Regimes in Medieval and Early Modern Europe*, Cambridge: Cambridge University Press, 1997, p. 9.

中既有"社会控制"的分布状况——米格代尔所说的"社会结构"——是在历史中形成的。这就意味着，如若我们要深入理解一国国家构建历程，我们就必须探寻其既有"社会结构"形成的历史。这也是研究早期西欧民族国家兴起的学者们都关注中世纪晚期的西欧社会结构的原因，后者在公元 1000 年前后时终于伴随着欧洲封建制的成熟而稳定了下来。[①]

通过"社会中的国家"视角，本文的第三部分和第四部分将分别借鉴相关人类学和历史学研究成果，初步探究刚果（金）前殖民时期和殖民时期的"碎片化社会控制"是如何形成并固化的。后来的历史表明，"碎片化社会控制"成为刚果（金）独立后国家构建进程中的结构性障碍。

三　前殖民时期刚果河流域的社会控制

根据简·范西纳（Jan Vansina）的研究，前殖民时期赤道非洲所有的政治体都来源于 5000 年前的一个原初政治体系。这一原初的政治体系诞生于班图人大迁徙中，其基本政治单元包括家庭、村庄和地区。其中，若干家庭出于经济和安全原因聚集在一起，形成村庄；在村庄之上，由于物品交换和通婚的需要，又会出现由若干村庄组成的地区。在范西纳看来，这一原初的政治体系的最大特征就是对政治集中的集体抵制，"在过去的 4000～5000 年，我们在这一地区（即赤道非洲）没有发现任何一般性的证据，能够清晰表明这一地区正在迈向更大范围的政治集中"。[②]人类学家认为，前殖民时期的非洲大陆主要存在两种类型的社会：一类是有国家社会，即拥有集中化权威、行政机器和司法制度的社会；另一类是没有出现集中化权威、行政机器和司法制度的社会，被称为无国家社会。[③]有国家社会的政治组织形式又可进一步分为酋长地（chiefdom）

---

① Joseph R. Strayer, *On the Medieval Origins of the Modern State*, Princeton：Princeton University Press, 1970, p. 16.

② Jan Vansina, "Pathways of Political Development in Equatorial Africa and Neo-Evolutionary Theory", in Susan Keech McIntosh, ed., *Beyond Chiefdoms: Pathways to Complexity in Africa*, Cambridge：Cambridge University Press, 1999, p. 168.

③ M. Fortes, E. E. Evans-Pritchard, eds., *African Political Systems*, London：Oxford University Press, 1950, p. 5.

和王国（kingdom）。其中，酋长地类似于范西纳所说的"地区"，一般由若干个村庄组成，这些村庄共同认可一位酋长来行使冲突调解、维持秩序以及举行宗教仪式等职能。酋长地一般具有规模小和族群单一的特点。相比之下，王国的人口较多，地域规模更大，族群构成也更多样性。出于统治的需要，王国一般会发展出初级的统治机器，比如官僚机构、军队、法庭等。[①]

公元前 1000 年前后，班图人开始大规模进入刚果盆地，大致同一时期，从尼罗河下游来的东非人也途经苏丹进入了刚果东部和非洲大湖地区。相互隔绝的地理环境，再加上人口稀少、交通不便以及疾病盛行，这些均导致前殖民时期的中部非洲地区并没有出现持续性的政治集中形式。与大多数撒哈拉以南非洲一样，前殖民时期的中部非洲也主要存在酋长地和王国这两种政治集中形式。在大部分地方，酋长地是村庄之上最为普遍的政治集中形式。迪迪埃·贡多拉（Didier Gondola）对刚果河流域历史上存在的酋长地有过如下描述。

酋长地由若干村庄组成。所有村庄头人中的老人都拥有一定的权威。之所以出现了村庄之上的组织结构，是因为在很多情况下产生了村庄之间关于土地的纠纷。酋长能够进行仲裁，防止此类事件发生，进而培育一种共同体感。一旦所有的村庄共同选择了一名酋长，他所在的宗族（clan）就自动具有贵族地位。此后，酋长便只能从该宗族中产生，除非明确规定酋长的职位要在不同村庄中间流转。酋长必须赢得尊重并展现出成熟的智慧。他还要秉公仲裁，以确保村庄之间的凝聚力。酋长地中的所有村庄每年都要上缴一定的贡品，以表明自身的忠诚。[②]

在前殖民时期的下刚果和开赛高原，一些对酋长地的征服活动造就了规模更大的王国，典型的例子有刚果王国、卢巴王国、隆达王国和库巴王国等。与酋长地相比，这些王国具备了更强的政治集中色彩。

首先，王国的规模更大。例如，鼎盛时期的刚果王国有六个省，统治着大约 300 万名民众。与王国的大规模相一致，王国的族群结构也更为复杂。在刚果王国，除了刚果人外，还有姆邦杜人（Mbundu）和恩贡贝人（Ngombe）。在库巴王国，既有库巴人，也有卢巴人、蒙哥人和基特人

---

① George Ayittey, *Indigenous African Institutions*, New York: Transnational Publishers Inc., 2006, p. 124.

② Didier Gondola, *The History of Congo*, Westport: Greenwood Press, 2002, pp. 14 – 15.

（Kete）等。卢巴王国与隆达王国都是松耶族人（Songye）通过征服建立的，它们在今刚果（金）东南部形成了一个广大的文化区域。由于其疆域辽阔，卢巴国王和隆达国王不得不向各地派出代理人，实行"间接统治"。①

其次，王国发展出了初步的统治机器。王国的较大规模和族群成分复杂这一事实意味着，有效统治的前提是建立一套统治机器。刚果王国建立了省—区—村的三级统治机构，卢巴王国和隆达王国建立了区—村两级统治机构。在刚果王国，国王直接任命省和区的官员，并可以解除他们的职务；在库巴王国，国王与一系列委员会共同统治。这些委员会由一些荣誉之士（titleholders）组成，他们之下则是 100 多位官员组成的政府；② 卢巴王国的中央政府由国王与荣誉之士组成，其中最重要的职位包括：军事领袖、军官团首领、重要的酋长、圣物保管员等。③ 在隆达王国，国王的主要官员是来自 15 个最古老村庄的头人，国王还得到首都官员和乡村官员的协助。④ 此外，这些王国都建立了规模不一的常备军，其中，在 15 世纪末，刚果王国的军队规模达到了 8 万人。⑤

最后，国王的资源汲取能力更高。由于建立了初步的统治机器，国王的资源汲取能力也要远高于酋长。在刚果王国，国王的收入包括税收劳役和贡赋等。国王每年征税一次，同时每年举行一次典礼，每个地方的官员都会带着贡品参加，以表达对国王的忠诚。⑥ 卢巴王国和隆达王国主要以纳贡的方式从生产和贸易中提取剩余物。同样，在库巴王国，各个酋长地也必须定期向国王提供贡品和劳动力。

然而，在前殖民时期的中部非洲，任何集中权力的趋向都被无所不在的保持地方自主性的努力所遏制。甚至从一开始，连酋长地这样的政治形式都被一些社群所抵制。⑦ 即便在王国，其权力集中程度仍旧十分有限。具体而言，权力集中的努力会遭到以下几方面的抵制。首先，国王

① Didier Gondola, *The History of Congo*, Westport：Greenwood Press, 2002, p. 37.

② Jan Vansina, *Being Colonized: The Kuba Experience in Rural Congo, 1880 - 1960*, Madison：The University of Wisconsin Press, 2010, p. 45.

③ Jan Vansina, *Kingdoms of the Savanna*, Madison：The University of Wisconsin Press, 1966, p. 73.

④ Jan Vansina, *Kingdoms of the Savanna*, Madison：The University of Wisconsin Press, 1966, p. 81.

⑤ Didier Gondola, *The History of Congo*, Westport：Greenwood Press, 2002, p. 28.

⑥ Jan Vansina, *Kingdoms of the Savanna*, Madison：The University of Wisconsin Press, 1966, p. 44.

⑦ Jan Vansina, *How Societies Are Born: Governance in West Central Africa before 1600*, Charlottesville and London：University of Virginia Press, 2004, p. 202.

权力会遭到各种平行性组织的平衡。这样的平行性组织包括年阶组织、宗教组织、秘密社会以及宗族组织等。在刚果王国，国王由一个贵族组成的选举团推选产生，并且需要接受长老理事会的咨询，不可以自行其是。在库巴王国，所有的荣誉之士都是由其同行选举产生的，国王无权干预。由这些荣誉之士组成的各个委员会代表了首都和附近村庄的民众，对国王的权力形成制约。① 在卢巴王国和隆达王国，尽管国王在理论上享有绝对权力，但是一些制度上的约束使得他不能够恣意妄为。如果他恣意妄为，他的兄长就会在宗族和皇室其他成员的支持下废黜他。② 其次，国王的权力更多体现为仪式性权力而非世俗权力。在中部非洲的各个王国，国王首先是宗教领袖，而不是世俗首领，因而他们都具有神秘色彩。刚果国王被认为控制着降雨和作物，管理着耕种与收获，与刚果人精神世界中的众多神灵保持着非同寻常的关系。库巴国王被期望提供安全保障，保佑庄稼丰收和六畜兴旺，并保护民众远离灾难。在卢巴王国和隆达王国，国王也被认为拥有超自然的能力。在这些王国中，国王在很大程度上享有仪式性权威，并没有任何真正的政治权力或特殊的经济优势。③ 进而，国王的任何逾越行为也会被认为具有宗教意义，会给全体民众带来灾难，因而会遭到抵制。最后，民众始终保持"用脚投票"。撒哈拉以南非洲土地资源丰富这一事实，使得普通人能够通过迁徙逃离滥用权力的国王和酋长。正因如此，在前殖民时期的中部非洲，国王和酋长们的权力更多体现在对人的控制（吸引到更多的追随者）而不是对土地或财富的控制上。④

　　因而，前殖民时期中部非洲的社会控制存在两个突出特点。一是

---

① Jan Vansina, *Being Colonized: The Kuba Experience in Rural Congo, 1880 - 1960*, Madison: The University of Wisconsin Press, 2010, p. 46.

② Didier Gondola, *The History of Congo*, Westport: Greenwood Press, 2002, p. 38.

③ Susan Keech McIntosh, "Pathways to Complexity: An African Perspective", in Susan Keech McIntosh, ed. , *Beyond Chiefdoms: Pathways to Complexity in Africa*, Cambridge: Cambridge University Press, 1999, p. 23.

④ "用脚投票"与某些研究非洲社会的人类学家提出的"基于人的财富"（wealth-in-people）概念密切联系在一起。与"基于东西的财富"（wealth-in-things）不同，"基于人的财富"主要指的是非洲社会的精英通过增加自己追随者的数量来获得地位、权力和影响力的现象。在前殖民时期，非洲精英之间的竞争主要是"对追随者的竞争"。见 Susan Keech McIntosh, "Pathways to Complexity: An African Perspective", in Susan Keech McIntosh, ed. , *Beyond Chiefdoms: Pathways to Complexity in Africa*, Cambridge: Cambridge University Press, 1999, p. 16。

"社会控制程度的不足"。由于缺乏持续性的政治集中形式，民众的社会生活基本上依靠习俗和血缘关系调节，在大多时候并不面临任何外在权威施加的规则，民众具有很强的"未被捕获"特征——"用脚投票"选项的存在使这一特征更加明显。二是"社会控制的碎片化"。一方面，村庄和酋长地数量众多，规模很小，但其规则体系不同，社会控制的内容和方式迥然各异；另一方面，王国存在的时空范围均有限，难以从根本上改变已有的社会控制，尤其是考虑到任何集中权力的趋向都被无所不在的保持地方自主性的努力所抵制。在库巴王国，离布尚酋长地（王国的核心区）越远，国王的影响力就越小，而民众的不服从现象就越频繁。[1] 类似的情形同样出现在刚果王国、卢巴王国和隆达王国。社会控制分散于无数酋长和地方强人手中，必然带来社会控制的碎片化。更为严重的是，从15世纪开始，刚果河流域成为跨大西洋奴隶贸易的重灾区，而奴隶贸易进一步动摇了国王的政治权威。例如，刚果国王阿方索曾于1526年致信葡萄牙国王，请求后者撤回奴隶贩子和商人，因为刚果王国的酋长们通过奴隶贸易获得了大量财富，越来越不服从国王的命令。当比利时人在19世纪末加速对刚果河流域殖民化时，刚果王国早已于两个世纪前亡于奴隶贸易和葡萄牙人的干涉，而卢巴王国和隆达王国则在阿拉伯奴隶贩子和奥文本杜人的侵袭下奄奄一息。只有库巴王国还勉强维持着王国的架构。然而，殖民统治的到来却进一步加剧了刚果河流域社会控制碎片化的状况。

四 遭遇殖民化：碎片化社会控制的加剧与固化

与其他在非洲的欧洲殖民者不同，比利时在刚果（金）的殖民统治分为两个阶段，即刚果自由邦时期（1885～1908）和比属刚果时期（1908～1960）。尤其在刚果自由邦时期，比利时人的殖民统治以残暴著称。1885年柏林会议将刚果河流域确定为比利时国王利奥波德二世的"个人财产"，后者旋即宣布成立刚果自由邦，由此开启了刚果河流域的殖民时代。

---

[1] Jan Vansina, *Being Colonized: The Kuba Experience in Rural Congo, 1880 - 1960*, Madison：The University of Wisconsin Press, 2010, p. 50.

（一）刚果自由邦时期

对于利奥波德二世而言，刚果自由邦首先是一项经济投资，能否尽可能榨取经济资源是这项投资成功与否的关键。在 1885 年柏林会议上，欧洲列强同意利奥波德二世成立刚果自由邦的一个前提条件是"确保刚果的自由贸易"，这就意味着利奥波德二世无法对刚果的进口商品征收关税。为了尽快收回前期建立刚果自由邦的支出，利奥波德二世于 1885 年颁布命令，宣布刚果自由邦所有没有被有效占领的土地为"国家所有"。由于当时刚果河流域大部分地区实行的是轮耕制，很多休耕土地因此被视为"国有土地"。此外，为了尽快榨取刚果的经济资源，利奥波德二世引入了特许公司制度。

所谓特许公司制度实质上是利奥波德二世与特许公司之间的一种利益交换。简言之，利奥波德二世将特定土地上的资源开采权和贸易垄断权授予特许公司，而后者则支付一定比例的税收并承诺代为履行对殖民地的某些统治职责。为了尽快吸引更多的欧洲投资者，利奥波德二世给予特许公司的条件是极为优厚的。例如，为了获得昂潘公司（Empain Group）对刚果铁路建设的投资，利奥波德二世将四百万亩土地给予该公司。昂潘公司还可将这些土地以及土地上的矿产开采权给予第三方。1892 年成立的加丹加公司（Compagnie du Katanga），被赋予了加丹加地区的矿产开采垄断权。同样，在利奥波德二世的授意下，1901 年成立的开赛公司（Compagnie de Kasai）获得了开赛地区橡胶和象牙贸易的垄断权。

特许公司制度为刚果地区带来了惨痛的后果。由于当时刚果河流域主要是农业经济，贸易规模很有限，经济的货币化程度不高，因此，特许公司便通过征收人头税和强制劳动来榨取当地的经济资源。在特许公司享有特定地区贸易垄断权的情况下，非洲人不得不将采集的橡胶和象牙以极低价格出售给特许公司，以支付人头税。贸易垄断权为特许公司带来了丰厚的利润。例如，在 1898～1903 年，英比印度橡胶与勘探公司（Anglo-Belgian India Rubber and Exploration Company）从刚果的橡胶贸易中获利近 1 亿美元。[①] 特许公司的首要目标是最大化地榨取刚果的经济资源，为此，它们不惜直接采取强制措施。在开赛公司，欧洲的经理和办

---

① Didier Gondola, *The History of Congo*, Westport：Greenwood Press, 2002, p.72.

事员随意从非洲人上缴的货品中提取一部分作为生活开支，存在腐败现象。同时，他们还尽可能压低橡胶的收购价格，导致每次征收橡胶都充满冲突。[①] 特许公司压榨非洲人的另一手段就是强制劳动。当非洲人无力上缴足够的橡胶或象牙支付人头税时，殖民者就会选择直接榨取他们的劳动。刚果河流域的各个特许公司普遍出台了这样的规定，即每个土著每年至少要为特许公司义务劳动 60 天。[②]

　　特许公司制度加剧了刚果河流域社会控制碎片化的状况。一方面，在暴力机器的支持下，特许公司从根本上改变了本土民众的生存策略，成为新的社会控制的来源。但是，特许公司带来的社会控制本身就是碎片化的：特许公司数量众多，它们在殖民地的不同地方推行着不同的规则；更为重要的是，刚果自由邦没有制定任何规章来约束特许公司的权力，在现实中这就导致每个特许公司官员都同时是规则的制定者和执行者，甚至非洲人应当缴纳的税收都是由殖民官员"因地制宜"确定的。[③]另一方面，特许公司制度还进一步摧毁了刚果社会原有的社会控制。库巴王国是当时唯一在奴隶贸易的打击中幸存下来的王国。但是，开赛公司的统治从根本上动摇了库巴国王的统治。开赛公司在库巴王国引入了大量的卢卢阿人和卢巴人，而这些移民对国王充满敌意并公开反对国王。在开赛公司的胁迫下，库巴国王很快成为殖民者的统治工具：他从开赛公司那里领取津贴，建立起了一支 70 人的保安队伍，强迫库巴人向殖民者提供橡胶。结果国王原先享有的社会控制很快流失殆尽。1907 年爆发了库巴民众公开反叛国王的起义，因为他们意识到国王没能履行自己的职责，不再保护他们。[④]

　　刚果地区传统的社会控制在奴隶贸易的打击下早已分崩离析，而利奥波德二世的统治更加剧了当地社会控制碎片化的状况。凯萨·埃克霍尔姆－弗里德曼（Kajas Ekholm-Friedman）在谈到刚果自由邦时期的下刚

---

① Jan Vansina, *Being Colonized: The Kuba Experience in Rural Congo, 1880 – 1960*, Madison：The University of Wisconsin Press, 2010, p. 70.

② Crawford Young, "Zaire: The Shattered Illusion of the Integral State", *The Journal of Modern African Studies*, 1994, 32（2）, p. 253.

③ Ewout Frankema and Frans Buelens, eds., *Colonial Exploitation and Economic Development: The Belgian Congo and the Netherlands Indies Compared*, London：Routledge, 2013, p. 71.

④ Jan Vansina, *Being Colonized: The Kuba Experience in Rural Congo, 1880 – 1960*, Madison：The University of Wisconsin Press, 2010, p. 48.

果地区时写道："下刚果地区的殖民化导致了权威结构的严重动荡。政治等级制崩塌，酋长们失去了权力，宗教权威被削弱……他们复杂的崇拜体系和高度一体的宗族或部族体系失去了作用。"[1] 与此同时，刚果自由邦发生的人道主义灾难还引发了西方历史上第一次国际性的人权运动。在国际舆论的压力下，利奥波德二世不得不于1908年将刚果殖民地转交给比利时政府管理，由此拉开了比属刚果的序幕。

（二） 比属刚果时期

比利时政府接手刚果殖民地之后，面临两大突出问题：一是刚果自由邦时期社会控制碎片化加剧的现实，二是刚果殖民地的族群多样性和庞大规模带来的统治难题。正如罗杰·安斯蒂（Roger Anstey）所指出的，"比利时继承的不只是一个殖民地，还是一个有着特定结构的殖民地：稀疏的人口以及被破坏的习俗社会；庞大的、未能得到有效管理的领土；直接的经济剥削的体系，不受约束的特许公司制度；各种权力滥用和惨案。同时，对于刚果，比利时没有相应的政策传统可资利用，也没有确立积极的目标"。[2] 为了应对这两大问题，比利时殖民当局引入了一系列制度安排和政策措施，这也使得比利时的殖民统治呈现了不同于英国和法国殖民统治的一些特点。

首先，以酋长为基础的"政治监护制"。在非洲，法国"直接统治模式"和英国"间接统治模式"分别以同化政策和自治政策为基础，与此不同，比利时在刚果引入了一种政治监护制，其基本内容就是本土酋长在比利时人的直接监督下实行"间接统治"。根据殖民当局分别于1906年、1910年和1933年颁布的三份关于地方殖民政府的法令，酋长地是比属刚果殖民统治大厦的最低层级，酋长成为从属于殖民当局的基层官员。如前所述，奴隶贸易和刚果自由邦时期的殖民统治破坏了本土社会原有的政治权威结构，加剧了社会控制的碎片化，这使得殖民者不得不人为制造出很多酋长地，以便假装能够在所谓的"前殖民时期的传统政治结构下"进行间接统治。[3] 在实践中，这就导致酋长地的数量很多而规模普

① Kajas Ekholm-Friedman, *Catastrophe and Creation: The Transformation of an African Culture*, Chur: Harwood Academic Publishers, 1991, p. 255.

② Roger Anstey, *King Leopold's Legacy: The Congo Under Belgian Rule, 1908 - 1960*, London: Oxford University Press, 1961, p. 261.

③ Didier Gondola, *The History of Congo*, Westport: Greenwood Press, 2002, p. 79.

遍较小。例如，在 1917 年，比属刚果共有 6095 个酋长地，而每个酋长地的人口平均不超过 1000 人。[①]

根据殖民当局 1910 年法令，比属刚果所有的酋长必须得到殖民当局的承认。这就意味着，殖民当局在实践中掌握着对酋长的任命权。那些不服从殖民当局的本土酋长会被替换。一旦这种情形出现，殖民当局就会派出专人收集当地宗族的信息，进而确定新的酋长。[②] 作为对支持殖民当局的回报，酋长们被要求承担一系列义务，包括征税、动员劳动力、执行殖民当局关于农作物种植的政策、为矿井和种植园强制招募劳工以及为殖民当局征兵。[③] 在这种制度安排下，酋长很快就堕落为殖民当局的统治工具，失去了其原本享有的社会控制。1920 年，比利时殖民部部长路易斯·富朗克（Louis Franck）曾对社会控制的碎片化和酋长权威流失的状况忧心忡忡："酋长以及次级酋长（Sub-Chiefs）的数量之多以及权威之分散，是一种恶和危险。酋长地太小了，很多酋长根本没有任何权威可言。酋长们先前获得服从的情形现在消失不见了……如果酋长不再能够成为一名受人尊敬的法官，那么，他们将失去自己的权威。"[④]

其次，对于殖民地的超常经济掠夺。1908 年的《殖民宪章》（Colonial Charter）规定了刚果殖民地财政自给的原则。为了偿还利奥波德二世时期的巨额债务，比利时殖民当局只能加强对刚果殖民地的经济掠夺。从 1914 年开始，不缴纳人头税的土著会被判入狱。殖民当局还引入强制劳动和强制种植政策。1917 年，殖民当局要求每位刚果人必须每年为殖民当局"自愿劳动"60 天。农业官员为每位农民配置土地，如果农民拒绝"自愿劳动"就会面临惩罚。从 20 世纪 30 年代开始，殖民者又引入了强制棉花种植政策，并对不服从的土著进行惩罚。1947 年比利时议会的调查团发现，当年有 10% 的刚果成年男性曾被关入监狱，主要罪名是违反农业条例。[⑤]

由于殖民当局的超常经济掠夺必须依靠酋长才能实现，这在一定程

---

① Didier Gondola, *The History of Congo*, Westport: Greenwood Press, 2002, p. 79.

② Didier Gondola, *The History of Congo*, Westport: Greenwood Press, 2002, p. 79.

③ Crawford Young and Thomas Turner, *The Rise and Decline of Zaire State*, Madison: The University of Wisconsin Press, 1985, p. 36.

④ Roger Anstey, *King Leopold's Legacy: The Congo Under Belgian Rule, 1908 – 1960*, London: Oxford University Press, 1961, p. 62.

⑤ Crawford Young, "Background to Independence", *Transition*, 1966 (25), p. 35.

度上增强了殖民当局对酋长的依赖性，酋长的权力地位因此得以提高。这一趋势尤其在设立区酋长（Sector Chief）后更为明显。为了减少酋长地的数量，提高行政效率，殖民当局于 1922 年开始将刚果东部的一些酋长地合并为区，后来这一改革被推广到了殖民地其他地方。每个区都由一位酋长进行统治，由本地贵族组成的委员会予以协助。除了征税、负责司法与警局、维护道路等日常工作外，区酋长拥有了比酋长地的酋长更大的权力。例如，殖民当局赋予他们独立的预算权，定期接受法院罚款、税收收入以及政府的补贴。在区酋长之下，建立了完整的政府和社会机构，包括秘书处、法庭、财政部门、警局、农业部门、学校、医院等。① 权力的扩张使酋长们成为名副其实的"地方强人"，在很大程度上控制了土著的生存策略，形成一个个相对独立的权力中心，这反过来进一步推动了碎片化社会控制的加深和固化。

最后，对于刚果民众系统性的政治排斥和权利剥夺。英国很早就在其非洲殖民地（尤以黄金海岸为典型）引入地方自治改革，赋予殖民地民众更多的政治参与权。法国也积极赋予殖民地一些政治权利，比如法属非洲殖民地很早就可选举代表参加法国国民大会，非洲民众也可获得法国公民权（尽管资格门槛很高）。与英法两国相比，比利时在非洲的统治具有更强的威权主义色彩。这主要是由于比利时殖民统治的最终目标是实现对刚果的经济掠夺，所有制度安排和政策设计都要围绕这个最终目标。在殖民时期的比属刚果，本土人面临着系统性的政治排斥。1908 年的《殖民宪章》明令禁止刚果人组织任何政治活动，严格限制民众集会。关于刚果殖民地的所有重大决策都是由总督和布鲁塞尔的殖民部决定的，本土民众没有任何发言权。例如，尽管政府委员会（Government Council）仅是殖民当局的一个咨询机构，但它在 1947 年也只有两名黑人代表。② 殖民时期的比属刚果有着非洲第二大规模的工人队伍，但是殖民当局却极力限制黑人工会的发展。1954 年，比属刚果只有不到 1% 的工人加入了工会，而同期的法属西非是 23%，北罗德西亚是 25%，尼日利亚更是达到了 50%。③ 与此同时，殖民当局还系统性地限制刚果

---

① Didier Gondola, *The History of Congo*, Westport：Greenwood Press, 2002, p. 80.

② Jeanne M. Haskin, *The Tragic State of the Congo: From Decolonization to Dictatorship*, New York：Algora Publishing, 2005, p. 13.

③ Georges Nzongola-Ntalaja, *The Congo from Leopold to Kabila: A People's History*, London：Zed Books, 2002, p. 76.

人的基本权利和自由。例如，为了保证在需要的时候能够动员非洲的劳动力，殖民当局严格限制刚果人自由迁徙。如果土著要迁徙到另外的地方，需要殖民当局发放的通行证。[①] 为了防止刚果人产生统一的民族意识，殖民当局禁止刚果人成立除族群组织之外的任何其他组织，同时严格控制刚果人的受教育机会和社会上升通道。殖民时期刚果人所能获得的最高职位是办事员，而在独立之前，只有不到 30 位刚果人接受过高等教育。[②]

结果，在比属刚果时期，刚果社会控制碎片化的状况不仅没有改观，反而进一步固化。酋长作为殖民统治机器一部分的事实以及殖民当局对酋长依赖的增强，扩大了酋长们的权力，使其成为名副其实的"地方强人"。为了提升酋长的权力地位，殖民当局还将各地的习俗法成文化，这反过来也固化了碎片化的社会控制。更为重要的是，系统性的政治排斥和权利剥夺压制了刚果人改变社会控制碎片化的能力。由于没有政治参与的权利，他们难以影响殖民当局制造和强化社会控制碎片化的决策过程。由于没有自由迁徙的权利，他们难以保持前殖民时期存在的"用脚投票"的选项，无力约束酋长们肆无忌惮的权力。由于没有政治结社的自由，他们也无力建立任何超越族群界限的组织，这使得刚果社会缺乏整合性的力量来弥合社会控制碎片化带来的社会分裂。事实表明，所有这些都为独立后不久就爆发的刚果危机埋下了伏笔。

结　语

通过"社会中的国家"的理论视角并基于相关人类学和历史学研究成果，本文初步探讨了"碎片化社会控制"如何出现于前殖民时期的刚果河流域，以及其如何在殖民时期被进一步加剧和固化。后来的历史表明，"碎片化社会控制"构成了刚果（金）国家构建进程中的极大障碍。它不仅阻碍了殖民时期的刚果社会产生任何"共同体感"，而且赋予前殖民时期的认同以新的政治社会意义，并引发社会冲突。例如，早在刚果

① Didier Gondola, *The History of Congo*, Westport: Greenwood Press, 2002, p. 88.
② B. Jewsiewichi, "Belgian Africa", in A. D. Roberts, ed., *The Cambridge History of Africa* (*1905 – 1940*), Vol. 7, Cambridge: Cambridge University Press, 1986, p. 490.

自由邦时期，开赛东部地区的松耶人就成为比利时殖民者的帮凶，并在 1899 年实施了针对库巴人的大屠杀。而殖民当局系统性的政治排斥和权利剥夺压制了刚果人改变社会控制碎片化的能力。例如，殖民当局在 1950 年前一直禁止除部族以外的其他组织形式，这使得部族成为唯一可能的动员工具，进而导致去殖民化进程中族群关系的政治化。在刚果（金）独立前夕的 1959 年，开赛省的卢巴人与卢卢阿人之间还发生了现代非洲历史上的第一次大规模族群清洗事件。

碎片化的社会控制、缺乏整合的经济体系和政治精英内部的分裂，加上仓促的去殖民化进程以及美苏战略竞争的冷战背景，所有这些都促使刚果（金）的独立进程最终演变为一场危机。从这个意义上讲，蒙博托后来的独裁统治不过是刚果（金）政治精英（以及一定程度上整个刚果社会）对刚果危机做出的反应。但是，蒙博托的解决方案——无论是构建庇护网络、推行"激进化""扎伊尔化"政策还是成立全民党，均无力根本解决刚果（金）历史上形成的"碎片化社会控制"这一深层次问题。正如米格代尔所言，"国家领导人优先目标的改变（生存压倒社会变迁）、国家政治的表现样态（大改组、阴谋诡计等等）、国家组织的结构（烦冗的国家机构）、政策执行的困难、政策执行者面临的压力、国家机构被（社会）捕获——所有这些都源于碎片化的社会结构"。①

本文的论述表明，国家构建并非发生于真空之中，而是要受到特定社会结构和历史经历的极大制约。相应的，对脆弱国家的研究必须把"历史"带进来。本文对当下脆弱国家研究中的两种倾向提出挑战。

第一，脆弱国家研究中的指标化倾向。对脆弱国家的研究从一开始就充满了"经世致用"的实用主义倾向。这尤其体现在研究者们热衷于提出各种测量国家脆弱性的指标。除了上文提到的美国和平基金外，"国家失效研究小组"（State Failure Task Force）、危机国家研究中心（Crisis States Research Centre）、"体系和平研究中心"（Center for Systemic Peace）、世界银行、英国国际发展部以及一些学者都发布过衡量国家脆弱性的指标体系。② 这些指标体系无疑都有其价值，但也存在明显的局限性。比

① Joel S. Migdal, *State in Society: Studying How States and Societies Transform and Constitute One Another*, Cambridge：Cambridge University Press, 2001, p.93.

② 关于各种测量国家脆弱性的指标体系的介绍，详见闫健《失效国家研究引论》，《经济社会体制比较》2014 年第 3 期，第 100~109 页。

如，不同指标体系之间缺乏沟通，导致相关研究缺乏共识和碎片化；指标的操作化困难，导致某些指标尚且不具备基本的描述功能，遑论（指标设计者们所期待的）预测功能。尤其是，它们将不同国家置于同一指标体系下进行衡量和比较，无意中压缩了国家构建进程中可能存在的不同历史轨迹，不利于研究者从国家构建的长历史视野审视国家脆弱性问题。

第二，脆弱国家案例研究中的"当下主义倾向"（presentism）。[1] 以学术界对刚果（金）国家脆弱性的已有研究为例，大多数研究均聚焦于蒙博托时期，只有很少研究者会提及殖民时期的历史遗产，[2] 而几乎没有人关注前殖民时期的历史经历。这种"当下主义倾向"大大缩短了国家构建的历史"时间轴"，容易导致对不同历史时期国家构建历程的割裂式理解，不利于研究者深入剖析不同国家构建进程背后的特殊历史轨迹。

将"历史"带进来的另一含义是要充分理解脆弱国家问题出现的特殊历史背景。欧洲民族国家的形成普遍经历了四个到七个世纪，这使得早期的欧洲国家有着充分的时间应对国家构建中出现的各种矛盾和冲突。相比之下，战后第三世界国家却不得不以更快的速度推进国家构建进程。这一现实与战后联合国强调国家资格（statehood）的法律形式有直接的关系。《联合国宪章》确立了"主权平等"原则，使得新生的非洲国家获得了与西方国家平等的国际法地位。在联合国的推动下，非洲前殖民地在去殖民化运动后自动获得了平等的主权地位。与早期欧洲国家不同，这些新生的非洲国家不再需要赢得主权，而是（天然地）享有主权。[3] 然

---

① 事实上，"当下主义倾向"不仅存在于非洲脆弱国家的案例研究中，在整个非洲史研究中都是一个突出问题。如雷德和帕克所言，"非洲史研究中存在一种过度缩短非洲历史的倾向，甚至是研究 19 世纪非洲史的学者都感到自己属于一个很小且被边缘化的群体"。详见 Richard Reid and John Parker, "Introduction to African Histories: Past, Present, and Future", in Richard Reid and John Parker, eds., *The Oxford Handbook of Modern African History*, Oxford: Oxford University Press, 2016, p. 10。

② 例如，在《扎伊尔国家的兴起与衰落》一书中，杨和特纳用了半章的篇幅讨论扎伊尔国家的"殖民起源"问题。见 Crawford Young and Thomas Turner, *The Rise and Decline of Zaire State*, Madison: The University of Wisconsin Press, 1985, pp. 31 – 41。

③ Robert Jackson, "The Weight of Ideas in Decolonization: Normative Change in International Relations", in Judith Goldstein and Robert Keohane, eds., *Ideas and Foreign Policy: Beliefs, Institutions, and Political Change*, Ithaca: Cornell University Press, 1993, p. 117.

而，这种强调国家资格的法律维度的倾向却无意中缩短了国家构建的"时间轴"，忽视了实际国家构建进程的复杂性和历史性。从这个意义上看，刚果（金）的国家构建历程不过是战后国际规范超前于历史与现实的又一例证。

【责任编辑】李鹏涛

非洲研究　2023 年第 1 卷（总第 20 卷）
第 41—53 页
SSAP ©，2023

非洲国家宪法发展的回顾与反思[*]

黄牡丹　　洪永红

【内容提要】非洲国家自独立后，在宪法法律制度探索上已走过 60 余年历程。在此期间，非洲国家宪法法律制度经历了模仿、变革、转型和重塑四个阶段，每一阶段均有相应的制度变化。这一过程是漫长的，甚至是动荡的，非洲各国在这一过程中基本实现了公民宪法权利的构建、公权力的构建与分配、行政权的适度限制。非洲国家的宪法、民主取得了长足进步，但仍存在一些较为突出的问题。究其原因，经济发展的决定性作用、国内政治力量的变化、社会团体力量的发展、外在因素干扰过多等方面影响深远。非洲国家仍将继续坚定地走民主道路，公众参与制宪进程模式的探索、多样性的宪法管理、针对宪法法院和分支机构的改革、政府治理和选举制度的完善将是今后的改革重点。

【关键词】非洲国家；宪法；选举

【作者简介】黄牡丹，深圳职业技术大学副教授，法学博士（深圳，518055）；洪永红，湘潭大学法学院教授，博士生导师（湘潭，411105）。

在当代社会，宪法是一个国家的根本大法。宪法通过规定政府的组织结构、权力分配和对不同政府机关职能的限制来确定政府的性质；通过规定国家施行的政治、经济和社会政策来展现国家的基本政治、经济

---

　*　本文系国家社科基金重大课题"非洲国家与地区法律文本的翻译、研究和数据库建设"（项目编号：20ZD181）的阶段性成果。

和社会制度；通过规定人民的基本权利、社会必须遵循的基本原则来阐述国家的价值观、信仰和传统。它不仅是一套规范社会和政府的规则和法律，还是一个社会契约，更是"一个国家普遍意愿的表达，反映其历史、恐惧、关切、愿望、愿景，甚至是国家的灵魂"。①

第二次世界大战以后，非洲国家掀起独立浪潮，仅 1960 年就有 17 个非洲国家独立，这一年被称为"非洲独立年"。非洲国家独立后无一例外都颁布了本国宪法，至今其宪法制度已走过 60 余年的历程。在过去的 60 余年里，大多数非洲国家经历了数次宪法修改，以建立其所在国的政治、经济制度法律基础。本文从非洲国家宪法制度的历史发展、宪法制度变迁的影响因素、宪法制度的发展趋势等方面对非洲国家宪法发展的过程和趋势做一分析、探讨。

一　非洲国家宪法的历史演变

独立后非洲国家的宪法制度经历了模仿、变革、转型、重塑四个阶段。在不同的阶段，非洲国家尝试在摸索中学习、在探索中进步，宪法制度的表现也有所不同，具体分述如下。

（一）模仿时期

独立初期，非洲国家基本继承了原宗主国的政治模式。英属殖民地国家独立后大多仍属于英联邦，承认英国女王为国家元首，实行君主立宪制。尼日利亚于 1960 年 10 月 1 日获得了作为主权国家的政治独立，颁布了独立后的第一部宪法。根据该宪法，尼日利亚仿照英国模式，实行君主立宪制，英国女王为尼日利亚的国家元首，英国枢密院则是尼日利亚的最高法院。而大多数法语非洲国家则模仿法国模式，实行共和政体。如中非共和国"独立后的第一部宪法，是以法国宪法和法国的海外《根本法》为依据制定的"。② 需要注意的是，在非洲国家独立时，美国已成为超级大国，并曾派大量的法学学者到非洲充当"法律顾问"，因此美国

---

① Chidi M. Amaechi, "Constitution Building as a Panacea to Identity Conflicts in Africa: The Case of Nigeria", *Mediterranean Journal of Social Sciences*, 2017, 8（4）, p. 19.

② 汪勤梅编著《中非·乍得（列国志）》，社会科学文献出版社，2009，第 54～55 页。

的宪政制度对非洲国家影响甚大，甚至超过了原宗主国的影响，许多国家仿照美国模式颁布了成文宪法。① 如塞内加尔虽是法国殖民地，但独立后"选择类似于美国的总统政体"。②

这一时期的宪法在政治制度上表现为建立文官政府，成立议会，建立竞争性的选举制度，允许反对党合法存在，实行自由开放性经济政策。但是，这一时期的独立宪法并没有维持太长时间，一味模仿的宪法并不适合非洲国情，不少国家仅在 20 世纪 60 年代就对宪法进行了多次修改，开始了探索适合本国国情宪政的努力，非洲宪法制度进入了变革时期。

（二）变革时期

这一时期大约始于 20 世纪 70 年代，终至 80 年代末。当然，具体对某一国来说，有的可能早于 70 年代，有的可能晚于 80 年代。在这一时期，非洲国家在政体上大多从议会制转向首脑集权制。在政治上，它们大多废除多党制，实行一党制；在经济上采取国有化措施，限制或取消私有制，强调民族经济的发展，反对外资渗入。这一时期非洲国家的宪法制度有两个较为突出的特点，一是较为普遍的军人政权统治，二是宣称走社会主义道路，但二者并无必然的联系。

一般情况是，在模仿宗主国制度失败后，非洲国家出现政治动荡，军人发动政变，建立军人政权。在这一时期，非洲国家军事政变频繁。据统计，自非洲国家独立到 1985 年底，非洲有 60 次成功的政变，即平均每年两次，政变后即建立军人政权。到 1986 年，在大约 50 个非洲国家中，只有 18 个处于文官政府统治之下。③ 军人政权的特点是：国家元首既非世袭也非民选，而是由军人通过政变方式上台；国家最高权力机关是由军人组成的执政委员会；军人执政委员会掌握立法、司法和行政大权；一般实行党禁，停止执行宪法；废除文官制，政府要害部门如国防部、内政部等均由军人任职，其余非关键部门负责人也由军人或军政府指定的文人担任。

到 20 世纪 70 年代，许多非洲国家宣称走"社会主义"道路，并把

① K. W. Tomas, *American Constitution and Constitutionalism in Africa*, Virginia：University of Virginia Press, 1990, p. 69.

② 张象等编著《塞内加尔·冈比亚（列国志）》，社会科学文献出版社，2007，第 112 页。

③ Issa G. Shivji, ed., *State and Constitutionalism: An African Debate on Democracy*, Sapes Trust, 1991, p. 183.

"社会主义"写入宪法。有学者统计发现，在 50 多个独立的非洲国家中，有一半多的国家先后公开明确地宣称奉行社会主义，还有为数众多的非洲民族主义政党宣称以社会主义为奋斗目标。① 非洲社会主义成为这一时期的民主浪潮。非洲宪法规定走"社会主义"道路的做法饱受西方批评，西方学者认为"宪法在其中的作用是打着自由主义、马列主义等不同的意识形态旗号使军事文明化或者使专制政权合理化"。② 但不论成功与否，这是非洲独立后第一次摆脱原宗主国影响、自主选择道路的尝试。它们大多都是在模仿宗主国政治模式走不通的情况下，才发生激变，试图走一条不同于原宗主国政治制度的道路。

（三）转型时期

从 20 世纪 90 年代初到 21 世纪初，非洲大陆掀起了以多党民主选举为主要内容的民主化浪潮，非洲国家进行了程度不同、效果各异的政治和经济改革。这一时期，不仅波及的国家多，而且经历的时间短，大多数国家只用了短短的几年时间就进行了转型，其基本特点是政治上取消一党制、实行多党制，经济上放弃计划经济、实行市场经济。

转型的基本模式是直接修改现有宪法，删除一党制和计划经济的条款来实现向多党制和市场经济的转变。如塞内加尔、布基纳法索、毛里塔尼亚、马达加斯加、喀麦隆、肯尼亚、坦桑尼亚等国家均是如此。而在一些法律没有做出明确限制但事实上是一党制的国家中，不需要宪法改革就可以实现多党制。例如，在科特迪瓦，虽然宪法并没有明文禁止其他政党的存在，但其却是事实上的一党制国家。科特迪瓦在独立后的 30 年里一直由科特迪瓦民主党掌控政治，在 1990 年出现严重的暴力抗议，其老朋友兼原宗主国法国又拒绝提供帮助，当时的总统费利克斯·胡福埃特·博伊尼被迫接受反对党合法化，并允许自由公正的总统选举和立法选举，从而将科特迪瓦从一党制转变为多党制国家。

在这一时期，非洲国家的政治空间逐渐打开，不同的政党在各个国家犹如雨后春笋般诞生并参与政治。而且，军事统治受到越来越多的批评，军政府官员脱下军装换上西装，尽量淡化军人色彩，同时通过选举，

---

① 唐大盾等：《非洲社会主义：历史·理论·实践》，世界知识出版社，1988，第 2 页。

② Issa G. Shivji，"Three Generations of Constitutions in Africa：An Overview and Assessment in Social and Economic Context"，Warsaw Conference，2001，p. 2.

军人政权变为文官政府，但军事政变仍频繁发生，在 20 世纪 90 年代发生了 19 起军事政变，只比高发的 70 年代少 5 起。[①]

（四）重塑时期

2002 年，非洲联盟正式运作。2003 年，牵扯非洲十几个国家的刚果（金）内战宣告结束。此后，非洲整体态势平稳，工作重心大多转移至经济建设上来，经济得到较好发展，非洲国家也进一步展开了立足于本国国情的宪法制度探索，宪法作为各种冲突立场的交汇点被越来越多地倚重。

在这一时期，针对军人政权这一顽疾，非洲国家一致同意下大功夫根治。第 35 届非洲统一组织首脑会议通过了第 142 号决定，虽然规定"所有成员国都承诺谴责利用违反宪法的程序来更替政府的行为，不承认任何通过政变建立起来的政府"，但这只是一种口头谴责，仍缺乏制度保障。《非洲联盟宪章》第 30 款则进一步明确规定"通过非宪法手段获取权力的政府将不被允许参加非洲联盟的活动"。2003 年 2 月非洲联盟第一次特别首脑会议在没有任何争议的情况下通过了修正案，规定"当一成员国国内出现了严重威胁到'法律秩序'的情势时，为着维护和平与稳定的目的，非洲联盟有根据其和平与安全理事会的建议对该成员国进行干涉的权利"。[②] 这为非洲国家通过非洲维和部队反对军事政变提供了法律基础。2004 年 2 月，非盟非洲互查机制的启动也有助推各国政府实行良政，抑制军人干政，从而实现政治稳定、经济快速增长，使非洲走上持续发展的道路。

此外，非洲一些国家的宪法也明确反对军人干政。如 1999 年尼日利亚宪法第一章规定："尼日利亚联邦共和国不应被统治，或者被任何个人与集体控制尼日利亚政府或者任何一部分，除非与宪法条款相一致。"[③] 肯尼亚新修订的 2010 年宪法第 3 条规定"任何试图违反本宪法建立政府的行为均属非法"。[④]

[①]　郭帅：《非洲国家军人政治研究》，硕士学位论文，中国社会科学院研究生院，2007，第 5 页。

[②]　李伯军：《非盟宪章下之"干涉权"探析》，《河北法学》2008 年第 4 期，第 171 页。

[③]　郭帅：《非洲国家军人政治研究》，硕士学位论文，中国社会科学院研究生院，2007，第 29 页。

[④]　《世界各国宪法》编辑委员会编译《世界各国宪法》（非洲卷），中国检察出版社，2012，第 402 页。

二　非洲国家宪法发展的成就与不足

从殖民者和压迫者手中解放出来后，非洲国家已走过相当长的一段路程，相伴而行的宪法也持续发挥着它的使命与担当。在历经多次改革浪潮后，宪法给非洲国家人民带去了新的希望与期盼，当然也留存着许多改进空间。

（一）非洲国家宪法发展取得的成就

在 60 余年的风云变幻中，非洲国家的宪法制度发展取得了不少成就，主要包括如下方面。

第一，宪法权威逐步树立。宪法是西方的舶来品，经过几十年的发展，宪法的权威在非洲逐步深入人心。现如今的非洲国家民众对军政统治等违反宪法原则的政权更迭表现出明显的厌恶，转而对制度、治理、法治、和平与安全、官僚腐败和司法绩效等前沿、热点问题极为关注。现有的研究和调查表明，尽管面临着诸多挑战，非洲国家民众对依宪民主统治的偏爱度和依恋度很高，2019 年《非洲治理报告》和"非洲晴雨表"的第 8 轮调查都证明了这一点。在非洲土地上，无论是政治参与者还是普通民众都已经基本形成共识：依靠宪法来制定稳定的政治、经济等制度，依靠宪法来维持稳定的社会发展秩序，依靠宪法来保障人民的基本权利。以前的"逢选必乱"的现象逐步减少，非洲政权更替朝着依宪的方向稳步前进。

第二，总统终身制日益受阻。许多非洲国家独立之后很长一段时间内实行总统终身制，以致有非洲学者认为取消总统终身制"从来没有，也不太可能在非洲取得成功"。[①]但自 20 世纪 90 年代以来，总统任期限制不仅成为非洲国家宪法中的一项标准规定，事实上非洲国家也一直在努力结束统治者的长期执政，马达加斯加、布基纳法索、尼日尔、尼日利亚等国家的做法就是有力证明。非洲总统任期限制的成功实施，以及随之而来的总统豁免权的丧失，都有助于约束总统在任期内的权力使用，

---

① S. N. Kartz, B. Oliviero and S. C. Wheatley , eds. , *Constitutionalism and Democracy: Transitions in the Contemporary World*, Oxford：Oxford University Press, 1993, p. 75.

这是非洲宪法制度的一大积极发展。

第三，司法审查开始运用。长期被认为国家事件和政治进程边缘化的非洲司法机构，也从当前民主和宪法改革中脱颖而出，其获得的威望、权威和信心远远超过非洲后殖民地时代的任何时候。非洲新修订的宪法授权指定的国家法院执行宪法保障，特别是权利条款。虽然单一政党制时代的法院主要是作为执政政权合法化的被动工具，但非洲新授权的法院正开始使宪法和宪政彰显出重要意义。这种新的司法自信与变革时期司法机构的谨慎保守形成了鲜明对比。这种变化，反映的是集体主义政治的变化，也是非洲司法审查的政治性和合法性的变化。

第四，公民权利日益受到重视。尽管在变革时期非洲国家对公民权利的漠视甚至践踏遭到了西方国家的普遍批评，但现今的状况已然发生较大变化。大部分非洲国家加入并批准了《公民权利和政治权利国际公约》和《经济、社会、文化权利国际公约》并在本国宪法中予以宣告，在本国宪法中亦对人们关切的诸如发展权、言论自由、新闻自由等公民基本权利做出了相应规定。近些年，非洲国家的宪法改革已经将目光投向了废除死刑、妇女平等权利等问题，从而将妇女权利的平等化、政治化变成了宪法的明文规定。非洲国家种族民族问题复杂，对公民基本权利的重视和尊重就是弥合裂痕、缓和冲突、凝聚共识的最好办法。

第五，民间社会力量得到发展。在非洲，另一个重要的发展是出现了强有力的国内宪法制度支持者，特别是新兴的私营媒体和民间社会。事实上，20世纪80年代末和90年代初宗教团体、专业协会、大学学生和工会积极参与变革，勇敢发声。在反对党合法化之前，这些影响广泛的民间社会组织在组织和支持民众抗议政权更迭方面发挥了积极作用。非洲国家见证了非政府组织数量的显著增长和自由度的不断提升，其中许多非政府组织被特许保护，积极促进对法治、人权、性别平等、环境正义和经济自由的尊重。这些治理型的非政府组织积极参与制宪进程，并逐渐变得更加成熟。①

（二）非洲国家宪法发展的不足

非洲国家独立至今60余年的宪法制度发展是切实可见的，民主的进

---

① Gyimah-Boadi, "African Ambiguities: The Rebirth of African Liberalism", *Journal of Democracy*, 1998（4）, pp. 18 – 31.

步亦让国人受益良多，但也应看到非洲国家的宪法制度发展仍存在不少问题。

第一，民主基础薄弱，无法维持和平稳定的社会秩序。索马里的独立宪法虽然没有废止，但政局长期不稳、终年的内部战争让国家生灵涂炭；科特迪瓦曾经拥有几十年的富饶和美丽，转瞬间即爆发内战而致国家、人民于险境之中，内战所遗留的问题尚未解决，2017 年又发生军事动乱。非洲国家时有发生的政变、革命或动乱都表明，失败的宪法安排将造成极为可怕的后果，非洲国家目前所实现的宪政、民主远未达到稳定水平。

第二，宪法改革过于频繁，无法维持宪法的稳定性。非洲国家的宪法几乎从诞生之日起就在不停地被修订、被取代或者被中止。非洲国家宪法的重新颁布或者修订，虽然也反映当时社会发展的需求和变化，但有些时候似乎只是当时领导人用来巩固自己政权的工具或方法、途径，以满足自己长期掌权、更全面掌权的意愿；虽然修订看似都经过规定的程序，但设计的程序本身就存在争议，又或者修宪机构的人民性、代表性都令人存疑。

第三，公民基础权利的实现不够，宪法对人民愿望的切实反映仍有差距。尽管许多非洲国家的宪法都对基本权利和自由保护做出规定，但是这些权利在现实中并没有得到应有的实现和尊重：非洲国家虽然近年来经济发展较有起色，但仍有大量人口生活在贫困线下，国民基本的教育、医疗需求无法得到满足，水、电、道路等基础设施建设落后；因争夺土地或其他资源而导致不同群体（如民族、信徒、地区团体）或族裔（如世系或宗族）间冲突时有发生；妇女平等权利的普遍实现遥不可及。

三　影响非洲国家宪法发展的因素分析

在独立后的 60 余年发展历程中，非洲国家经济发展的状况、国内政治力量的变化、社会团体力量的发展、非洲联盟的诞生与发展、外在势力的施压五方面因素对非洲国家的宪法制度影响深远。

（一）国内经济状况的影响

非洲国家宪法每一时期的发展变化都与其经济发展情况紧密相连。

独立后非洲国家的新政府从前宗主国手中接过的是一个烂摊子，经济一穷二白，绝大部分国人生活在极度贫困之中，教育方面存在大量需求缺口。带着独立和自治之后的繁荣梦想，非洲国家开启了经济自由化之路，希望促进发展，战胜贫穷、饥饿、疾病和无知，然而将近十年努力的结果却是空前的经济衰退、管理不善。① 此时非洲国家注意到了苏联等社会主义国家经济增长的巨大飞跃，在一代人内就将国家转变为工业巨人，同时美国对大萧条予以拯救的交易干预主义、欧洲在马歇尔计划下迅速恢复的战后重建，这都被看作集中指挥和中央控制模式优越性的证明，非洲国家开始了单一政党制、集体经济、国有化的非洲社会主义探索，结果同样让人大失所望。② 四面楚歌的非洲国家再次进行路线的改变与调整，全面实行新自由主义经济政策，国家从经济领域撤出并实行私有化，这是实行政治自由化和民主治理的经济框架和基础。然而，国家私有化和从经济领域撤出，使得脆弱的非洲经济体面临极端形式的资源掠夺和人民贫困，人民的抗争仍在持续发生。

（二）国内政治力量的变化

在一定程度上，民主的实现是以政治力量的势均力敌为基础的，只有在权力资源分布广泛且任何集团都无法再压制其竞争对手或维持其霸权的条件下方有不同政治力量的对话空间。独立时期非洲国家宪法是解放运动领导人与即将离任的殖民国家谈判的结果，长久的殖民统治使非洲国家并没有太多杰出的政治代表，宪法虽未能代表普遍民意但也未曾引起大众的反感。变革时期文官政府的治理不善、军人政权的强势兴起导致宪法未能为政治对话和双赢竞争开辟空间，国家元首的无限权力与主导地位使得其他权力"花瓶化"。所幸转型时期后非洲国家的反对派政治组织自由运作的政治空间逐步扩大，同时也为自由媒体、民主和经济自由化开辟了空间，一些有着社会深度的政党就以自身的广泛代表性极大地推动着当代非洲宪法制度的发展和非洲国家民主化的进程。

---

① Olusegun Obasanjo, *Africa Embattled: Selected Essays on Contemporary African Development*, Fountain Publications, 1988, p. 98.

② Richard Sandbrook, *The Politics of Africa's Economic Stagnation*, Cambridge：Cambridge University Press, 1985, p. 133.

（三）　社会团体力量的影响

正如一些学者所说："民主是人民具体政治斗争的产物，民主的推动只能是内部力量和动力而不是外部力量。"[1] 非洲国家宪法制度的发展，还与国内争取平等、自由、人权和正义的斗争有极大的关系。历史上，学生会、工会和教会的持续动员在促进非洲国家政治精英内部竞争方面发挥了重要作用。[2] 此外，一些议程虽不那么明确但流动性较强的抗议运动，也为执政精英的挑战者提供了政治平台。这种抗议运动往往以经济不满为中心，既有民间社会组织的推动，也有城市下层阶级的推动，在不同的历史和文化背景下呈现各种各样不同的抗争形式，尤其是在 20 世纪 90 年代，这种普通公民抗议极大地推进了非洲国家进行宪法改革的进程。[3]

（四）　非洲联盟的影响

非洲联盟的前身是非洲统一组织，而非盟创始性文件中的有关规定使得这个组织与其前身有着根本性的不同。《非洲联盟组织法》第四条规定，非盟尊重民主原则、人权、法治和善政；尊重生命的神圣性，谴责和拒绝有罪不罚和政治暗杀、恐怖主义行为与颠覆活动，谴责和拒绝违反宪法的政府更迭，并禁止在联盟成员国之间使用武力或威胁使用武力，同时《非洲联盟组织法》还授予非盟在成员国出现战争罪、灭绝种族罪和危害人类罪等严重情况时做出认定并对该国进行干预的权力。这条规定表明了非盟对宪政、民主、法治和善政的推崇，并使得非盟突破国家主权的原则，而成为一个能限制各国国内或国际行动的组织。非盟这样的地区国家联盟组织已经超越了一国主权的界限，而西非国家经济共同体等区域性组织也会在成员国出现不符合组织要求的政治状况时给予相应的经济制裁，以纠正其"错误的道路选择"。非洲联盟的这种共识和合作在非洲国家宪法的发展过程中发挥了极大的作用。

---

① 　Said Adejumobi, ed. , *Democratic Renewal in Africa: Trends and Discourses*, New York：Palgrave Macmillan, 2015, p. 12.

② 　M. Bratton and N. Van de Walle , "Popular Protest and Political Reform in Africa", *Comparative Politics*, 1992, 24 (4), p. 420.

③ 　N. Bermeo , "Myths of Moderation: Confrontation and Conflict during Democratic Transitions", *Comparative Politics*, 1997 (3), p. 319.

（五）外在势力的影响

非洲国家寻求自主发展道路的尝试并不完全独立，往往受到诸多外在因素、力量的干扰。独立初期，非洲国家的当权者大部分是由原宗主国政治势力所担保；20 世纪七八十年代封闭式的合宪实验与预期效果相差甚远，彼时非洲国家迫切需要外界支援，而国际货币基金组织、世界银行和所谓的"国际社会援助者"援助计划明确地附带了清晰的政治条件——多党制、宪政、人权等，布雷顿森林机构也开始扭转反对采用政治标准政策的局势，向非洲国家进一步施压，迫使非洲被围困的政府接受并实施善政议程，包括权力下放、透明度、问责制和公众参与等。① 21 世纪开始后，欧盟就明确将制定和执行宪法与民主实践的情况作为加入欧盟的先决条件。② 没有一个大陆像非洲一样，遭受过如此多的外在"关怀"与"教化"。③

四 非洲国家宪法的发展趋势

宪法处于政治和政治改革的中心。可以预见，在今后相当长的一段时间内，非洲国家的宪法建设将继续进行纠正、改革和培育，如下方面则是重点所在。

（一）公众参与制宪进程模式的探索

除了对宪法内容的传统关注之外，开放、包容和参与制宪进程已经逐渐在非洲人民心中播下种子，特别是在制定新宪法或重大修正案时，宪法不再是政治机构、行动者和专家的专属领域，积极的民众参与被公

---

① Eunice N. Sahle, ed., *Democracy, Constitutionalism, and Politics in Africa: Historical Contexts, Developments, and Dilemmas*, New York: Palgrave Macmillan, 2017, p. 45.

② 在 1993 年哥本哈根峰会上，欧盟商定了一系列标准，所有国家都必须满足这些标准，作为加入欧盟的条件："加入欧盟要求候选国有一个稳定的机构以保障民主、法治、人权、尊重和保护少数民族以及市场经济的运行，同时应有能力应对来自联盟内部的竞争压力和市场压力。"

③ M. Ndulo, "Constitution-Making in Africa: Accessing both the Process and the Content", *Public Administration and Development*, 2001 (12), p. 109.

认为宪法合法性主张的基础。然而，参与制宪的确切方式仍然是一个不断发展的概念。除了制宪会议和大规模公共协商的形式外，还有新的民众参与模式出现。这些参与模式使普通民众（小群体）不仅能够讨论和提出宪法解决方案，而且能够影响宪法文本的起草。随着新的参与模式的突出与运用，需要进一步研究它们的最佳组成、制定议程的权力、任务范围、工作程序以及实际方面（如时间和费用）的经验教训。

（二）多样性的宪法管理

群体认同是政治动员的关键驱动力。少数群体成员往往基于身份来推动主张，或是族裔，或是性别，又或是宗教、语言、土著群体等，而宪法正是少数群体争取权利的着力点。突尼斯选举法的修改使妇女在地方和区域政治机构中的代表性有所提高，而尼日利亚取消了妇女关于在国家立法和行政机构中代表性的改革；在贝宁，议会否决了宪法改革的所有提议，其中包括改善性别代表性的规定。虽然各国少数群体的成功程度各不相同，但无论是领土自治还是非领土自治，都可能对多元社会的集中治理模式构成持续的挑战，宪法框架对这些要求的体现至关重要。因此，宪法对基于身份的权利主张的调节机制的完善将会继续占据非洲宪法实践者和理论家的一席之地。

（三）违宪审查机构的设置及其改革

宪法法院是现代宪法法律制度中的重要安排，其在限制政府权力的行使、使政府合法行使权力等方面的作用越来越突出，因此也经常成为宪法改革的目标。目前，非洲一些国家的宪法改革旨在提高法院的可及性、独立性或有效性，或者是要求在任命宪法法院法官方面有一个更加透明和竞争性更强的程序。贝宁的宪法改革尝试使行政元首减少对宪法法院法官任命的参与，而津巴布韦在 2013 年的宪法第一修正案中则提高了总统任命最高法官的权力。而如何确保宪法法院法官的独立性、公正性和问责制，是否应建立独立机构以保护包容性改革的成果，同样是宪法改革的关注重点。此外，在违宪审查机构的设置上，虽然宪法改革通常会考虑是否设立宪法法院，但这并不是必然选择。一些国家在考量司法领域中检察机关重要性的同时，也会对提高检察机关的独立性和公正性做出适当的改革尝试。

（四）政府治理和选举制度的完善

非洲国家的一些宪法改革工作还与政府体制改革有关，从半总统制到总统制，或是从议会制到总统制，或是限制某些政府首脑、部门首领的权力。触发政府体制改革的因素、过渡改革的举措、改革带来的潜在后果，其中的种种考量都将体现在宪法改革中。还有一些改革旨在加强民主竞争和保证选举的完整性、纯洁性，如改革国家元首的选举制度，尤其是要求总统选举以 50% +1 的多数票通过，以及议会采取更为比例化的选举制度。此外，在宪法中规定政府为政党提供资金的原则也将更多地出现在宪法改革中，因为这将避免在没有国家资金安排的情况下，执政党充分发挥利用国家资源和机构来推动其政治议程的不正当优势。

结　语

尽管非洲国家的宪法法律制度相对薄弱，各国之间的进展不甚平衡，但总体来看，从政府制度的设计，对种族、民族的关注，选举制度的规范，两性平等的改革，新闻自由的赋予，到传统机构在现代政治制度中的作用，非洲国家在 60 余年的改革实践中已经逐步摸索出了基本适合本国的宪法制度。尽管面临诸多挑战与困难，但只要非洲国家在学习和借鉴他国先进经验的同时，不盲目崇外，尤其不屈服于外来压力，充分发挥广大非洲人民的集体才智与力量，一切从本国国情出发、从实际出发，经过不断探索、进取，就一定能建立适合本国国情的最佳宪法制度。

【责任编辑】李雪冬

经济与发展

非洲研究　2023 年第 1 卷（总第 20 卷）

第 57—75 页

SSAP © , 2023

埃塞俄比亚工业化战略实践评析
(1991～2019 年)*

姜　璐

【内容提要】在埃塞俄比亚人民革命民主阵线的领导下，埃塞俄比亚政府自 20 世纪 90 年代开始积极推动国家的经济结构转型，特别是致力于发展由轻工制造业主导的工业化。通过颁布执行一系列促进工业化发展的产业政策，并积极发挥政府联结动员商业部门的能力，埃塞俄比亚经济在过去 20 余年间实现高速增长，工业化转型也初见成效。不过，受制于一系列因素，埃塞俄比亚的轻工制造业发展仍具有一定局限性，产业政策在强化关键产业间关联效应等方面存在缺陷，政府在动员更广泛的市场行为体，特别是在后招商阶段加强对投资者的关系维护等方面亦有不足，国内营商环境改善的迟缓也限制了埃塞俄比亚工业化的转型。对埃塞俄比亚工业化实践的总结与反思对埃塞俄比亚政府经济结构转型升级，及外部发展伙伴调整对埃合作方式具有重要意义。

【关键词】埃塞俄比亚；经济结构转型；工业化；产业政策；国家能力

【作者简介】姜璐，上海对外经贸大学国际发展合作研究院助理研究员，复旦发展研究院兼职研究人员（上海，20000）。

20 世纪 90 年代中期以来，非洲经济经历了较快增长，但始终面临结构转型不足的问题，大多数非洲国家仍在较高程度上依赖对农矿初级产

---

*　本文系国家社会科学基金青年项目"中国对非援助创新与非洲国家发展自主性研究"（项目编号：18CZZ011）的阶段性成果。

品的生产和出口。在此背景下，不少非洲国家开始致力于推动本国的经济结构转型——以埃塞俄比亚为例，其执政党埃塞俄比亚人民革命民主阵线（简称"埃革阵"）于 1991 年上台后不久即提出其工业化发展战略。21 世纪以来，埃塞俄比亚经济不仅经历了令人瞩目的高速增长，其以轻工制造业为主导的工业化转型亦取得一定进展，这使埃塞俄比亚获得了大量国际关注与赞誉。①

一　埃革阵领导下的埃塞俄比亚工业化转型战略

作为近代以来唯一未被西方全面殖民的非洲国家，埃塞俄比亚自 19 世纪末开始就积极自主求现代化与自强之路。20 世纪 50 年代，在工业化被普遍视为现代化核心驱动力的背景下，封建改革派的海尔·塞拉西（Haile Selassie）皇帝亦曾试图通过进口替代战略推动埃塞俄比亚的工业化转型，然而成效甚微。20 世纪 70 年代中期上台、奉行马克思列宁主义的德格（Derg）军政府主张以农民农业为经济发展的基础，工业化被看作"最终为建立社会主义经济所必需、但眼前只占第二位的措施",② 因此工业亦未得到长足发展。截至 20 世纪 80 年代末，埃塞俄比亚仍面临一穷二白、工农业基础都十分薄弱的局面。1991 年，埃革阵逼退德格军政府成立埃塞俄比亚民主共和国，埃塞俄比亚就此进入相对稳定的和平发展时期，新一轮国家经济发展与转型高潮亦由此开启。

埃塞俄比亚经济结构转型的核心思路为推进由制造业特别是轻工制造业主导的工业化。埃革阵上台伊始即提出《以农业发展为先导的工业化战略》,③ 该战略从传统的工农产业间关联效应（linkage effect）的思路出发，强调农产品作为工业化原料，农业作为资金及市场的来源，以及工业反向拉动农业发展的作用。④ 此后为解决贸易逆差问题，埃塞俄比亚

---

① 本文对埃塞俄比亚经济结构转型的研究时段主要集中在埃革阵执政的 1991～2019 年；2019 年 12 月埃革阵解体，为繁荣党所取代。

② 〔美〕戴维·奥塔韦、〔美〕玛丽娜·奥塔韦：《非洲共产主义》，东方出版社，1986，第 219 页。

③ "Agriculture Development-Led Industrialization", Federal Democratic Republic of Ethiopia, 1993.

④ 〔埃塞俄比亚〕阿尔卡贝·奥克贝：《非洲制造：埃塞俄比亚的产业政策》，潘良、蔡莺译，社会科学文献出版社，2016，第 42～46 页。

政府于 1998 年颁布《出口促进战略》,① 并成立出口促进局、畜牧业营销局、皮革及皮革制品技术研究所等配套机构;在这一过程中,埃塞俄比亚根据自身的要素禀赋与比较优势,初步规定将咖啡行业、油籽行业、花卉行业、肉类行业、棉花行业、服装行业、皮革行业、矿产行业等出口型行业作为政府重点扶持内容,范围虽有限但已初具产业政策之雏形。②

2002 年,埃塞俄比亚政府出台该国第一个《工业发展战略》,③ 提出至今仍在很大程度上指导其国家工业化的若干基础性原则,即"以私人部门为引擎,以农业发展为先导,以出口为导向,以劳动密集型产业为优先,吸引内外投资,促进公私合作,以及充分发挥政府的领导与管理职能"。该战略对国家优先发展的重点行业及扶持举措做出了规定——这些行业及举措在 2010 年后颁布的两部《增长与转型规划》④ 中得到进一步细化。2013 年埃塞俄比亚政府又出台《工业发展战略规划,2013～2025》,⑤ 在评估此前十年工业化成效的基础上提出继续推进工业化的五大战略目标,即进一步发展并拓展既有的制造业优先行业;推动制造行业多元化,发展新的制造业部门;加强对企业及企业家精神的培育;增加公共、私人及外商投资;发展运营产业园与产业城。埃塞俄比亚工业化重点发展行业见表 1。

表 1　埃塞俄比亚工业化重点发展行业

经济/产业发展战略	重点发展行业	
《工业发展战略》 （IDS）2002	【轻工制造业】 ·纺织服装行业 ·肉类、皮革及皮革制品行业 ·农产品加工业	【重工制造业】 ·建筑行业

①　"Export Promotion Strategy ", Federal Democratic Republic of Ethiopia, 1998.

②　Mulu Gebreeyesus, "Industries Without Smokestacks: Implications for Ethiopia's Industrialization", WIDER Working Paper, No. 14, World Institute for Development Economic Research (WIDER) of United Nations University, 2017, p. 4.

③　"Industrial Development Strategy", Federal Democratic Republic of Ethiopia, 2002.

④　Federal Democratic Republic of Ethiopia, "Growth and Transformation Plan I (GTP I, 2010/11 – 2014/15)", Ministry of Finance and Economic Development, 2010; "Growth and Transformation Plan II (GTP II, 2015/16 – 2019/20)", Ministry of Finance and Economic Development, 2015.

⑤　Federal Democratic Republic of Ethiopia, "Industrial Development Strategic Plan 2013 – 2025", Ministry of Industry, 2013.

续表

经济/产业发展战略	重点发展行业	
《加速与持续发展的 减贫计划》 （PASDEP） 2005/2006 - 2009/2010	【轻工制造业】 ·纺织服装行业 ·皮革制造行业 ·制糖行业	【重工制造业】 ·水泥行业 【高附加值农业】 ·花卉业、水果业、蔬菜业
《增长与转型规划 I》 （GTP I） 2010/2011 - 2014/2015	【轻工制造业】 ·纺织服装行业 ·皮革制造行业 ·制糖行业 ·农产品加工业	【重工制造业】 ·水泥行业 ·金属与工程行业 ·化工行业 ·制药行业
《增长与转型规划 II》 （GTP II） 2015/2016 - 2019/2020	【当前重点】 ·建立劳动密集型轻工业 ·建立战略重工业的发展基础	【未来重点】 ·高科技产业 ·寻找未来新的增长点
《工业发展战略规划》 （IDSP） 2013 - 2025	【（既有）重点行业扩展计划】 ·纺织行业 ·皮革行业 ·农产品加工业 ·化工行业 ·金属行业	【新兴制造行业发展计划】 ·生物科技行业 ·ICT 行业 ·石油化工行业

资料来源：笔者根据埃塞俄比亚政府相关政策文件绘制。

二 轻工制造业导向的工业化产业政策及执行

在推动国家经济结构转型的过程中，埃塞俄比亚政府选择将制造业作为重点发展行业，尤以"劳动密集型且市场广阔、使用农产品作为原料、出口导向及进口替代、能促进更快的技术转让"的轻工制造业为主，代表产业如纺织服装业、皮革和皮革制品业及农产品加工业等。

（一）推动轻工制造业发展的政策举措

埃塞俄比亚政府为促进相关行业发展采取的产业政策主要有以下几类。

第一，努力保障国内外产业融资。埃塞俄比亚轻工制造业的发展资金主要来自国内融资与外商投资。就国内融资而言，埃塞俄比亚金融行业并不发达，且不对外资开放，融资能力相对有限。为支持轻工制造业及经济发展，埃塞俄比亚一方面通过增加银行网点、拓展覆盖面、发行国债、推行住房储蓄计划和提高利率等手段提高国民储蓄率与增加银行资金量；另一方面积极引导以发展银行和商业银行为代表的政策性国有银行向包括轻工制造业在内的国家重点行业提供融资，开发补充性金融工具（如工业发展基金），并尝试影响一些私人银行的融资行为。[①] 此外，埃塞俄比亚政府还通过一系列激励措施（参见下文出口促进相关政策）吸引外资企业投资本国轻工制造业，外国直接投资（FDI）成为支持埃塞俄比亚轻工制造行业发展的重要资金来源。

第二，重视产业技术与人才发展。在产业技术方面，埃塞俄比亚政府主要通过建立独立研究机构来为重点行业发展提供技术支持。在轻工制造业领域业已建立皮革产业发展研究所（LIDI）和纺织产业发展研究所（TIDI），其承担着产业技术研发、技术工人培训、产业信息提供、质量标准制定等职责，并接受来自埃塞俄比亚和外国政府、机构及国际组织等的资金和技术支持。[②] 在人才发展方面，除了提升国民整体教育水平之外，埃塞俄比亚政府也积极倡导职业教育培训（TVET），[③] 通过自主培养和与国外机构合作等方式加强对产业发展急需人才的培训，并努力为劳动力提供有利的工作环境以留住优秀人力资源。[④] 此外，外国直接投资也被作为提升埃塞俄比亚相关轻工制造行业技术及人才水平的重要手段。

第三，大力促进出口型产业投资。埃塞俄比亚政府招商引资的重点是投资本国出口型轻工制造业的企业，因此其在招商引资和出口促进方面的激励措施高度重合，主要体现为为投资商特别是外商提供各种政策优惠与投资便利。如为投资重点轻工制造业的国内外企业提供丰厚的信贷优惠和低廉的土地租金；对其生产所需的资本品及原材料进口通过不同机制给予关税免除；产量增长或出口业绩突出的企业及在指定地区开办工厂的外商投资者还可享受额外所得税减免；除少数产品（如咖啡、半成品兽皮）外，埃塞俄比亚对其他出口产品不征收出口税；出口企业

---

① 〔埃塞俄比亚〕阿尔卡贝·奥克贝：《非洲制造：埃塞俄比亚的产业政策》，潘良、蔡莺译，社会科学文献出版社，2016，第 76~81 页。

② 〔埃塞俄比亚〕阿尔卡贝·奥克贝：《非洲制造：埃塞俄比亚的产业政策》，潘良、蔡莺译，社会科学文献出版社，2016，第 95~96、224~227 页。

③ Ethiopian Government, "National TVET Strategy", Ministry of Education, 2008.

④ Federal Democratic Republic of Ethiopia, "Industrial Development Strategic Plan 2013–2025", Ministry of Industry, 2013, p. 48.

和外商还在外汇使用及利润汇回等方面享受便利。埃塞俄比亚还成立了投资委员会（EIC）及国家出口协调委员会（NECC）等相关机构，专司招商引资与出口促进相关事宜。值得一提的是，尽管上述激励措施及服务机构理论上同时适用于内外资企业，但在埃塞俄比亚政府极力吸引外商的背景下，外资企业在事实上得到了更多的优惠和便利，如在土地获取上享受免费或补贴待遇，在注册经营方面享受 EIC 的一站式服务等。①

第四，积极推动建立产业园区。为促进能源、基建等的发展，增强产业集聚效应，同时亦作为招商引资与促进出口的配套举措，自 2013 年起埃塞俄比亚政府陆续出台相关政策法规，鼓励和规范产业园区建设。这也被认为是继鼓励国内投资、大力吸引外商之后，埃塞俄比亚轻工业产业政策的第三阶段。② 埃塞俄比亚政府将产业园分为工业园区及农工业综合园区两类，预计每年将投入 10 亿美元支持产业园区建设，以期将之打造为非洲顶级出口型制造基地。③ 为吸引开发运营商与投资商的加盟，埃塞俄比亚政府出台了包括所得税、关税、出口税减免等财政措施及一站式服务、海关便利、签证加速、不动产权利、外汇账户开设、资金汇回许可等非财政性措施在内的一系列优惠便利举措。④ 埃塞俄比亚政府还专门成立产业园区开发公司（IPDC）负责产业园区的管理。截至 2020 年，埃塞俄比亚政府已启动建立 11 个工业园区及四个农工业综合园区——以被埃塞俄比亚政府作为旗舰项目的 Hawassa 工业园为例，2019 年该园区实现出口创汇 5530 万美元，同时创造就业约 3.2 万人次。⑤

---

① "4th Ethiopia Economic Update: Overcoming Constraints in the Manufacturing Sector", World Bank, 2015, https://documents1. worldbank. org/curated/en/827261468190142554/pdf/97916 – REVISED-Box393200B – PUBLIC-Ethiopia-Economic-Update-4th-Edition-v-web. pdf. Accessed 2023 – 05 – 12.

② Cornelia Staritz and Lindsay Whitfield, "Made in Ethiopia: The Emergence and Evolution of the Ethiopian Apparel Export Sector", Roskilde University, 2017, p. 25.

③ "Industrial Parks Development in Ethiopia", The Embassy of Ethiopia in Brussels, 2016, https://medium. com/@ EthiopiaEU/industrial-parks-development-in-ethiopia-f09eb704d741. Accessed 2023 – 05 – 12.

④ Federal Democratic Republic of Ethiopia, "Industrial Parks in Ethiopia: Incentive Package", Ethiopian Investment Commission, 2017.

⑤ Ethiopian Investment Commission, "Government and Private Parks", https://eic. waliatechnologies. net/index. php/investment-opportunities/other-sectors-of-opportunity/government-and-private-parks. html. Accessed 2023 – 05 – 12.

（二）既有产业政策制定的逻辑理路

埃塞俄比亚政府推进国家经济结构转型的核心思路主要为发展出口导向的轻工制造业，且外资在这一过程中扮演着越来越重要的角色。这一转型路径及相应产业政策是埃塞俄比亚政府结合国内外客观条件做出的选择，有其特定的理性考量。

第一，轻工制造业被作为当下的优先发展产业，主要基于埃塞俄比亚自身的要素比较优势（特别是结合国际产业转移规律的动态比较优势）及行业间的关联效应。例如，对纺织服装业、皮革和皮革制品业、农产品加工业等轻工制造业的选择充分考虑到了其国内劳动力及农牧资源丰富的优势，特别在中国相关产业逐步向海外转移的国际背景下，埃塞俄比亚的上述要素优势愈加显现潜力。又如，出于政治经济的双重考虑，[①]作为执政党的埃革阵始终高度重视农业部门的发展，上述轻工制造业由于与农业部门存在密切关联从而可能对相关农业产业的发展发挥带动效应。

第二，20 世纪末埃塞俄比亚开始执行出口导向策略，一方面是要借出口与国际市场连接以解决短期内埃塞俄比亚国内消费水平低下、需求不足的问题，从需求侧为相关制造业的发展提供外部原动力。另一方面，由于目前埃塞俄比亚仍以出口初级产品为主，外汇来源有限、收入短缺，为能有充足外汇进口中间品、资本品以推动工业化可持续地推进，埃塞俄比亚亟须寻找新的外汇来源，出口导向策略因此更为符合其发展需求。

第三，过去十余年间埃塞俄比亚越来越将吸引外资作为政策重点，除了外国直接投资可以直接补足埃塞俄比亚产业发展中的资金和技术短板之外，尤为重要的一点还在于业已形成的全球价值链对后发国家工业化产生的影响。全球价值链一方面通过提升专业化水平为埃塞俄比亚这样工业基础薄弱的国家提供了机遇，使其不必发展全产业链而仅通过加入末端生产环节（如来料加工等）便可以参与到全球生产体系之中；但另一方面，也令其丧失一定自主权，使得任何不参与全球价值链的独立生产举步维艰——事实上，后者也是埃塞俄比亚政府在 2010 年前后转变

---

① 从经济角度出发，农业在埃塞俄比亚国民经济中至今仍占据主体地位（产值仍占到 40%，农村人口仍有 80%～90%）；从政治角度出发，广大的农村人口也是埃革阵政党的执政根基所在。

思路，从鼓励国内投资日益转向吸引外资的重要原因。

（三） 埃塞俄比亚政府的联商能力分析

产业政策本身固然重要，但仅为国家主导的结构转型提供了行动方案，转型的最终成效如何还要取决于政府通过各种方式推动相关商业部门或市场行为体执行落实产业政策的能力，亦即政府联商能力。埃塞俄比亚国内商业部门主要由国有（及准国有）企业、内资私人企业及外商私人企业三类市场行为体组成。在一些关乎国计民生的重点战略行业，国有企业仍扮演主导性角色。即使在私有化改革①之后，包括金融、公共事业和基础设施建设以及重工制造业等在内的重点领域仍主要由国有企业掌控，2010 年之后政府通过合并现有国有企业和在特定领域创立新企业的形式建立了规模更大的国有企业集团。② 此外，埃塞俄比亚还存在一些所有权归政党所有的准国有企业，主要是执政党埃革阵通过地方留本基金（regional endowment funds）资助建立的企业集团。③ 其中最具代表性也是实力最强的是提格雷州重建基金（EFFORT），投资领域涉及畜牧、矿产、建材、纺织服装、皮革、医药、工程、金融等行业。尽管埃塞俄比亚在化工、金属与工程等重工业领域保留了部分国有企业，但对轻工制造业则进行了大刀阔斧的私有化改革，并在 2010 年后不断加大对外资

① 沿袭德格军政府时期计划经济体制的遗产，及至 20 世纪 90 年代埃革阵上台后初期，埃塞俄比亚存在着大量国有企业。虽然在西方国家推行结构调整方案的压力之下，埃塞俄比亚也进行了私有化改革，但不同于很多非洲国家，埃塞俄比亚在执行结构调整方案的过程之中保持了一定的自主性。参见〔埃塞俄比亚〕阿尔卡贝·奥克贝《非洲制造：埃塞俄比亚的产业政策》，潘良、蔡莺译，社会科学文献出版社，2016，第 89 页；Toni Weis, "Vanguard Capitalism: Party, State, and Market in the EPRDF's Ethiopia", PhD Thesis, University of Oxford, 2016; Robert Hunter Wade, "Capital and Revenge: The IMF and Ethiopia", *Challenge*, 2001, 44 (5)。

② 〔埃塞俄比亚〕阿尔卡贝·奥克贝：《非洲制造：埃塞俄比亚的产业政策》，潘良、蔡莺译，社会科学文献出版社，2016，第 66 页。

③ 这类"党有企业"较具争议性，批评者认为此类企业是埃塞俄比亚私有化的最大受益者之一，在获取政府执照、银行贷款、外汇分配及政府采购等方面享受优惠待遇而缺乏透明性；支持者则认为没有证据表明留本基金投资集团与政党存在隶属关系或前者获得了贷款优惠待遇等，相反，这些投资集团在长远价值的创造中扮演了先驱者的角色，有助于填补私人企业的投资空缺、缩小地区间差距和创造就业。参见 Göte Hansson, "Ethiopia: Economic Performance and the Role of the Private Sector", Sida, 2004；〔埃塞俄比亚〕阿尔卡贝·奥克贝《非洲制造：埃塞俄比亚的产业政策》，潘良、蔡莺译，社会科学文献出版社，2016，第 66 页。

企业的招商引资力度。整体而言，除少数例外，内资企业在资金、技术实力上与外资企业仍有相当大的差距，特别是在发展出口导向型轻工制造业方面，这使得政府在联结动员商业部门行为体方面不得不更多倚重外资企业。

值得一提的是，埃塞俄比亚政府在大力吸引外资特别是在 21 世纪头 10 年产业园政策指导下致力于吸引国际知名品牌方面有着令人瞩目的表现。以纺织服装行业为例，截至 2016 年，埃塞俄比亚 84 家业内企业中外资企业有 36 家，比重超过四成——其中不乏 H&M、PVH 这样的知名跨国公司，它们的入驻极大提高了埃塞俄比亚轻工制造业的声誉；这些外资企业也成为埃塞俄比亚纺织服装出口贸易的主要力量，超过八成的纺织服装类产品出口由外资企业完成。[①] 能够取得这样的成绩，除了推行针对外资企业的投资优惠与便利举措之外，离不开埃塞俄比亚政府卓有成效的自我推介策略。埃塞俄比亚政府在各种场合大力推广其国家作为新兴轻工制造业产地的优势条件。即使如上文分析，其中一些条件在当前阶段甚至中短期内尚不成熟，如埃塞俄比亚低廉的劳动力成本、潜在的当地原材料供应、丰富便宜的水电资源、与欧美等国家间的优惠性贸易协定等。高层官员的亲自推介也成为埃塞俄比亚政府一种常见的招商模式，包括梅莱斯等国家领导人都曾亲赴优先国家与潜在投资者洽谈，[②] 部长级官员、驻外大使等也都积极参与招商。这不仅使外商企业感到被重视，同时高官地位也有利于促进其对企业一些承诺的及时和切实兑现。[③] PVH 的入驻就是一典型案例，据其公司管理层反映，埃塞俄比亚之所以能从包括加纳、肯尼亚、坦桑尼亚等在内的六个候选国家中，甚至在投资条件不及其他国家的情况之下脱颖而出，在很大程度上是因为

---

① Cornelia Staritz and Lindsay Whitfield, "Made in Ethiopia: The Emergence and Evolution of the Ethiopian Apparel Export Sector", Roskilde University, 2017, pp. 9, 19, 24; Mamo Mihretu and Gabriela Llobet, "Looking Beyond the Horizon: A Case Study of PVH's Commitment to Ethiopia's Hawassa Industrial Park", World Bank, 2017, https://openknowledge. world-bank. org/server/api/core/bitstreams/2ea1f92f - d6b1 - 577b - a32c - 07210c90d5bc/content, Accessed 2023 - 05 - 12.

② Cornelia Staritz et al., "Global Value Chains, Industrial Policy and Sustainable Development: Ethiopia's Apparel Export Sector", International Centre for Trade and Sustainable Development, 2016, p. 13.

③ 笔者在 2017～2018 年于埃塞俄比亚开展田野调查期间对此亦有切身体会，其高层官员对于招商（特别是吸引外商）的热情与恳切往往透露出强烈的发展意愿及履诺决心。

埃塞俄比亚政府高层官员与 PVH 的直接沟通、互信的建立及承诺的兑现。[①]

三　埃塞俄比亚经济结构转型取得积极成效

21 世纪以来埃塞俄比亚经济增长均速超过 10%，约为撒哈拉以南非洲平均增速的两倍，位居非洲大陆（乃至世界范围内）经济增长最快的国家之列。[②]

（一）工业部门迅速扩张

在结构转型方面，埃塞俄比亚工业部门在过去 20 余年特别是《增长与转型规划》执行以来的十年中发展迅速——2010 年后，埃塞俄比亚工业部门维持着年均 20% 左右的增长率高速增长，远超农业，赶超服务业，成为促使国内生产总值增长的主要经济部门（见图 1）。

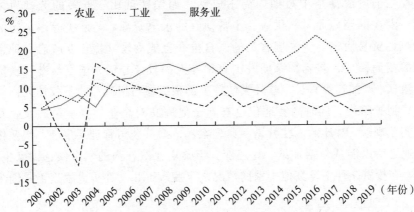

图 1　埃塞俄比亚三大产业增长率（2001～2019 年）

资料来源：笔者根据世界银行（https://data. worldbank. org/）数据绘制。

---

①　Mamo Mihretu and Gabriela Llobet, "Looking Beyond the Horizon: A Case Study of PVH's Commitment to Ethiopia's Hawassa Industrial Park", Word Bank, 2017, pp. 19 – 20, https://openknowledge. worldbank. org/server/api/core/bitstreams/2ea1f92f – d6b1 – 577b – a32c – 07210c9 0d5bc/content, Accessed 2023 – 05 – 12.

②　World Bank, "GDP Growth（annual %）– Ethiopia, Sub-Saharan Africa", https://data. world-bank. org/indicator/NY. GDP. MKTP. KD. ZG? end = 2018&locations = ET – ZG – 1W&start = 2001, Accessed 2023 – 05 – 12.

同时，工业产值在 GDP 中的占比也从 2011 年的 9.66% 提升到 2018 年的 27.26%，增长近两倍，且与同期农业产值占比呈现一定的替代性增长趋势（见图 2）。

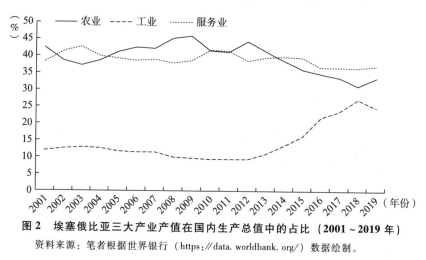

图 2　埃塞俄比亚三大产业产值在国内生产总值中的占比（2001～2019 年）

资料来源：笔者根据世界银行（https://data.worldbank.org/）数据绘制。

（二）特色产业优势明显

21 世纪头 10 年埃塞俄比亚工业部门的快速扩张在很大程度上由建筑业发展所推动，尤其在 2011～2020 年，埃塞俄比亚 2011/2012 年建筑业的增速（25%）高于 2019/2020 年制造业增速（15%）10 个百分点（见

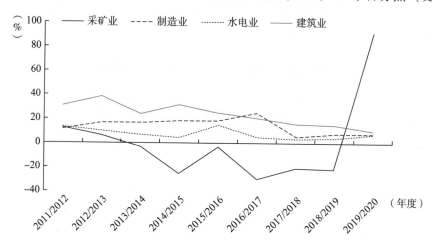

图 3　埃塞俄比亚四大产业增长率（2011～2020 年）

资料来源：笔者根据埃塞俄比亚央行年报（https://nbe.gov.et/annual-report/）数据绘制。

图 3）；同期，建筑业在工业部门中的比重提高约 30 个百分点，制造业比重则下降约 10 个百分点（见图 4）。

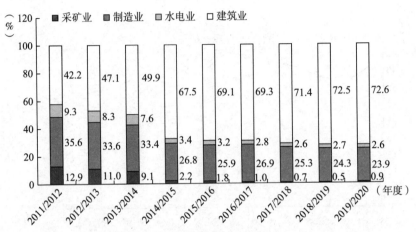

图 4　埃塞俄比亚四大产业在工业部门中的占比（2011～2020 年）

资料来源：笔者根据埃塞俄比亚央行年报（https://nbe.gov.et/annual-report/）数据绘制。

（三）轻工制造业快速增长

就制造业本身而言，其约 15% 的年均增速快于除建筑业外大多数的国民经济行业，工业制成品出口额在 2001～2019 年增长了五倍，特别是被作为优先产业的纺织服装业增长尤为迅猛，纺织品出口平均增速达到 11%，服装出口平均增速达到 33%（见表 2）。

表 2　埃塞俄比亚主要商品出口贸易额（2001～2019 年）

单位：百万美元

年份	全部商品	农产品	燃料与矿产品	工业制成品	钢铁	化工产品	机械和交通设备	纺织品	服装
2001	455	334	11	54	0	0	2	3	1
2002	480	347	5	59	0	0	4	4	1
2003	496	434	4	58	0	0	0	7	0
2004	678	476	6	21	0	1	0	6	2
2005	903	822	9	47	0	0	0	7	2
2006	1043	908	6	62	0	1	1	9	2

年份	全部商品	农产品	燃料与矿产品	工业制成品	钢铁	化工产品	机械和交通设备	纺织品	服装
2007	1277	1034	38	171	1	2	36	13	2
2008	1602	1370	8	143	4	3	38	8	5
2009	1618	1354	11	161	0	5	78	15	3
2010	2330	1893	24	229	1	6	92	24	12
2011	2875	2203	29	258	0	7	29	37	35
2012	3370	2445	17	254	1	6	53	27	39
2013	2973	2509	263	338	2	4	73	47	43
2014	3275	2765	12	276	0	4	12	37	54
2015	2914	2283	9	271	0	4	8	34	70
2016	2789	2265	9	241	1	4	20	24	58
2017	3022	2451	11	314	0	6	56	23	74
2018	2704	2117	14	327	0	6	42	19	106
2019	2741	2451	10	329	0	8	21	21	164
平均增速	10%	12%	-1%	11%	0%	17%	14%	11%	33%
平均占比	100.00%	81.13%	1.32%	9.62%	0.03%	0.18%	1.50%	0.97%	1.79%

资料来源：笔者根据世界贸易组织（https://timeseries.wto.org/）数据绘制。

以纺织服装行业为例，截至 2016 年，除两家未能找到收购者的国企之外，其余八家国有企业全部实现私有化。皮革和皮革制品行业与农产品加工行业也基本完成私有化改革，但外资比重则依不同行业而有所差异，如在食品加工业和皮革制造业等，内资私人企业占据优势地位，而在酿酒和花卉等行业外资私人企业的实力更为雄厚。

四 对埃塞俄比亚工业化战略的反思

如前所述，埃塞俄比亚的国民经济在过去 20 年间取得了令人瞩目的高速增长，以轻工制造业为主导的工业化也初见成效，尤其在对外招商引资、促进纺织服装产品出口等方面表现不俗。但整体而言，埃塞俄比亚在经济结构转型方面仍存在较大的发展空间。[①] 例如，埃塞俄比亚制造业整体发展水平仍旧低下，其制造业附加值在埃塞俄比亚 GDP 中平均占比不足 5%，[②] 制造业就业人口占比亦不超过 5%，[③] 以非正式、小微企业为主的结构使埃塞俄比亚制造业企业表现出较低的生产率与较弱的竞争力。[④] 从出口情况来看（见表 2），农产品在埃塞俄比亚较弱的出口贸易中仍占主体地位（80% 以上），工业制成品平均占比仅为 10% 左右；而作为发展重点的纺织服装出口也存在附加值低、多样性差、出口市场过于集中等不足，[⑤] 且同时仍大量依赖原材料进口并因此导致贸易逆差。[⑥] 本文认为，如下一些因素在一定程度上限制了埃塞俄比亚轻工制造业的发展。

（一）产业政策存在局限

尽管资源优势和关联效应都是埃塞俄比亚选择将轻工制造业作为优先产业的重要原因，但目前的产业政策在建立和强化轻工业与农牧业间的后向联系（特别是相比于招商引资与出口促进这些推动前向联系）方面的政策举措、力度及效果尚显不足。这不仅导致埃塞俄比亚的农牧资源（潜在的原材料优势）未被充分挖掘，限制了轻工制造业自身的产出

① Arkebe Oqubay, "The Structure and Performance of the Ethiopian Manufacturing Sector", African Development Bank Working Paper, No. 299, African Development Bank Group, 2018, p. 10; "4th Ethiopia Economic Update: Overcoming Constraints in the Manufacturing Sector", World Bank, 2015, p. 33, https://documents1. worldbank. org/curated/en/827261468190142554/pdf/97916 – REVISED – Box393200B – PUBLIC-Ethiopia-Economic-Update-4th-Edition-v-web. pdf. Accessed 2023 – 05 – 12.

② World Bank, "Manufacturing, Value Added (% of GDP) – Ethiopia", https://data. worldbank. org/indicator/NV. IND. MANF. ZS? locations = ET. Accessed 2023 – 05 – 12.

③ Arkebe Oqubay, "The Structure and Performance of the Ethiopian Manufacturing Sector", African Development Bank Working Paper, No. 299, African Development Bank Group, 2018, pp. 4 – 5.

④ "4th Ethiopia Economic Update: Overcoming Constraints in the Manufacturing Sector", World Bank, 2015, https://documents1. worldbank. org/curated/en/827261468190142554/pdf/97916 – RE-VISED-Box393200B-PUBLIC-Ethiopia-Economic-Update-4th-Edition-v-web. pdf. Accessed 2023 – 05 – 12.

⑤ Cornelia Staritz and Lindsay Whitfield, "Made in Ethiopia: The Emergence and Evolution of the Ethiopian Apparel Export Sector", Roskilde University, 2017, pp. 19 – 26.

⑥ Cornelia Staritz and Lindsay Whitfield, "Made in Ethiopia: The Emergence and Evolution of the Ethiopian Apparel Export Sector", Roskilde University, 2017, p. 21; Arkebe Oqubay, "The Structure and Performance of the Ethiopian Manufacturing Sector", African Development Bank Working Paper, No. 299, African Development Bank Group, 2018, p. 9.

及出口表现；同时，轻工制造业通过关联效应能在更大范围内促进经济增长的"引擎"作用也未发挥出来，从而也部分解释了埃塞俄比亚的轻工业发展迄今为止对宏观经济结构产生的较为有限的转型成效。

以纺织服装行业为例，埃塞俄比亚拥有悠久的棉花种植历史并具备一定的纺织业基础（如轧棉、纺织等），然而，被埃塞俄比亚政府用以（并成功）吸引不少外商投资的棉花生产与纺织能力却远未发挥出来。据称埃塞俄比亚国内适宜种植棉花的土地约有300万公顷，但目前对这些土地的实际使用率仅有5%左右。同时，由于棉花种植、棉纺织业的技术水平和生产率低下，埃塞俄比亚本土纺织原料（棉花、棉纱、织物等）在产量、品级、价格等方面经常达不到纺织服装企业（特别是外商）的要求，制造商与当地原料供应商之间较难实现顺畅对接而不得不依赖进口。过去十余年间随着对埃塞俄比亚纺织业投资的不断增加，该国对各类纺织原料的进口量亦逐年上升，这增加了出口型纺织服装企业获取原料的时间周期、成本及外汇需求等，原料获取困难因此成为投资埃塞俄比亚纺织服装企业普遍面临的问题。[①] 与此类似，尽管埃塞俄比亚的畜牧资源相对丰富，但在埃塞俄比亚经营的内外资制革、制鞋等企业事实上每年仍需大量进口国外的生皮，其原因同样为埃塞俄比亚畜牧业发展的限制：本土生皮产量、质量、价格等方面的缺陷，以及畜牧养殖、生皮制造与下游皮革及皮革制品生产各链条间的脱节。[②]

此外，尽管具备一定的经济理性基础，但其产业政策在其他面向上仍存在一些问题。例如在产业政策的技术层面存在诸如不够细致，缺乏单独、细致的政策文件，知识不够、数据不足，政策变化大、缺乏连贯性等问题。而包括族群问题、联邦制及均衡发展等政治考量也直接影响其产业政策的制定，甚至在一定程度上与经济理性相悖，例如为平衡不

① UNDP, "Growing Manufacturing Industry in Ethiopia", 2017, p. 39, https://www.undp.org/sites/g/files/zskgke326/files/migration/et/Understanding-African-experiences-in-formulating-and-implementing-plans-for-emergence-Growing-Manufacturing-Industry. pdf. Accessed 2023－5－12.

② 〔埃塞俄比亚〕阿尔卡贝·奥克贝：《非洲制造：埃塞俄比亚的产业政策》，潘良、蔡莺译，社会科学文献出版社，2016，第207～211页；Girum Abebe and Florian Schaefer, "High Hopes and Limited Successes: Experimenting with Industrial Policies in the Leather Industry in Ethiopia", EDRI (Ethiopian Development Research Institute) Working Paper 011, 2013, pp. 17－20; Jan Grumiller and Werner Raza, "The Ethiopian Leather and Leather Products Sector: An Assessment of Export Potentials to Europe and Austria", OFSE (Austrian Foundation for Development Research) Research Report, 2019, pp. 52, 55.

同联邦州之间的利益而在各州平均分布的产业园区等。最后，值得一提的是，鉴于埃塞俄比亚制造业相对迟缓的发展，一些外国及埃塞俄比亚本土专家亦开始反思既有转型路径的可能弊端或改进方式。其主要观点表现为多元发展优先发展行业，如同时关注制造业外一些高生产率的农业及服务业产业，如花卉业与旅游业等。不过，多元化与优先发展之间存在一定的张力，如果选择的重点产业过多，势必会进一步分散埃塞俄比亚本就有限的资源；且从中长期而言，对于如埃塞俄比亚这样的非洲人口大国，建立独立的制造业体系仍是必要的。

（二）政府联商能力不足

由于不具有基于所有制的影响力，本国的资金技术实力等又相对较低，这就导致埃塞俄比亚政府在与外商投资者的权力关系中不占优势。而就利益关系而言，尽管埃塞俄比亚具备相对低廉的人力资源成本，但其他方面的一些不利因素在一定程度上抵消或至少削弱了劳动力成本对投资者的吸引力，从而使其在与其他潜在对手国（如越南等）竞争的过程中并不具有显著优势。因此，虽然对外商投资者而言存在在全球范围内转移产业链的需求，但埃塞俄比亚仅是候选投资地之一却非绝对首选。埃塞俄比亚政府与外商投资者在推动出口型轻工业（特别是纺织服装业）发展方面虽存在一定的共同利益需求，但这一需求并不十分强劲。因此，埃塞俄比亚政府在联结商业部门（特别是外商投资者）的客观条件方面并不具备十足的优势，这也意味着埃塞俄比亚政府如要充分动员相关市场行为体投资其想重点发展的行业，就必须不遗余力地加强与潜在投资者的联系互动，充分调动和发挥政府的联商能力。

对埃塞俄比亚政府联商能力的分析显示，尽管其在自我推广方面竭尽所能，表现出高度的热忱与致力程度，但其市场动员能力仍存在一定局限。首先，无论是突出（潜在）优势还是高层参与，埃塞俄比亚目前卓有成效的市场动员主要体现在招商环节，调研显示埃塞俄比亚政府的这种较强的联商能力未能一以贯之，从而导致一些企业在招商后的项目落地以及日常运营阶段因遭遇很多现实阻碍而产生心理落差，甚至存在退出埃塞俄比亚的风险。[①] 其次，埃塞俄比亚政府目前着力撬动的主要是

---

① 在笔者 2017 ~ 2018 年于埃塞俄比亚的田野调查期间，中资企业管理人员在受访过程中时常谈到这一点。

实力较强、具有较大出口潜力的外资企业，吸引内资企业并促进出口的成效较为有限。研究显示产业政策对于吸引新的本土企业投资轻工制造业的效果不明显，在出口方面，不少本土企业出口的目的多是获取外汇，即使想要扩大出口却苦于缺乏经验和渠道，政府除了举办展会外并未提供更多有助于企业出口的方式。① 同时，迄今为止政府对于联系外资企业与本土企业间联系，从而推动外资企业的技术外溢及本土企业融入全球价值链的努力和成效也都十分有限，在很大程度上尚处于模糊的政策表述阶段。此外，埃塞俄比亚的国有及准国有企业在促进作为重点行业的轻工制造业的发展方面发挥的作用也不明显。

（三）营商环境有待优化

在为商业部门行为体提供良好营商环境方面，埃塞俄比亚政府的政策力度和改善成效也稍显不足。迄今为止埃塞俄比亚政府主要通过开发工业园、建立一站式服务平台等方式致力于局部营商环境的改善，但这些努力对优化国内整体营商环境的作用却相对有限。例如，2010~2020年适逢埃塞俄比亚大力推进经济结构转型时期，埃塞俄比亚的营商环境指数排名非升反降，从2010年的107位跌落至2020年的159位，下降了50多个位次；在被评估的十个具体指标上改善均较为有限，其在获取信贷、新办企业、跨境贸易、电力供应等方面的评分及排名均较为落后，也常被在埃塞俄比亚经营的国内外轻工制造企业列为主要的营商阻碍。② 直到2018年，埃塞俄比亚政府才正式建立了专门致力于国内营商环境改善的领导委员会，并具体责成包括贸工部、国家银行等在内的9个政府部门负责相关指标的提高。③

---

① Abdi Yuya Ahmad and Moges Tufa Adinew, "Evaluating the Impact of Export Promotion Policy Incentives in the Ethiopian Manufacturing Sector", Global Development Network Working Paper, No. 97, 2019.

② World Bank, "Doing Business 2019: Ethiopia", p. 4; "4th Ethiopia Economic Update: Overcoming Constraints in the Manufacturing Sector", World Bank, 2015, p. 33, https://documents1.world-bank.org/curated/en/827261468190142554/pdf/97916 – REVISED – Box393200B – PUBLIC-Ethiopi-a-Economic-Update-4th-Edition-v-web. pdf. Accessed 2023 – 05 – 12; UNDP, "Growing Manufac-turing Industry in Ethiopia", 2017, pp. 39 – 40, https://www.undp.org/sites/g/files/zskgke326/files/migration/et/Understanding-African-experiences-in-formulating-and-implemen-ting-plans-for-emergence-Growing-Manufacturing-Industry. pdf. Accessed 2023 – 05 – 12.

③ Cepheus Research & Analytics, "Ease of Doing Business in Ethiopia: Issues, Reforms, and Pro-gress", 2019, p. 2, https://cepheuscapital.com/wp-content/uploads/2019/01/Ease-of-Doing-Business-FINAL. pdf. Accessed 2023 – 05 – 12.

在与贸易密切相关的物流基础设施方面，尽管近年有诸如亚吉铁路这样的重大基建项目落成，但整体而言，埃塞俄比亚在近年世界银行《物流表现指数报告》中得分（2.4）和排名（131）仍旧落后，低于大多数撒哈拉以南非洲国家以及如越南（3.16，45）、孟加拉国（2.6，100）等同类轻工业竞争者。[①] 这对于将私人部门作为发展引擎且将吸引外资作为政策重点的埃塞俄比亚而言，无疑是个重要阻碍。在满足企业资金及外汇需求方面，尽管埃塞俄比亚政府业已采取相应举措，但仍难以满足企业需求，其中内资及中小规模企业面临的融资限制尤为显著；[②] 而受一系列政策及结构性因素的制约，外汇短缺更成为困扰包括外资企业在内的大批埃塞俄比亚投资者的燃眉之急。[③] 出于稳定国内金融市场的考虑，埃塞俄比亚政府在中短期内不可能对国内金融系统进行全面开放与改革，这也意味着融资难题将持续存在。

结　语

埃塞俄比亚国民经济 21 世纪以来取得举世瞩目的高速增长，其以轻工制造业为主导的工业化也初见成效，特别是在招商引资方面的表现尤为突出；不过，由于战略执行时间尚短，埃塞俄比亚在经济结构转型方面仍存在较大的发展空间。2020 ~ 2021 年对埃塞俄比亚而言无疑是一个重大转折——从 2019 年埃革阵解体，到 2020 年至今新冠疫情和提格雷地区冲突的持续影响，一系列重大事件与变革不仅直接破坏了埃塞俄比亚

---

① World Bank, "The Logistics Performance Index and Its Indicators 2018", 2018, https://www.worldbank.org/en/news/infographic/2018/07/24/logistics-performance-index - 2018. Accessed 2023 - 05 - 12.

② "4th Ethiopia Economic Update: Overcoming Constraints in the Manufacturing Sector", World Bank, 2015, p. 40, https://documents1.worldbank.org/curated/en/827261468190142554/pdf/97916 - REVISED - Box393200B-PUBLIC-Ethiopia-Economic-Update-4th-Edition-v-web.pdf. Accessed 2023 - 05 - 12.

③ 笔者于 2017 ~ 2018 年在埃塞俄比亚的田野调查；亦参见 Minhaj Alam and G. S. Yigzaw, "Causes and Impacts of Foreign Currency Reserve Crises in Ethiopia", *Üniversitepark Bülten*, 2020, 9 (1), pp. 15 - 27; Tesfaye Boru Lelissa, "Causes for Foreign Currency Liquidity Gap: A Situation Analysis of the Ethiopian Economy", *Journal of Poverty, Investment and Development*, 2015 (15), pp. 81 - 91.

国内的民族团结与政治稳定，对其过去 20 余年来苦心经营的经济发展与工业化转型也造成重大冲击。从长远来看，埃塞俄比亚终归要回归稳定与发展的正轨，而过去 20 余年工业化实践的经验与教训无论对其自身抑或其国际发展合作伙伴而言，都具有重要意义。

【责任编辑】王珩

非洲研究 2023 年第 1 卷（总第 20 卷）
第 76—94 页
SSAP ©, 2023

美国和欧盟对非制裁的比较评析[*]

王 霞 樊俊杰

【内容提要】对非制裁是美国和欧盟对外制裁的重要部分，对非洲政治进程与国家发展具有重要的影响。本文基于 GSDB 数据库构建"全球对非制裁"观察样本，评析美国和欧盟对非制裁的对象、目标、效果及具体制裁形式。主要结论包括：（1）美国和欧盟对非制裁名义上以所谓的人权和民主为主要目标，"9·11"事件后反恐目标也成为美国对非制裁的主要目标；（2）欧洲国家与非洲国家密切的传统联系使得欧盟对非制裁的效力明显高于美国；（3）金融制裁是美国和欧盟干预非洲国家事务的重要工具。本文为该领域相关问题研究的深化提供了一份相对客观的基础性研究资料。

【关键词】美国对非制裁；欧盟对非制裁；制裁目标；制裁效力；制裁形式

【作者简介】王霞，浙江师范大学经济与管理学院副教授；樊俊杰，浙江师范大学经济与管理学院应用经济学专业硕士研究生（金华，321004）。

非洲是全球遭受制裁频率最高的大陆，[①] 以美国和欧盟为首的国家和国际组织对非洲国家的制裁是影响非洲政治进程与国家发展的重要

---

[*] 本文得到 2022 年国家社科基金后期资助项目"区域贸易协定的数字贸易规则研究：发展演进与影响"（项目编号：22FGJB009）的资助。感谢《非洲研究》编辑部及匿名评审专家提出的宝贵修改意见。

[①] A. Charron and C. Portela, "The UN, Regional Sanctions and Africa", *International Affairs*, 2015, 91 (6), pp. 1369–1385.

外部因素。目前，国内外关于对非洲制裁的研究多限于南非、利比亚等极少数非洲国家遭受制裁的案例，非洲大陆遭受外部制裁的具体事实及其发展变化是学界亟待探索的重要研究领域，相关资料和数据的可得性是相关研究进展的主要影响因素。本文基于 2021 年 3 月发布的全球制裁数据库（Global Sanctions Database，即 GSDB 数据库）评析美国和欧盟对非洲国家的制裁活动，[①] 为学界系统观察以美国和欧盟为首的国家和国际组织对非洲国家的制裁活动提供相对全面、客观的视角。

一　全球对非制裁的整体观察

GSDB 数据库包括 "全球制裁案基本信息" 和 "全球动态双边制裁关系" 两套数据。本文首先基于 GSDB 数据库构建 "全球对非制裁" 观察样本，具体方法是：（1）根据 GSDB 数据库 "全球动态双边制裁关系" 的统计数据，筛选出 1950～2019 年 51 个非洲受制裁国家与制裁经济体之间的双边制裁关系，据此可以得到这些双边制裁关系对应的 357 个制裁案编号；（2）根据相关制裁案编号，在 "全球制裁案基本信息" 的统计数据中可以得到对非制裁案的基本信息。基于该样本可以相对深入地观察全球对非制裁的相关事实。

表 1 列出了 1950～2019 年全球主要制裁发起方发起的对非制裁案数量，其中美国、欧盟和联合国对非制裁案数量约占全球对非制裁案数量的 53.78%，是最主要的对非制裁发起方。[②] 相关制裁案中绝大部分为制裁方单独发起的单边制裁案，制裁方联合其他经济体发起的多边制裁案数量相对有限。

---

①　A. Kirilakha, G. Felbermayr, C. Syropoulos, E. Yalcin and Y. V. Yotov, "The Global Sanctions Data Base", *European Economic Review*, 2020（129）, pp. 1 – 23; A. Kirilakha, G. Felbermayr, C. Syropoulos, E. Yalcin and Y. V. Yotov, "The Global Sanctions Data Base: An Update that Includes the Years of the Trump Presidency", School of Economics Working Paper, Series 2021 – 10, LeBow College of Business, Drexel University, 2021, pp. 1 – 29.

②　此外，瑞士、日本、挪威等发达国家以及非洲区域内组织非洲联盟和西非国家经济共同体（ECOWAS）也是对非制裁的发起方。

表 1   1950～2019 年全球主要制裁发起方发起的对非制裁案数量

单位：件

制裁发起方	单边制裁案数量	多边制裁案数量	累计数量	制裁发起方	单边制裁案数量	多边制裁案数量	累计数量
联合国	43	0	43	英国	16	5	21
美国	103	3	106	法国	15	5	20
欧盟	46	17	63	加拿大	1	14	15

资料来源：GSDB 数据库。

全球对非制裁中美国和欧盟是最重要的发起方。1950～2019 年美国对非洲国家发起的制裁案数量为 106 件，[①] 约占其对外制裁案总数（366件）的 28.96%；欧盟对非洲国家发起的制裁案数量为 63 件，约占其对外制裁案总数（123 件）的 51.22%。

在全球对非制裁案中美国和欧盟对非发起的制裁案数量占到 40% 以上，涉及 42 个受制裁国家，重点制裁对象包括苏丹（12 件），刚果（金）（11 件），利比亚、埃及和尼日利亚（10 件），索马里（7 件），中非共和国（7 件）。

上述事实反映出美国和欧盟对非制裁是其对外制裁的重要组成部分，同时也是全球对非制裁的重要组成部分。美国和欧盟对非制裁对非洲政治进程与国家发展有着必然重要的影响，这是本文选题的重要现实依据。

二   美国和欧盟对非制裁的阶段性观察

图 1 描绘了 1950～2019 年全球对非制裁案数量的变化，从中可以看到美国和欧盟对非制裁案数量的变化基本主导了全球对非制裁案数量的变化趋势。本文将全球对非制裁划分为五个阶段，观察全球对非制裁尤其是美国、欧盟对非制裁的发展变化。

第一个观察阶段是冷战时期（1950～1991 年）。在此时期，全球对非制裁案数量呈现长期持续增长的趋势，但整体来看这一阶段全球对非制裁案数量相对有限，全球涉非制裁案总数为 81 件，涉及 21 个受制裁国家。

[①]   其中包括美国对《国际刑事法院罗马规约》签署国发起的单边军事制裁案（2002～2008 年）和美国对阿拉伯国家联盟发起的单边金融制裁案（1976～2019 年）。

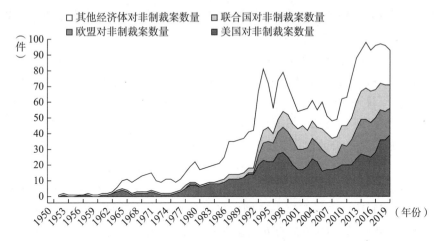

图 1　1950～2019 年全球对非制裁案数量

资料来源：GSDB 数据库。

　　冷战时期美、苏两国关系的变化决定着国际政治的基本格局。这一阶段美国对非外交的首要任务是遏制共产主义在非洲的发展。[①] 因此这一阶段美国是对非制裁最主要的发起方，先后发起 27 件涉非制裁案，主要制裁对象包括"阿拉伯世界领头羊"埃及[②]（5 件）和"支持恐怖主义"的利比亚[③]（4 件）；20 世纪 60 年代初，苏联与非洲人国民大会、南非共产党建立了直接联系，促使美国转变了对南非种族隔离制度的态度，1963 年美国发起对南非的制裁，[④] 南非（3 件）也是这一阶段美国对非制裁的主要对象。

　　冷战时期欧洲内部处于东西对峙的局面，加之欧洲一体化仍处于萌芽阶段，欧洲国家在共同外交及安全政策方面还难以达成一致决策；此外，美国的对外制裁活动不仅针对受制裁国家而且对第三国与受制裁国家之间的经济交往也进行限制，这违背了欧洲国家传统上坚持的国际法基本原则，出于自

---

①　王延庆：《冷战时期美国对埃塞俄比亚的政策演变——以卡格纽通讯站为中心的历史考察》，《世界历史》2020 年第 2 期，第 85 页。

②　田文林：《西方对埃及的"和平演变"及其影响》，《阿拉伯世界研究》2020 年第 3 期，第 44 页。

③　孔凡河：《反恐视野下的利比亚和美国关系演变透析》，《西亚非洲》2007 年第 7 期，第 70 页。

④　李瑞居：《1963 年美国对南非的自愿武器禁售政策探析》，《历史教学问题》2020 年第 4 期，第 9 页。

身外交政策的考虑这一阶段欧共体对美国对外制裁持全方位抵制的态度,① 这一阶段欧共体对非制裁相对有限。

第二个观察阶段是冷战结束初期（1992～1997 年）。在此时期，由于经济结构调整和政治民主化等非洲大陆陷入政治动荡、经济衰退、社会骚乱的窘境,② 仅 1996 年就有 14 个非洲国家爆发武装冲突。③ 在此背景下全球对非制裁活动明显增加，短短几年间国际社会对非洲国家新发起的制裁案数量就多达 83 件。美国和欧盟发起的对非制裁案数量分别为 20 件和 19 件。

这一阶段欧盟对非制裁明显加强。非洲国家的暴力冲突事件与其前殖民地宗主国（主要是欧盟成员国）殖民时代的政策有很大关系，欧盟（1993 年 11 月成立）在解决这些危机上负有不可推卸的责任，同时欧盟也想通过执行共同的外交与安全政策提升自身地位，将对非洲危机的处理作为其共同外交与安全政策的试验场,④ 先后对 12 个非洲国家发起制裁。欧盟对非制裁案在全球对非制裁案中的数量占比从 1990 年的 2.44% 急剧提高到 1997 年的 20.25%。

第三个观察阶段是 1998～2007 年。随着"非洲悲观论"在国际社会的蔓延及早期制裁活动的结束，西方大国对非洲事务的介入明显减少,⑤ 全球对非制裁有明显减弱的趋势。这一阶段国际社会对非洲国家新发起的制裁案有 66 件，涉及 23 个受制裁国家；其中美国和欧盟新发起的对非制裁案数量分别为 17 件和 16 件。

第四个观察阶段是 2008～2016 年。随着与新兴经济体联系的日益增强，非洲经济出现良好的增长势头，2008 年之后非洲经济的崛起吸引更多国家参与到非洲发展事务中。⑥ 这一阶段全球对非制裁案数量重新进入持续增长期，其间全球新发起的对非制裁案达到 104 件，其中美国和欧盟新发起的对非制裁案数量分别为 23 件和 25 件。

2008 年奥巴马上台后积极推进对非"价值观外交"，意图通过更多的

---

① 杜涛：《欧盟对待域外经济制裁的政策转变及其背景分析》，《德国研究》2012 年第 3 期，第 18 页。

② 张宏明：《大国在非洲格局的历史演进与跨世纪重组》，《当代世界》2020 年第 11 期，第 33 页。

③ 何奇松：《评析欧盟对非洲危机管理政策》，《国际问题研究》2006 年第 6 期，第 30 页。

④ 何奇松：《评析欧盟对非洲危机管理政策》，《国际问题研究》2006 年第 6 期，第 30 页。

⑤ 张宏明：《大国在非洲格局的历史演进与跨世纪重组》，《当代世界》2020 年第 11 期，第 33 页。

⑥ 法提姆·哈拉克、周瑾艳：《正在形成中的多极世界：非洲面临的机遇与挑战》，《西亚非洲》2017 年第 1 期，第 24～33 页。

主动介入战略推动非洲的民主与良政，这一阶段美国对非制裁的主要目标是民主和人权；① 奥巴马上台后试图与欧洲国家构建新的跨大西洋合作伙伴关系，加之欧盟一体化的深化，欧盟对美国对外制裁政策的态度明显转变，开始在相关制裁活动中与美国保持同步。②

第五个观察阶段是 2017 年之后。这一阶段全球对非制裁案的数量基本停滞增长甚至有下降的趋势，新发起的对非制裁案仅有 23 件，其中 18 件是由特朗普政府发起的，欧盟仅在 2018 年对坦桑尼亚发起 1 件以人权为目标的制裁案。

近十年来欧盟内部先后遭遇债务危机、难民危机和英国脱欧等变故，外部遭受特朗普政府"美国优先"单边主义政策的负面冲击，导致其长期坚持的以规范性力量建立对外关系的路径遭遇挫折。在此背景下，欧盟对非战略更趋于务实，经贸合作地位提升而政治导向有所弱化，③ 欧盟对非制裁活动明显减少。

与此同时，特朗普政府对非制裁活动明显增加。除传统的人权和民主目标外，特朗普政府对非制裁的主要目标还包括反恐和政策变更。美国对非制裁案数量从 2016 年奥巴马执政时期的 28 件陡增到 2019 年的 39 件，达到美国对非制裁案数量的历史高峰。一些学者认为美国此次"重返非洲"并非着眼于非洲巨大的发展潜能，也不意味着美国将非洲置于对外战略的重心，而是将非洲作为增加美国利益、战略遏制中国的重要地缘政治工具。④

三　美国和欧盟对非制裁的对象、目标及效果评析

根据观察样本的统计，美国发起的最早的对非制裁案是 1952 年对埃及发起的以政策变更为目标的单边金融制裁案，于当年以失败告终；欧盟发起的最早的对非制裁案是 1978 年对赤道几内亚实施的以人权和民主为目标的单边金融制裁案，于次年以失败告终。自 1952 年起美国对非洲

① 贺文萍：《美国对非洲战略的新变化》，《新视野》2013 年第 6 期，第 121 页。
② 杜涛：《欧盟对待域外经济制裁的政策转变及其背景分析》，《德国研究》2012 年第 3 期，第 28 页。
③ 赵雅婷：《〈科托努协定〉续订谈判与欧非关系前瞻》，《国际论坛》2021 年第 1 期，第 65 页。
④ 姚桂梅、郝睿：《美国"重返非洲"战略意图与影响分析》，《人民论坛》2019 年第 27 期，第 127 页。

国家实施了长期持续的制裁行动，欧洲国家对非持续制裁活动启动较晚，始于 1990 年欧共体对苏丹发起的以人权为目标的单边金融制裁案。基于上述事实，下文的观察期为 1990～2019 年，以便更好地比较美国和欧盟对非制裁的对象、目标、效果及具体制裁形式的异同。

美国和欧盟对外制裁程序的差异是造成其对非制裁的对象、目标及效果不同的重要原因之一。美国总统可以根据《国家紧急状态法》宣布国家进入紧急状态而发起制裁，并可以根据《国际紧急经济权力法》限制其与受制裁经济体的经济交往；尽管国会有权终止国家紧急状态但实施起来非常困难，而且从历史来看国会未曾撤销总统的制裁行动。① 欧盟的制裁由欧盟理事会根据其共同外交和安全政策（CFSP）实施，由于其成员国国家利益的明显差异欧盟的制裁决策过程更为复杂，其制裁政策有两个制度特征：一是欧盟成员国不能单独实施制裁，因为采取限制性共同外交和安全政策措施是超越国家能力的；二是实施共同外交和安全政策制裁的决定需要得到所有成员国的一致同意。②

（一）美国和欧盟对非制裁的主要对象

表 2 根据非洲联盟对非洲大陆的区域划分③列出了 1990～2019 年美国和欧盟在非洲各区域的制裁对象及相应的制裁案数量。从中可以看出以下三点。（1）美国和欧盟对非制裁的对象较为广泛，55 个非洲经济体中受到美国和欧盟制裁的经济体数量分别为 37 个和 30 个，其中 28 个非洲经济体先后受到美国和欧盟的双重制裁。（2）西非地区的尼日利亚和几内亚，东非地区的苏丹和索马里，中非地区的刚果（金）和布隆迪，北非地区的利比亚和埃及是美国和欧盟对非制裁的主要对象。在南部非洲地区，美国的主要制裁对象是南非和马拉维；欧盟在此区域的制裁活动较少，仅对马拉维和津巴布韦实施过制裁。（3）除南部非洲地区外，1990 年之后美国和欧盟对非洲其他地区的制裁具有较高的同步性，但从制裁案数量看美国对相关非洲经济体实施制裁的强度普遍大于欧盟。

① C. A. Casey, I. F. Fergusson, D. A. Rennack and J. K. Elsea, "The International Emergency Economic Powers Act: Origins, Evolution, and Use", Congressional Research Service, 2020, R45618.

② Patrick M. Weber, Gerald Schneider, "How Many Hands to Make Sanctions Work? Comparing EU and US Sanctioning Efforts", European Economic Review, 2020 (130), pp. 1 – 23.

③ 非洲大陆的区域划分详见 https://au.int/en/member_states/countryprofiles2，最后访问时间：2022 – 12 – 20。

表 2 1990~2019 年美国和欧盟对非制裁的对象和相应的制裁案数量

单位：件

地区	受制裁的非洲经济体	美国对非制裁案数量	欧盟对非制裁案数量	地区	受制裁的非洲经济体	美国对非制裁案数量	欧盟对非制裁案数量
西非地区	贝宁	1	1	中非地区	布隆迪	4	4
	布基纳法索	1	0		喀麦隆	2	0
	佛得角	0	0		中非共和国	5	2
	科特迪瓦	2	3		乍得	1	0
	冈比亚	3	2		刚果	0	1
	加纳	2	0		刚果（金）	5	5
	几内亚	4	4		赤道几内亚	1	2
	几内亚比绍	2	1		加蓬	0	0
	利比里亚	1	1		圣多美和普林西比	0	0
	马里	3	1		制裁案数量累计	18	14
	尼日尔	2	2	北非地区	阿尔及利亚	1	2
	尼日利亚	6	3		埃及	2	3
	塞内加尔	0	0		利比亚	8	2
	塞拉利昂	2	1		毛里塔尼亚	1	2
	多哥	1	1		摩洛哥	0	0
	制裁案数量累计	30	20		西撒哈拉	0	0
东非地区	科摩罗	0	0		突尼斯	0	1
	吉布提	0	0		制裁案数量累计	12	10
	厄立特里亚	3	2	南非地区	安哥拉	2	0
	埃塞俄比亚	1	1		博茨瓦纳	0	0
	肯尼亚	1	0		斯威士兰	0	0
	马达加斯加	0	0		莱索托	1	0
	毛里求斯	0	0		马拉维	3	1
	卢旺达	1	2		莫桑比克	0	0
	塞舌尔	0	0		纳米比亚	0	0
	索马里	4	3		南非	3	0
	南苏丹	2	2		赞比亚	1	0
	苏丹	8	4		津巴布韦	1	1
	坦桑尼亚	1	2		制裁案数量累计	11	2
	乌干达	0	0				
	制裁案数量累计	21	16				

资料来源：GSDB 数据库。

（二）美国和欧盟对非制裁的目标及效果评析

1990～2019 年美国对非发起的 94 件制裁案中共包含 134 个制裁目标，欧盟对非发起的 62 件制裁案中共包含 91 个制裁目标；其中 1 件为欧盟、美国和挪威联合对马拉维发起的金融制裁案（2001～2003 年），该制裁案成功地实现了其政策变更目标。

1. 美国和欧盟对非制裁的目标评析

根据 GSDB 数据库中九类制裁目标及其五种实现情况构建了二维静态观察表（见表 3），以挖掘美国和欧盟对非制裁目标的相关事实。

冷战结束后国际制裁活动中的意识形态因素渐浓，人权与民主成为制裁的重要目标；除了受欧洲天赋人权和社会契约论等思想影响外，移民社会的美国更重视个人主义，相比欧洲国家美国对人权与民主自由的天然认同感更强，这种认同感成为美国政治、经济乃至整个社会根深蒂固的思想与灵魂。① 从表 3 可以看到，美国和欧盟对非制裁均以人权和民主为主要目标，这两类目标的数量之和在美国和欧盟对非制裁目标总数中的占比均超过半数，且美国这两类目标的数量明显多于欧盟；推进非洲国家民主化历来是美国对非政策的重点，21 世纪它被美国决策层当作根除非洲恐怖主义的灵丹妙药，② 民主目标是美国对非制裁最重要的目标，相关制裁案有 37 件。

政权交接危机和军事政变等是导致非洲国家政局动荡的传统安全问题；近年来恐怖主义等非传统安全问题逐渐成为非洲安全最严重的威胁，非洲成为世界上恐怖主义最活跃的地区之一。③ "9·11" 恐怖袭击事件后，美国政府将打击恐怖主义作为维护国家安全利益的优先方向，非洲成为美国推行全球反恐战略最重要的地区之一。④ 从表 3 可以看到，除人权和民主目标外美国对非制裁更关注反恐和政策变更目标，包含这两类目标的制裁案数量分别为 16 件和 15 件；相比美国的反恐优先目标，欧盟

---

① 王孜弘：《意识形态与国际经济制裁——以人权与民主为政策目标的经济制裁浅析》，《国际论坛》2014 年第 4 期，第 2 页。

② 刘中伟：《"九·一一"事件以来美国的非洲反恐策略评析》，《西亚非洲》2016 年第 3 期，第 112 页。

③ 李新烽：《非洲面临哪些安全威胁》，《人民论坛》2018 年第 10 期，第 41 页。

④ 刘中伟：《"九·一一"事件以来美国的非洲反恐策略评析》，《西亚非洲》2016 年第 3 期，第 101 页。

更注重非洲的和平稳定,[①] 其对非制裁中包含结束战争目标的制裁案数量达到 21 件。

表 3　1990～2019 年美国和欧盟对非制裁目标及其实现情况

单位:件,%

美国 对非制裁案	人权	民主	动摇 政权	阻止 战争	结束 战争	政策 变更	反恐	其他	领土 冲突	累计
失败	2	0	2	0	1	1	5	0	0	11
磋商解决	2	1	0	0	1	0	0	0	0	4
实施中	16	11	0	4	8	7	10	1	5	62
部分实现	6	11	1	1	0	1	0	1	0	21
完全实现	6	14	3	1	2	6	1	3	0	36
累计	32	37	6	6	12	15	16	5	5	134
平均实现率	18.75	37.84	50.00	16.67	16.67	40.00	6.25	60.00	0.00	26.87
欧盟 对非制裁案	人权	民主	动摇 政权	阻止 战争	结束 战争	政策 变更	反恐	其他	领土 冲突	累计
失败	4	2	0	0	4	0	1	0	0	11
磋商解决	1	2	0	0	3	0	1	0	0	7
实施中	11	5	0	1	7	0	1	2	1	28
部分实现	3	7	0	0	1	0	0	1	0	12
完全实现	12	10	1	1	6	2	0	1	0	33
累计	31	26	1	2	21	2	3	4	1	91
平均实现率	38.71	38.46	100.00	50.00	28.57	100.00	0.00	25.00	0.00	36.26

注:(1) 表中数据表示包含相关制裁目标的数量;部分制裁案包含了两个或两个以上的制裁目标;(2) 平均实现率为制裁目标完全实现的制裁案数量在包含相关制裁目标的制裁案总数中的占比。

资料来源:GSDB 数据库。

2. 美国和欧盟对非制裁目标实现情况的评析

一般情况下,受制裁经济体对制裁方市场依赖程度越高,其反制裁能力越弱,制裁效力越强。[②] 欧洲国家与非洲国家密切的地缘、经济、历

---

① 张春:《"9·11"后美国与欧盟的非洲政策比较》,《现代国际关系》2007 年第 4 期,第 12 页。

② 颜剑英:《美国经济制裁与发展中国家的经济安全》,《国际论坛》2005 年第 3 期,第 45 页。

史和文化联系导致非洲国家对欧洲市场具有很强的依赖性，欧盟对非制裁目标的整体平均实现率（36.26%）明显高于美国（26.87%）。从具体制裁目标看，对非制裁中欧盟人权和民主目标的平均实现率均高于美国：欧盟人权目标的平均实现率达到 38.71%，而美国人权目标的平均实现率仅有 18.75%；欧盟民主目标的平均实现率（38.46%）略高于美国（37.84%）；欧盟着眼于非洲长远发展的结束战争目标的平均实现率（28.57%）远高于美国（16.67%）。

美国打击非洲恐怖主义最倚重的方式是军事手段，如创建美军非洲司令部、在多个非洲国家建立军事基地或准军事基地、构建非洲国家间反恐同盟或武装力量等；[①] 这导致非洲恐怖组织为报复军事打击展开疯狂的恐怖袭击，使得非洲恐怖主义形势更趋恶化，陷入"越反越恐"的怪圈。[②] 美国反恐制裁的目标实现率反而非常低，16 件反恐制裁案中仅有 1 件完全实现了打击恐怖主义的目标。由此可见，美国通过军事手段和非军事化的制裁手段实现其反恐目标的效力非常有限；不从根本上维护和改善非洲经济社会的发展环境，美国主导的非洲反恐战争很难取得真正的进展。[③]

四 美国和欧盟对非制裁的具体形式

这部分基于 1990～2019 年美国和欧盟 155 件对非制裁案的相关信息，系统地评析了美国和欧盟对非制裁的具体实施形式。

（一）美国和欧盟对非制裁形式的静态观察

表 4 列出了 1990～2019 年美国和欧盟对非制裁案所包含的制裁形式种类及其数量。从中可以看到美国和欧盟对非制裁案通常使用单一制裁形式或两类制裁形式的组合，这两类制裁案在美国和欧盟对非制裁案总数中的比重分别高达 92.55% 和 82.26%。

---

① 刘中伟：《"九·一一"事件以来美国的非洲反恐策略评析》，《西亚非洲》2016 年第 3 期，第 108～110 页。

② 曾向红、陈科睿：《九一一事件以来美国反恐过程中的主导性隐喻及其后果》，《国际安全研究》2021 年第 4 期，第 29～30 页。

③ 刘中伟：《"九·一一"事件以来美国的非洲反恐策略评析》，《西亚非洲》2016 年第 3 期，第 119 页。

表 4　1990～2019 年美国和欧盟对非制裁案包含的
制裁形式种类及其数量

单位：件

相关制裁案数量	包含一类 制裁形式	包含两类 制裁形式	包含三类 制裁形式	包含四类 制裁形式	包含五类 制裁形式	累计
美国对非制裁案	53	34	6	1	0	94
欧盟对非制裁案	37	14	2	7	2	62

注：（1）表中数据表示包含相关制裁案的数量；（2）其中 1 件制裁案为 2001～2003 年美国、欧盟和挪威联合对马拉维发起的以政策变更为目标的金融制裁案。

资料来源：GSDB 数据库。

表 5 为上述两类制裁案的具体实施形式。从中可以看出以下两点。（1）从使用单一制裁形式的制裁案数量来看，金融制裁是美国和欧盟对非制裁中最常用的制裁形式，其对非单一金融制裁案的数量分别为 21 件和 26 件；美国对非制裁中使用较多的单一制裁形式还有旅行制裁（12件）、军事制裁（9 件）和武器制裁（9 件），欧盟使用较多的单一制裁形式是武器制裁（6 件）。（2）从包含两类制裁形式的制裁案数量来看，美国对非制裁中经常使用的制裁组合是金融制裁和贸易制裁，相关制裁案数量为 12 件；其次是金融制裁和军事制裁、金融制裁和旅行制裁的组合，相关制裁案数量均为 8 件。欧盟对非制裁中使用较多的为金融制裁和旅行制裁组合，相关制裁案数量为 5 件。过去 30 年来金融制裁是美国和欧盟对非实施制裁的重要形式。

表 5　1990～2019 年包含一类或两类制裁形式的美国和欧盟
对非制裁案

单位：件

美国对非制裁	金融制裁	贸易制裁	军事制裁	武器制裁	旅行制裁	其他制裁
金融制裁	21					
贸易制裁	12	4				
军事制裁	8	0	9			
武器制裁	1	1	1	9		
旅行制裁	8	1	0	0	12	
其他制裁	1	0	0	0	1	4
累计	51	6	10	9	13	4

续表

欧盟对非制裁	金融制裁	贸易制裁	军事制裁	武器制裁	旅行制裁	其他制裁
金融制裁	26					
贸易制裁	0	2				
军事制裁	1	0	1			
武器制裁	1	1	2	6		
旅行制裁	5	0	0	3	1	
其他制裁	1	0	0	0	0	1
累计	34	3	3	9	1	1

注：表中数据表示包含相关制裁案的数量。

资料来源：GSDB 数据库。

（二）美国和欧盟对非制裁形式的动态观察

图 2 绘制了 1990～2019 年美国和欧盟各类制裁形式制裁案数量的动态变化。从中可以看到金融制裁一直是美国和欧盟对非实施制裁最重要的形式。金融制裁是国际组织或主权国家根据相关法律对特定的个人、组织或国家等采取的阻断金融交易和资金流动的惩罚性措施。过去 30 年间得益于全球化要素流通和国际金融一体化，金融制裁的效力日益增强，逐步成为重要的制裁工具。

随着冷战结束和苏联解体，苏联和东欧地区不再是美国金融制裁的主要对象，非洲国家成为冷战后美国金融制裁的新对象；"9·11"事件后，美国总统乔治·沃克·布什签署的《爱国者法案》授予了美国总统更大的金融制裁自由裁量权，当武装敌对势力或其他国家的国民对美国进行袭击时总统有权在不宣布国家进入紧急状态的情况下对其发起单方面的金融制裁（《爱国者法案》第 106 条），该法案为美国使用金融制裁打击恐怖主义提供了重要依据。[①] 2004 年美国财政部成立恐怖主义和金融情报办公室，其下设的海外资产控制办公室是金融制裁实施的执行主体；[②] 此后美国对非制裁中包含金融制裁形式的制裁案数量不断增加；近年来金融制裁、旅行制裁和贸易制裁在美国对非制裁中使用频度较高，军事制裁、

---

① 徐以升、马鑫：《美国金融制裁的法律、执行、手段与特征》，《国际经济评论》2015 年第 1 期，第 139 页。

② 郑联盛：《美国金融制裁：框架、清单、模式与影响》，《国际经济评论》2020 年第 3 期，第 130 页。

武器制裁和其他制裁的实施频度相对较低。

2008~2014 年欧盟对非金融制裁案数量持续增加，但随着欧盟陷入内外受挫的困境其对非金融制裁案数量开始下降；近年来欧盟对非制裁中金融制裁、旅行制裁、军事制裁和武器制裁的实施频度较高，贸易制裁和其他制裁的实施频度相对较低（见图2）。

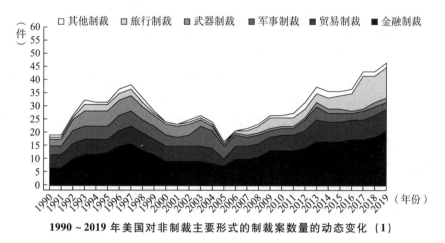

1990~2019 年美国对非制裁主要形式的制裁案数量的动态变化（1）

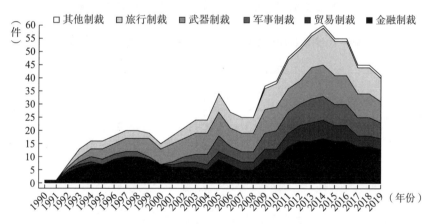

1990~2019 年欧盟对非制裁主要形式的制裁案数量的动态变化（2）

图 2

注：纵轴表示包含相关制裁形式的制裁案数量；部分制裁案包含多种制裁形式。

资料来源：GSDB 数据库。

（三）美国和欧盟对非单一金融制裁的目标及效果

1990～2019 年金融制裁是美国和欧盟对非制裁中最常用的制裁形式，包含金融制裁形式的制裁案数量分别为 51 件和 34 件，但这些制裁案的制裁目标和效果中还混杂着其他制裁形式的影响；要深入识别美国和欧盟对非金融制裁的原始动机和实际效力有必要对美国和欧盟对非单一金融制裁案进行聚焦观察，相关制裁案数量分别为 21 件和 26 件（见表 5）。

表 6 列出了 1990～2019 年美国和欧盟对非单一金融制裁案的目标及其实现情况。从中可以看出以下三点。（1）美国和欧盟对非相关金融制裁不涉及动摇政权、阻止战争和领土冲突三类目标；主要目标围绕相关非洲国家侵犯人权的行为和民主秩序的恢复；金融制裁也是美国打击恐怖主义的手段，而欧盟没有使用单一金融制裁开展反恐行动。（2）欧盟对非单一金融制裁的平均实现率（45.95%）远高于美国（34.62%）；其对非金融制裁人权和民主目标的平均实现率也明显高于美国。（3）美国仍在实施中的单一金融制裁案在其所有单一金融制裁案中的占比明显高于欧盟，这反映出近年来美国对非单一金融制裁实施频度依然在逐步提高。

表 6　1990～2019 年美国和欧盟对非单一金融制裁案的目标及其实现情况

单位：件，%

美国对非金融制裁案	人权	民主	结束战争	政策变更	反恐	其他	累计
失败	0	0	0	0	0	0	0
磋商解决	0	1	1	0	0	0	2
实施中	3	4	0	2	0	2	11
部分实现	1	2	0	0	1	0	4
完全实现	3	4	1	1	0	0	9
累计	7	11	2	3	1	2	26
平均实现率	42.86	36.36	50.00	33.33	0.00	0.00	34.62
欧盟对非金融制裁案	人权	民主	结束战争	政策变更	反恐	其他	累计
失败	3	0	0	0	0	0	3
磋商解决	1	2	1	0	0	0	4
实施中	1	1	0	0	0	2	4

续表

欧盟对非金融制裁案	人权	民主	结束战争	政策变更	反恐	其他	累计
部分实现	2	5	1	0	0	1	9
完全实现	8	6	1	2	0	0	17
累计	15	14	3	2	0	3	37
平均实现率	53.33	42.86	33.33	100.00	0.00	0.00	45.95

注:(1)表中数据表示包含相关制裁目标的制裁案数量;(2)平均实现率为制裁目标完全实现的制裁案数量在包含相关制裁目标的制裁案总数中的占比。

资料来源:GSDB 数据库。

冷战结束后全球地缘政治经济发生了巨大的变化,美国金融霸权地位不断巩固;随着全球金融化的发展以及电子信息技术的革新,追踪和堵截资金流成为美国打击恐怖主义的重要手段之一。① 图 3 从动态视角刻画 1990~2019 年美国和欧盟对非单一金融制裁目标的差异:美国对非单一金融制裁涉及 6 类目标,其他目标和结束战争目标分别于 2000 年和 2018 年消失,近年来美国对非单一金融制裁的主要目标除传统的人权、民主、政策变更目标外还包括反恐目标。

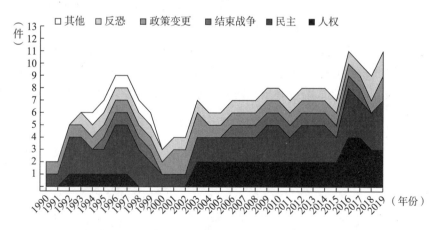

1990~2019 年美国对非单一金融制裁目标制裁案数量的动态变化 (1)

① 徐以升、马鑫:《美国金融制裁的法律、执行、手段与特征》,《国际经济评论》2015 年第 1 期,第 137 页。

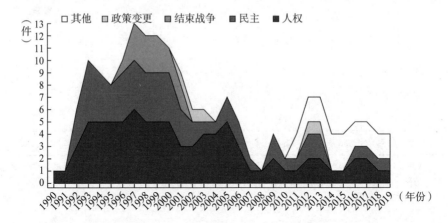

1990～2019 年欧盟对非单一金融制裁目标制裁案数量的动态变化（2）

图 3

注：纵轴表示包含相关制裁目标的制裁案数量。

资料来源：GSDB 数据库。

欧盟对非单一金融制裁涉及 5 类目标（不包括反恐目标），2002 年之前欧盟对非单一金融制裁的主要目标是人权、民主和结束战争，此后结束战争目标消失，人权和民主目标逐渐弱化，近年来欧盟对非金融制裁的目标是人权、民主和其他目标。

图 4 从动态视角刻画 1990～2019 年美国和欧盟对非单一金融制裁目标的实现情况。由于美元在国际金融体系中的优势地位，事实上只有美国具有发起较为彻底的金融制裁的基本条件；这种特殊的国际金融地位

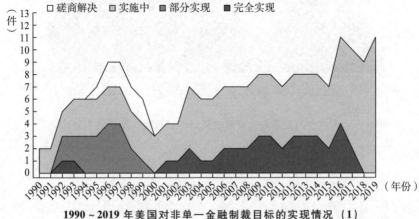

1990～2019 年美国对非单一金融制裁目标的实现情况（1）

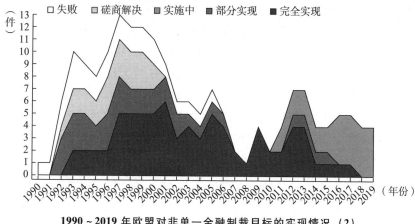

1990~2019 年欧盟对非单一金融制裁目标的实现情况（2）

图 4

注：纵轴表示相关制裁案数量。

资料来源：GSDB 数据库。

使金融制裁成为美国实施非对称打击最重要的工具。[①] 美国对非单一金融制裁具有很强的制裁效力，单一金融制裁目标没有出现过失败的情况。

随着欧盟对非单一金融制裁实施频度的大幅下降，磋商解决和失败的情况于 2001 年和 2006 年先后消失；2008~2013 年欧盟对非金融制裁效力相对较强，绝大部分金融制裁目标完全实现，2014 年之后实施中的目标占比大幅提高，欧盟金融制裁的效力有所下降。

结　语

对非制裁是美国和欧盟对外制裁的重要部分，对非洲政治进程与国家发展具有重要的影响。本文基于 GSDB 数据库构建"全球对非制裁"观察样本深入地评析美国和欧盟对非洲国家的制裁。

第一，从制裁对象看，55 个非洲经济体中大多受到或正在遭受美国和欧盟的制裁，其中西非地区的尼日利亚和几内亚，东非地区的苏丹和索马里，中非地区的刚果（金）和布隆迪，北非地区的埃及和利比亚以

---

① 徐以升、马鑫：《美国金融制裁的法律、执行、手段与特征》，《国际经济评论》2015 年第 1 期，第 152 页。

及南非是美国和欧盟的主要制裁对象。

第二，从制裁目标看，冷战结束后的国际制裁中意识形态因素渐浓，人权和民主目标成为美国和欧盟对非制裁的主要目标。美欧对人权和民主等价值观有共同的信念，但在实践上有明显的区别：美国经常以其国内法作为制裁其他国家的重要依据，以所谓"人权高于主权"为借口干涉他国内政，① 其人权和民主借口极易损害他国名声或挑动特定国家的内乱而又不易招致国内外反对，因此相当长时期内美国仍将人权和民主作为对外制裁的重要借口；② 冷战结束后欧洲提倡各国在相互尊重基础上就人权等问题进行对话，欧洲国家在外交中对人权和民主目标的推进方式更为灵活，目标设定更为纯粹。③

"9·11"事件后国际恐怖主义构成对美国安全的最大现实威胁，④ 打击恐怖主义成为美国对非制裁的主要目标；欧盟外交的核心利益和根本目标是维护世界的和平与稳定，促进世界多极化进程，⑤ 因此在对非制裁中欧盟更注重维护非洲国家的和平稳定，结束战争是其对非制裁的主要目标。

第三，从制裁效果看，由于欧洲国家与非洲国家密切的地缘、经济、历史和文化联系，非洲国家对欧洲市场具有更高的依赖性，因此无论从平均实现率还是具体目标的实现率来看，欧盟对非制裁的效力都明显高于美国。

第四，从制裁形式看，美国和欧盟对非制裁中对金融制裁工具具有较高的依赖性。近年来美国对非金融制裁的主要目标除传统的人权、民主、政策变更目标外还包括反恐目标；利用美元霸权地位⑥追踪和堵截资金流成为美国打击恐怖主义的重要手段之一。近年来欧盟对非战略中经贸合作的地位提升，对非金融制裁的人权和民主目标逐渐弱化。未来一个阶段美国和欧盟对非金融制裁仍是其干预非洲国家事务的重要工具，需要予以关注。

【责任编辑】李鹏涛

① 罗艳华、庞林立：《美国人权制裁的新动态及其影响——以〈全球马格尼茨基人权问责法〉为例》，《国际政治研究》2019 年第 3 期，第 28 页；漆彤：《美国对外制裁历史凸显出的霸权主义本质》，《人民论坛》2022 年第 13 期，第 114 页。
② 李士珍：《美国以人权为武器原因探析》，《思想教育研究》2016 年第 4 期，第 29 页。
③ 沈雅梅：《析美欧在反恐中的人权分歧》，《国际问题研究》2005 年第 3 期，第 37 页。
④ 沈雅梅：《析美欧在反恐中的人权分歧》，《国际问题研究》2005 年第 3 期，第 36 页。
⑤ 沈雅梅：《析美欧在反恐中的人权分歧》，《国际问题研究》2005 年第 3 期，第 36 页。
⑥ 漆彤：《美国对外制裁历史凸显出的霸权主义本质》，《人民论坛》2022 年第 13 期，第 112~115 页。

非洲研究　2023 年第 1 卷（总第 20 卷）

第 95—109 页

SSAP ©，2023

商法国际化的非洲实践：非洲统一商法体系评析[*]

徐璟航

【内容提要】 商法国际化是当前世界各地区商法发展的重要趋势。在商法国际化的诸多模式中，非洲统一商法组织（OHADA）通过建立以《一般商法统一法》为核心的统一商法体系迅速实现了商法国际化和一体化的目标，其灵活且统一的立法模式、《一般商法统一法》协调下的体系设计以及注重商法自治的法律理念等特征值得肯定。尽管 OHADA 统一商法体系成果丰硕，但是也面临着商法国际化的现实困境，主要表现在多元化法源冲突、国际通行商业规则对本土传统商业伦理的挑战等方面。中国可以与 OHADA 在立法、司法、法律人才培养等领域开展更加深入的商法合作，为构建新时代中非命运共同体提供法治保障。

【关键词】 商法国际化；非洲统一商法组织；《一般商法统一法》

【作者简介】 徐璟航，法学博士，浙江省高级人民法院法官助理，南京大学商法研究中心特聘助理研究员（杭州，310012）。

在全球市场经济同质化进程加速推进、商事活动"跨国化"趋势日益明显、商事规范"非国内化"特征日渐显著的今天，商法的国际化现象已经成为"法律全球化"实践中最突出的部分。[①] 随着中非经贸关系的

---

[*]　本文系国家社会科学基金重大研究专项"把社会主义核心价值观融入社会主义市场经济法律制度研究"（项目编号：18VHJ002）的阶段性成果。感谢《非洲研究》编辑部及匿名评审专家提出的宝贵意见，本文仅代表作者个人观点，文责自负。

[①]　商法国际化是指各国商法在国际交往中相互联系和影响进而逐渐走向趋同并具有世界性特征的过程和趋势，其包含商法体系的国际化、商法立法理念的国际化以及商法规范的国际化等内容。包括商法国际化在内的法律国际化依托民族国家和国际组织，是全球化时代法律统一的重要表现。参见何佳馨、李明倩《法的国际化与本土化》，商务印书馆，2018。

加深和"一带一路"倡议的推进，有关非洲本土民商法和中非跨国商法的研究日益受到国内外学者的关注，国别法律研究的学术成果日益涌现。① 其中，非洲统一商法组织（OHADA）② 凭借其在商事法律一体化领域的突出成绩受到了中国商法学界的认可和重视，各类研究团体开始加大与 OHADA 的交流与合作力度。③ OHADA 在快速发展过程中形成了以《一般商法统一法》（Uniform Act on General Commercial Law）为代表的诸多具有国际影响力的商法规则，对大陆法系国家商法的国际化进程和区域商法的趋同化演进产生了重要影响。④ 如今，在构建新时代中非命运共同体的背景下，以 OHADA 统一商法体系及其统一法文本为研究对象，分析《一般商法统一法》在制定和适用过程中存在的经验和不足，对中国商法的国际化发展以及中非法律合作具有理论和实践意义。

一　OHADA 统一商法体系的目标及其核心法律成果

在如今世界众多的商法国际化和趋同化模式中，OHADA 凭借其在统一法实践中的大量成果而备受关注。不同于欧盟自身优良的商业环境和深厚的商法底蕴，OHADA 成员国经济发展不平衡、商事法律基础较弱乃至商事法律文化发展不足，即便如此，OHADA 近年来却迅速完成了区域商法的国际化和一体化工作，形成了以《一般商法统一法》为核心的统一商法体系，成绩斐然。

---

① 詹世明：《从〈西亚非洲〉"非洲法研究"专栏看我国的非洲法研究》，《西亚非洲》2010 年第 2 期，第 76 页。

② 非洲统一商法组织法语全称为 Organization pour l'Harmonisation du Droit des Affairs en Afrique，简称 OHADA，也被翻译为非洲商法统一组织、非洲商法协调组织。

③ 《中国法学会党组书记、常务副会长陈冀平会见非洲统一商法组织常任秘书长多罗泰·索萨》，中国法学会，2018 年 7 月 6 日，https://www.chinalaw.org.cn/portal/article/index/id/1862.html，最后访问时间：2022 - 05 - 01。

④ 法律统一化是指各国通过谈判制定一个或一套统一的法律制度或规则来取代各国现有的不同的法律制度，从而实现各国法律一致化的目的。法律协调化是指在保持各国现有法律规定的前提下，各国按照所约定的目的或目标，自行修正或消除本国法律制度或法律规定中与此目的或目标不符的规则，从而使各国法律制度在整体上保持一致和协调。贸易法和商业惯例的协调化与统一化是商法国际化的基本途径和方式，也是经济一体化的重要组成，而商法国际化则是商法统一化与商法协调化追求的目标。参见朱伟东《非洲地区一体化进程中的法律一体化》，《西亚非洲》2013 年第 1 期，第 104 页。

（一）OHADA 统一商法体系的目标：跨国商法的协调

20 世纪末，非洲法律的发展开始出现新的趋势，即法律必须为经济发展服务，法律必须便于律师和非律师的查阅和理解，必须能够提供有利于投资的法制环境。就法律的适用而言，它应当是可负担且可预测的，并且要避免受到可能导致投资行为无效的国家干预，此外还应当尽量减少与法律适用相关的利用成本，使投资者获得更大的规模效益。① OHA-DA 正是出于使商业法律在跨国层级上得到协调，并构建现代化和国际化的商法框架，以此实现非洲国家经济发展的目的而建立。

《非洲商法协调条约》（以下简称《OHADA 条约》）第 1 条指出："本条约旨在通过制定和采用适合其经济发展状况的简明而现代的共同规则，通过实施恰当的司法程序，通过鼓励使用仲裁来解决合同纠纷等方式来达到统一商业法的目的。"② 对于中西非国家而言，加入 OHADA 一方面可以解决长期存在的司法判决缺乏稳定性以及判决执行困难的问题；另一方面，可以恢复投资者对非洲国家法律系统的信心，赢得更多的投资。③ 正如《OHADA 条约》的立法目的所述，OHADA 商法体系的国际统一正是为了能够向缔约国和国际市场提供一套简洁、现代、稳定且可预期的商事规则。④ 这一体系目标和商法"确定性、可预测与可计量"的形式理性相一致。⑤ 作为具有统一法性质的商业法律，OHADA 商法体系在继承"商主体""商行为"等传统大陆法系商法要素的同时，亦融合了"商事买卖"这一普通法和国际商人法（Lex Mercatoria）重要的制度规则，使其本土规则能够与国际商事规则相协调，进而在保障跨国商法体系结构完整性的同时，凸显其应当具备的时代性和普遍性特征。

例如，《一般商法统一法》在内容上包含商人和个体经营者、商事和动产信用登记、专业租赁和营业资产、商事中介、商事买卖五部分，基本在保留本土大陆法系商法从商主体到特殊商行为的制法逻辑之同时，

---

① Mancuso Salvatore, "OHADA Report", *European Review of Private Law*, 2012, 20 (1), p. 170.

② Treaty on the Harmonization in Africa of Business Law, 2008, First Article.

③ 王娅：《非洲区域一体化中的法律一体化浅析》，《法国研究》2019 年第 2 期，第 29 页。

④ Treaty on the Harmonization in Africa of Business Law, 2008, First Article.

⑤ 赵磊：《反思"商事通则"立法——从商法形式理性出发》，《法律科学》（西北政法大学学报）2013 年第 4 期，第 156 页。

巧妙融合了国际上普遍认同的商事买卖、信用登记等普通法内容。一方面，在商主体制度中，《一般商法统一法》除了对商人概念、商人行为能力、商人义务等内容予以完善外，还融入了个体经营者（enterpriser）制度。该制度将商业、农业等领域广泛存在的小型个体企业主纳入了商主体法的保护范畴之中，通过构建商自然人（小商人）制度形成了 OHADA "二元"的商主体规则。另一方面，在商行为制度中，《一般商法统一法》第八章"商事买卖"考虑了商事交易中主体责任、交易模式等要素与民事交易的差异，对商事交易的适用主体和范围、双方权利义务、合同效力、合同履行进行了体系化的规定，排除了商事交易与民事交易混同的可能，进一步保证了商事交易的特殊性。①

（二）OHADA 统一商法体系的核心法律成果：商事统一法

自 1993 年签署《OHADA 条约》以来，OHADA 已经发展为具有 17 个成员国家、5 个区域机构的跨国性商事协调组织，统一法（uniform law）则是其实现跨国商法协调的核心法律成果。② 考察世界各地实现共同体立法的不同模式，依照法律统一性的强弱可以分为协调化（harmonization）和统一化（unification）两种。③ 以欧盟为代表的协调化方案主要通过共同体协议来实现对区域内交易规则的跨国统一，在这一过程中区域机构可以制定专门的法律来实现垂直式的协调。④ 但协调化的立法模式对区域内成员的商法基础要求较高，并且存在管辖权的冲突问题，为了避免

① Uniform Act on General Commercial Law, 2010, Article 234 – 236.

② 截至 2021 年 4 月，OHADA 共有 17 个成员国：贝宁、布基纳法索、喀麦隆、中非共和国、乍得、科摩罗、刚果（布）、科特迪瓦、赤道几内亚、加蓬、几内亚、几内亚比绍、马里、尼日尔、塞内加尔、多哥和刚果（金）。5 个区域机构：国家元首和政府首脑大会、部长委员会、常设秘书处、地区高等司法培训学校以及司法与仲裁共同法院。其中部长委员会是 OHADA 的立法机构，负责对统一法的表决和通过；常设秘书处则是行政机构，负责与成员国协商统一法的起草事务；司法与仲裁共同法院作为司法机构主要负责处理统一法的具体适用问题，并在必要时做出司法解释。参见贾斯汀·蒙塞内普沃、张正怡《非洲商法统一组织的发展评述及其对中国在非投资的启示》，《非洲研究》2020 年第 1 期，第 122 ~ 127 页。

③ 〔美〕克莱尔·莫尔·迪克森编《非洲统一商法：普通法视角中的 OHADA》，朱伟东译，中国政法大学出版社，2014，第 4 页。

④ 协调化模式在欧盟的具体实践中表现为通过制定专门性的条例（regulations）来直接适用于各成员国，以实现直接意义上的协调。而当各成员国国内存在不同于专门性条例的法律规定时，欧盟理事会将通过发布指令（directives）的方式对各成员国的法律进行再协调。

上述障碍，OHADA 采取了政治成本和国际化程度更高的统一化立法模式。OHADA 通过让渡国家对部分立法和司法活动的权力，使区域协调组织所完成的立法项目无须通过成员国国内议会的立法活动，而直接转化为国内立法的一部分，进而通过"自上而下"的方式实现区域商法的国际化。

目前，OHADA 已经通过了包含《一般商法统一法》《商业公司和经济利益集团统一法》《破产统一法》在内的 10 部商事统一法①，并且部长委员会正在对《合同法统一法》《劳动法统一法》《消费者买卖统一法》等统一法草案进行审议，待上述草案审议完成，OHADA 统一法的适用对象也将突破传统商法领域。同时，为了保障区域内统一商法的跨国实施，OHADA 专门设置了商事司法机构"司法与仲裁共同法院"（CCJA）②。CCJA 作为区域范围内的综合性商事纠纷解决机构，是处理涉及统一法案件的最高法院，当事人可以将经由国内法院审理后的统一法案件上诉至该法院，国内法院也能够通过移交管辖的方式将案件移送该法院。③

通过制定以统一法为核心的法律体系，辅之以专门的复合型商事纠纷解决机制，OHADA 构建起了相对成熟的国际性商事统一法体系，进一步提高了区域内商事法律的协调性和可预期性，有效推动了区域内跨国法律市场的形成。

二　OHADA 统一商法国际化的路径特征

OHADA 的法律实践曾被统一法中分散的法律渊源所困扰。为了更好

---

① 10 部统一法分别是：《一般商法统一法》（Uniform Act on General Commercial Law）、《商业公司和经济利益集团统一法》（Uniform Act on Commercial Companies and the Economic Interest Group）、《担保统一法》（Uniform Act on Security Interests）、《破产统一法》（Uniform Act on Bankruptcy Proceedings）、《仲裁统一法》（Uniform Act on Arbitration）、《会计与财务报告统一法》（Uniform Act on Accounting Law and Financial Reporting）、《债务追偿简易程序和执行措施统一法》（Uniform Act on Simplified Debt Collection Procedures and Enforcement Proceedings）、《公路货物运输合同统一法》（Uniform Act on Road Freight Agreements）、《合作社统一法》（Uniform Act on Cooperatives）以及《调解统一法》（Uniform Act on Mediation）。

② 司法与仲裁共同法院（The Common Court of Justice and Arbitration）是一个综合性商事纠纷解决机构，其包含司法、仲裁、咨询三个主要职能。

③ Treaty on the Harmonization in Africa of Business Law, 2008, Article 13 – 20.

地克服法律多元化对区域法律协调的障碍，OHADA 在法律实践中远离了法律精英主义①的传统，其制定的法律更多地表现为一套民主式的规范工具，使之能够更贴近民众，以此来清除多元化的法律渊源在法律实践中的障碍。基于这一制度设计，许多中西非国家在经济转型的过程中，通过 OHADA 的支持有效排除了区域内普通法和民法间的法律障碍。② 因此，无论是从商法的角度，如商法规范的内部统一性或商法体系的形式逻辑；还是从私法体系内部协调的角度，如民法和商法间的体系协调与衔接；抑或是从非法律的角度，如降低目标经济主体的交易成本，总结 OHADA 统一商法体系的制度特征都将有助于国际社会制定更符合本区域商业经济发展需求的商法国际化方案。

（一）"商事基本法"与"商事单行法"相配套的立法模式

OHADA 是一个向成员国提供复杂法律规范的组织，其旨在促进具有可预测性和透明度的跨国法律体系顺利实施。出于这一逻辑，OHADA 确定了以统一法为主要内容的法律框架。③ 为了实现跨国商法的统一性和灵活性，OHADA 并未采取商法典的立法模式，而是采用了"商事基本法"与"商事单行法"相配套的模式。传统的商法典模式需要建立在相对统一的法律环境之上，并且编纂商法典的时间成本和政治成本较高，短时间内难以很好完成。OHADA 中大部分成员国虽然过去深受法国法的影响，但依旧存在诸如喀麦隆这样的"普通法与大陆法混合"国家，因而实现跨国性质的商法典编纂对不同法系的国家来说立法成本过大，并不能较好融合两种法系国家的法律传统。而"商事基本法"与"商事单行法"相配套的立法模式成本则较小，灵活性也较高，且更能被不同法系的国家所接受，因此成为 OHADA 优先考量的立法模式。例如，《一般商法统一法》"商事买卖"部分就融合了普通法系商法《美国统一商法典》

---

① 法律精英主义强调法律应成为受过学校教育的精英的特权，而忽视非正式法和经济情况。在非洲法的语境下，法律精英主义更多的指代受西方法律模式教育而形成的制定法，尤其以古代城邦法和法国法为代表。

② Jean-Francois Gaudreault-DesBiens：《论民法/普通法的二分法在对比较法、发展法和活法关系思考中的相对关联性——以非洲为视角》，李伯轩、赵悦译，《国际关系与国际法学刊》2017 年第 1 期，第 220 页。

③ Jonathan Bashi Rudahindwa, "OHADA and the Making of Transnational Commercial Law in Africa", *Law and Development Review*, 2018, 11（2）, p. 372.

（UCC）中的"总则＋分则"编纂模式，在确保商事交易规则体系完整性的同时也为后续修订提供了便利。此后基于这一模式，《一般商法统一法》在2010年修订时增加了有关"不能履行合同及不履行合同的责任"的规定，在保证原有法律体系稳定的基础上进一步提高了《一般商法统一法》的适用性。①

随着OHADA不断推进新领域统一法的立法进程，并相继开展了对原有统一法的体系性修订工作，"商事基本法"与"商事单行法"相配套的立法模式的灵活性和生命力日益凸显，其为OHADA提供了规则更新和体系拓展的丰富可能。因而众多企业及其法律代表，以及司法和学术界人员都将OHADA统一商法体系称为活法（living law），顺应时势，随机应变正是OHADA统一商法体系成功的证据。②

（二）OHADA《一般商法统一法》推动下的体系协调

为了最大可能地实现推进区域经济国际化和一体化的目标，OHADA希望能够尽可能多地将商事领域都纳入统一法的范围之中。因而在制定《OHADA条约》时，对商法的部门法范围采取了开放式立法规定，即除了条约所提到的公司、经济行为体、破产、担保、仲裁、运输等11项传统商业领域以外，部长委员会可以决定将条约目的所涉及的领域都纳入商法的部门法范围之中。③ 随着OHADA的发展，近年来劳动、商业证据、知识产权等非传统商法内容也都加入到统一法的立法规划之中。为了使这些突破传统商法领域的新兴统一法也能和此前颁布的统一法具有相同的价值理念和基本原则，一般商法或基本商法（general commercial law）的指引就尤为重要。假使OHADA采取商法典的立法模式，后期部长委员会如果需要扩大统一商法的适用范围或修改具体规则时，就需要对商法典进行统一修订，这样立法成本就会很高，不利于区域商法国际化和现代化的快速推进。正是出于对立法成本和商法灵活性的考虑，OHADA最终采取了《一般商法统一法》加具体单行法的立法模式，并率先在1997年通过了该法案。

---

① 〔美〕克莱尔·莫尔·迪克森编《非洲统一商法：普通法视角中的OHADA》，朱伟东译，中国政法大学出版社，2014，第46页。

② 〔美〕克莱尔·莫尔·迪克森编《非洲统一商法：普通法视角中的OHADA》，朱伟东译，中国政法大学出版社，2014，第9页。

③ Treaty on the Harmonization in Africa of Business Law, 2008, Article 2.

从《一般商法统一法》的立法体例中能够发现，该法本质上以大陆法为基础，即在较大程度上借鉴了法国商法的内容。[①] 但同时普通法和《一般商法统一法》仍具有较大的关联性，特别是有关法律后果及其实现方式等方面的规定。[②] OHADA 的立法模式更倾向于采用基于具体成文规则的方式，这恰恰和普通法相反，因为普通法更多是建立在判例法的基础上。但如今即便是普通法国家，成文商法也越来越受到重视，甚至出现了商法典，《美国统一商法典》正是典型例证。因此，以《一般商法统一法》为代表的 OHADA 统一商法体系在一定程度上也是大陆法立法传统和普通法立法传统相互平衡的产物。

以《一般商法统一法》来确立区域内所有商业活动运行的基本原则和法理基础，再于单行法中制定每个商事领域具体规则的立法模式，不仅有利于商事立法灵活性和可预测性的提高，也便于国内商法跨国统一的实现，顺利契合了当前世界商法发展潮流。

(三) OHADA 统一商法对商法自治理念的贯彻

近年来，商人群体通过自己的机构创设并统一国际商事规则，以及国际社会通过制定调整国际商事关系的国际公约和示范法已然成为国际商法统一化的主要表现。[③] 其中，国际商事惯例是现代商人法中最为典型的自治性规范，已被诸多国家和地区的商法体系所确认，并且其优先适用的法律地位正日益提高。[④] OHADA 统一商法在本质上是一系列对市场友好的法典化改革，其在本土自治性商业惯例的基础上，从国际商业实践中吸收了许多自治原则和惯例规则，并构建起了一个多样化的规范混合体。[⑤] 因此 OHADA 统一商法在制定、修订、适用等环节都高度重视商法的自治理念，给予了国际商事惯例等商事自治规范重要的法律地位，从而在保证统一法国际性和协调性的同时充分体现了现代商法的自

---

① 《一般商法统一法》共八编：商人和个体经营者的身份，商事和动产信用登记，国内登记数据库，地区性登记数据库，商事和信用登记网络化，职业租赁和营业资产，商业中介，商事销售。

② 《一般商法统一法》中有关营业资产的表述具有极强的法国商法色彩，而商事销售中有关合同责任等内容则与普通法具有较大的相似性。

③ 朱伟东：《非洲国际商法统一化与协调化》，《西亚非洲》2003 年第 3 期，第 67 页。

④ 许中缘：《论商事习惯与我国民法典——以商人主体私人实施机制为视角》，《交大法学》2017 年第 3 期，第 68 页。

⑤ Mancuso Salvatore, "African Law in Action", *Journal of African Law*, 2014, 58 (1), p. 9.

治性。

　　首先，在统一法的起草和制定阶段，商法的自治理念就得到了贯彻。例如在 OHADA《统一合同法》草案的起草阶段，部长委员会就将《国际商事合同通则》（PICC）作为《统一合同法》的国际商事示范法并协同国际统一私法协会（UNIDROIT）参与起草工作，以此来确保世界范围内基于 PICC 的典型案例法和国际商事惯例能直接适用于 OHADA 成员国，进而使 OHADA 的合同法能尽快融入国际商人法规范体系中。[①] 在制定《一般商法统一法》时，OHADA 延续了《联合国国际货物销售合同公约》（CISG）第 9 条[②]和 PICC 第 1.9 条[③]"遵守商业惯例和习惯"的基本原则，在第八章"商事买卖"第 238 条、第 239 条和第 255 条中均规定了商业惯例和习惯对当事人商业交易的约束力，并明确了此类商事自治规范的法律地位。[④] 上述法律条文反映出《一般商法统一法》在制定过程中对商事惯例和习惯的尊重和认可，也进一步证明遵守自治性国际商事惯例和通行做法符合 OHADA 商法理论和商业实践的国际化发展需求。

　　其次，在统一法的修订阶段，相对成熟的国际商事自治规范被相继纳入法律体系中，以此来提升统一法的自治性和国际性，进一步契合OHADA 体系下各类商业主体对现代商人自治理念的发展需求。例如，《一般商法统一法》在 2010 年修订"商业买卖"部分时，参考并融合了CISG 等国际商人法的规定，摒弃了传统罗马法将解除合同视为单方行为的观点，并突破了先前《法国民法典》"解除合同只能由法院判决"的限制，增加了有关"严重违约时，守约方当事人可不经法院判决自行终止合同"的条款。[⑤] 该条款以 CISG 第 26 条、第 49 条和第 64 条为基础，[⑥]授权合同当事人在行使合同解除权时无须征求另一方的同意，充分体现了现代商法的意思自治和契约自由原则。[⑦] 上述条款的修订表明，以

---

①　Marcel Fontaine，"The Draft OHADA Uniform Act on Contracts and the UNIDROIT Principles of International Commercial Contracts"，*Uniform Law Review*，2004，9（3），p. 574.

②　The United Nations Convention on Contracts for the International Sale of Goods，1980，Article 9.

③　Principles of International Commercial Contracts，2010，Article 1.9.

④　Uniform Act on General Commercial Law，2010，Article 238，239，255.

⑤　Uniform Act on General Commercial Law，2010，Article 281.

⑥　The United Nations Convention on Contracts for the International Sale of Goods，1980，Article 26，49，64.

⑦　Christina Fountoulakis，"Remedies for Breach of Contract under the United Nations Convention on the International Sale of Goods"，*ERA Forum*，2011，12（1），p. 17.

CISG 为代表的国际商事自治规范和其所包含的自治性商法原则正对 OHA-DA 商法体系的完善和商法自治理念的发展起到积极作用，这不仅推动了 OHADA 有关商事交易中具体规则的进步，也进一步实现了《一般商法统一法》与现代国际商事自治规范的协调与统一。

最后，无论 OHADA 在立法层面多么重视商法的自治理念，只有在成员国司法机构适用和执行它时，人们才会感受到统一商法中自治属性的影响。① 因此，除了在法律制定和修订阶段确保商法自治性理念得以体现外，OHADA 也非常注重建立和发展自身的商事规则适用机构来确保自治性理念在司法层面的落实。CCJA 作为 OHADA 成员国涉及商法事项的最高司法机构，其不仅对区域内的自治性商事规则具有管辖权，也能对区域创制的统一商法规则进行解释，充分反映了 OHADA 落实其自治性规则的努力。

总体来看，OHADA 在贯彻商法自治理念和实现商法跨国协调方面比欧盟更有抱负，因为 OHADA 的统一法不仅直接在成员国内适用，对这些法律的解释也是通过 CCJA 得到协调。② 高度注重统一法成果的普通约束力并发展隶属自身的规则适用机构是 OHADA 商法得以实现跨国协调的关键。

三 OHADA 在推进商法国际化进程中面临的挑战

法律无血型之分，但有传统之别。③ 大陆法系和普通法系的差异已无须多言，即使是在大陆法系内部也存在法国法、德国法、西班牙法的差异，不同法系中看似相同的法律制度可能其内涵机理相去甚远。OHADA 成员国在历史上基本都受到过欧洲大陆殖民者的统治，在法律传统上大多延续了大陆法传统，例如乍得、科特迪瓦、几内亚等十余个国家因受到法国的殖民统治，曾引进并实施了法国《拿破仑法典》（Napoleonic Code），而几内亚比绍和赤道几内亚又分别属于葡萄牙法和西班牙法的法

---

① 〔美〕克莱尔·莫尔·迪克森编《非洲统一商法：普通法视角中的 OHADA》，朱伟东译，中国政法大学出版社，2014，第 47 页。

② Marc Frilet, "Uniform Commercial Law, Infrastructure and Project Finance in African", *International Bussiness Lawyer*, 2000, 28（5），p. 215.

③ 孙新强：《我国法律移植中的败笔——优先权》，《中国法学》2011 年第 1 期，第 153 页。

律文化范围。① 此外，喀麦隆因为特殊的历史原因，出现过英法分管的现象，因此普通法也被大量引入了喀麦隆的法律体系之中。OHADA 在推进商法国际化过程中无可回避的问题就是不同成员国间法律传统的调和。虽然以《一般商法统一法》为代表的统一法在最大程度上平衡了不同法系的商法传统，但 20 多年来的法律实践依旧暴露出了统一法在适用过程中存在的国际化障碍。

（一） OHADA 统一商法面临的法源冲突

OHADA 商法国际化中最为直观的法律挑战为国际性法律渊源的分散性。在实现一国商法国际化的过程中，不仅要重视本国立法和司法的实践成果，外国商法和国际商法也都是需要被参考的内容，如若无法有效平衡不同法律渊源间的差异，就容易引发具体规则在运行过程中的冲突。虽然《一般商法统一法》以及其他统一法从立法模式上明确了其大陆法系成文法的形式，但来自区域内普通法传统的判例法文本、国际商事习惯以及国际商事示范法也都是其立法来源。因而在 OHADA 的法律体系中，分散的国际性法律渊源在各部门法中成了立法和司法工作开展的主要困难。②

例如，喀麦隆的双语体系和双重司法传统就使 OHADA 根植于大陆法的商法规则在适用中面临极大障碍，这一点在喀麦隆的普通法区域尤为明显。在喀麦隆的英语省份，所有法官和律师长期接受普通法的培训，但是 OHADA 统一商法在喀麦隆的适用又具有强制性，因而英语省份的法官在大多情况下需要使用 OHADA 以法语为标准文本的大陆法实体规则来审判案件，这就产生了双语体系和多重法律渊源在司法适用中的困难。并且根据 OHADA 的制度设计，CCJA 主要采用《司法与仲裁共同法院程序规则》③所规定的大陆法系程序法规范，其判决和上诉需基于书面材料做出。但在喀麦隆的普通法区域，口头上诉程序已得到了成熟的司法应用，因为担心 CCJA 以大陆法为核心的实体法规则和程序法规则导致上诉案件诉讼

---

① 〔美〕克莱尔·莫尔·迪克森编《非洲统一商法：普通法视角中的 OHADA》，朱伟东译，中国政法大学出版社，2014，第 14 页。

② Mancuso Salvatore, "OHADA Report", *European Review of Private Law*, 2012, 20 (1), p. 171.

③ 《司法与仲裁共同法院程序规则》（Rules of Procedure of the Joint Court of Justice and Arbitration）由 OHADA 部长委员会在 1996 年颁布，并于 2014 年进行修订，主要规定了 OHADA 的诉讼程序。

成本的增加以及可靠性的下降，很多普通法区域的案件最终仅停留在了上诉法院而没有上诉至 CCJA。[①] 虽然 OHADA 曾在《司法与仲裁共同法院程序规则》中为这一障碍设置了解决方案，但普通法区域根深蒂固的诉讼传统和巡回审判的高昂成本并未使喀麦隆这一问题得到有效解决，反而增加了不同程序间的适用障碍。[②] 上述独立存在但又缺乏协调机制的法律渊源，与 OHADA 寻求高效运行的一体化法律制度这一初衷相悖。

（二）OHADA 商法国际化与非洲传统商业伦理的冲突

OHADA 的商法国际化同样引发了国际性商业规则对非洲本土传统商业伦理的挑战。OHADA 统一商法的立法基础是大陆法系商法，而为了实现区域内商法的国际统一，OHADA 在规则制定过程中较多移植了法国商法的内容，因而也被称为是"法国人所立之法"。[③] 同时，为了吸引外国投资者，《OHADA 条约》有意忽视了那些可能给外国投资者带来问题的商业领域。在快速实现国际化的立法目的下，OHADA 赋予了大型企业和跨国企业较多的自由和权利，《合作社统一法》《商业公司和经济利益集团统一法》都更倾向于满足企业和投资者的商业需求，而域外商业伦理的引入，直接影响到了 OHADA 本土传统的商业实践。以喀麦隆国际储蓄贷款银行（BICEC）为例，作为曾是喀麦隆资产规模最大且在非洲法语区国家中排名第三的商业银行，BICEC 的总部并不在喀麦隆而是在法国，主要控制股东则是法国 BPCE 银行集团。[④] 而法国又管理着中非金融合作法郎（CFA 法郎）国家的外汇储备，因此 BICEC 实际上是法国在喀麦隆当地极其强大的外国商业存在。由于 OHADA 统一商法对外国投资者的过度保护，BICEC 在商业伦理方面的标准就相对较低，甚至低于其在法国

---

① 〔美〕克莱尔·莫尔·迪克森编《非洲统一商法：普通法视角中的 OHADA》，朱伟东译，中国政法大学出版社，2014，第 97 页。

② 《司法与仲裁共同法院程序规则》第 19 条规定，如果 CCJA 认为有必要，就可以在成员国同意的情况下，于其国内审理案件，并且所在国不需负担经济成本。该任意性规定使 CCJA 具有在各国进行巡回审判的职责，如果巡回审判变成常态，那么 CCJA 的司法成本将急剧增加，因此最终 OHADA 在司法实践中并未广泛开展这一程序。

③ Jonathan Bashi Rudahindwa, "OHADA and the Making of Transnational Commercial Law in Africa", *Law and Development Review*, 2018, 11 (2), p. 371.

④ 《中国商务部驻喀麦隆经商参处：〈非洲青年〉杂志发布 2013 年非洲银行 200 强排行榜》，中国商务部驻喀麦隆经商参处，2013 年 10 月 17 日，http://cm.mofcom.gov.cn/article/jmxw/201310/20131000354998.shtml，最后访问时间：2022 - 05 - 01。

本土的标准。此外，OHADA 至今都未正式通过针对劳工和雇佣领域的统一商法，这进一步提高了外国投资者的优势地位，削弱了本土普通劳动者和小商人的权利，引发了区域内商业伦理的失衡。因此有学者认为，OHADA 统一商法虽然是非洲地区的商法，但却又不是"非洲的商法"，因为它实现国际化的目的在于提高外国投资者的优势地位，而不是解决其商业范围内创造就业机会和经济安全的现实问题，这使得它在维持本地区商业道德方面的能力很弱。①

　　OHADA 商法国际化所引发的上述问题，根源在于其国际化目的的过度偏离。商法国际化的核心应当是通过本国商事规则的国际接轨，最终实现本土商业活动与国际商业活动的可持续性互动。自由、开放的商业环境建立在商人高度的自律和成熟的商业道德之上，缺乏适合商业伦理而过分追求国际化的结果将使传统的商业伦理受到进一步损害，最终导致本土商业环境受到破坏。

结　语

　　商法的国际化涉及全球范围内的诸多国家和地区，其本质上是一个跨国性乃至全球性概念，而 OHADA 商法国际化的历程也表明，非洲国家国际贸易法的协调，正是被置于以全球范围为基础的国际贸易法统一化运动这一更广阔的范围内才得以成功。② OHADA 方案在解决自身成员国商法国际化问题的同时，也为国际社会推进本区域乃至跨区域间的商法合作提供了参考。随着如今中非经贸关系的全面发展，涉及跨国投资、贸易合同等国际商事领域的法律问题也开始频繁出现。从长远来看，中国加强与 OHADA 的国际性商法合作将是保障中非经贸关系稳定健康发展的需要，也是解决中非所面临的现实商业法律问题的需要，更是加快推进国际双边和多边经贸治理规则改革的需要。

　　第一，在中非合作论坛等国际框架之下深化中国与 OHADA 的商法合作。《中非合作论坛—达喀尔行动计划（2022－2024）》强调，中非"应

---

① Irene Sama-Lang, "The Stakeholder Theory of Corporate Control and the Place of Ethics in OHA-DA: The Case of Cameroon", *African Journal of Business Ethics*, 2016, 10 (1), p. 107.

② 朱伟东：《非洲国际商法统一化与协调化》，《西亚非洲》2003 年第 3 期，第 69 页。

继续加强法治领域的交流与合作""共同致力于现有国际法治体系的健全
与完善"。① 但在现有的中非合作论坛框架下，专门调整合同、投资、纠
纷等领域的商事法律框架仍不完善，相关双边条约数量较少，部分条约
的内容也比较陈旧，许多规定还存在模糊、不一致等问题。例如，虽然
中国投资已遍及非洲 52 个国家，但仅同 20 个国家存在有效的双边投资保
护条约，仅同 5 个国家存在有效的双边民商事司法协助条约和有效的双
边刑事司法协助条约。② OHADA 成员国同样都是中非合作论坛的成员单
位，其统一化的商法体系为中非商法合作提供了便捷。结合中非双边法
制合作的现状和 OHADA 统一商法规则，中国可以和 OHADA 及各成员
国完善现有的双边法制合作框架，在补充、完善现有条约规定的同时，
与更多成员国协商签订有关商事司法协助条约、投资保护条约等文件。
中国也可以和 OHADA 等非洲次区域组织开展立法、司法、执法等领域
的沟通协调，为中非经贸关系的稳定发展提供牢固的合作机制保障。
第二，加强在亚非法律协商组织（AALCO）内的商法合作。亚非法
律协商组织是目前亚非两大洲唯一的政府间国际法协调组织，其旨在
为各成员国提供法律咨询和指导，为区域内重要的法律合作项目提供
国际平台，中国和部分 OHADA 成员国都是这一组织的正式成员。在
商法合作领域，亚非法律协商组织长期就与联合国国际贸易法委员会
相关的国际商事示范法、世界贸易组织法律框架协议和行为准则等议
题展开亚非区域内的立场协调，这为中非两地商法合作，尤其是政策
和立法层面的合作提供了平台。中国可通过加强与该组织的合作，就
中国和 OHADA 成员国等非洲国家密切关注的商业合同、跨境投资、
国际贸易等商事法律问题进行协商，参照国际商法规范制定相应的法
律合作协议或示范法文本，减少两地间的商事法律冲突，从而减少因
法律差异而产生的商业风险，为两地经贸纠纷的事前预防和事后解决
提供切实有效的制度保障。③ 第三，建立专门的中非商法培训机构，为保

---

① 《中非合作论坛—达喀尔行动计划（2022 - 2024）》，中国外交部，2021 年 12 月 2 日，
　　https://www.mfa.gov.cn/wjb_673085/zzjg_673183/fzs_673445/xwlb_673447/202112/
　　t20211202_10461174.shtml，最后访问时间：2022 - 05 - 01。
② 朱伟东：《继续加强中非国际法交流与合作》，《中国社会科学报》2022 年 9 月 14 日，
　　第 4 版。
③ 徐璟航：《CAFTA 下中国与东盟商法趋同合作机制研究》，《广西社会科学》2022 年第 7
　　期，第 64 页。

障中国与 OHADA 商法合作的常态化发展提供智力支持。中国可以通过最高人民法院国际合作局、国家法官学院等国家级平台，协同 OHADA 的地区高等司法培训学校以及司法与仲裁共同法院等机构，共同建立专门的中非商法培训机构，负责对中国和 OHADA 的司法、仲裁以及相关法律实务从业人员乃至跨国商人进行专门的国际商法实务培训，使其可以更好地参与到国际商法合作中来，从而为两地商法合作提供持续性的人才保障。

　　商法的国际性特征和法律全球化的时代趋势表明，商法国际化不仅是各国商法的发展方向，亦是全球商法协调趋同的当然要求。在商法国际化的非洲实践中，OHADA 通过构建以《一般商法统一法》为核心的统一商法体系迅速实现了商法国际化的目标，其由"商事基本法"统括的体系设计、对商法自治属性高度重视的法律理念，以及多元、协调的国际化立法技术等路径经验值得肯定。今后，中国在推进 OHADA 统一商法比较研究的同时，可以在立法协调、司法协助、法律人才培训等方面加强与 OHADA 的法律合作，进一步探索中非商事法治国际化发展的制度可能。

【责任编辑】李雪冬

社会文化与教育

非洲研究　2023 年第 1 卷（总第 20 卷）
第 113—129 页
SSAP ©，2023

从西蒂到吉杜黛：桑给巴尔"塔拉布音乐"社会史研究

敖缦云　　阎自仪

【内容提要】 塔拉布是东非沿海地区多元文化交融和社会变迁形塑出的一种音乐形式。它起初是桑给巴尔苏丹国的宫廷音乐，后演变成东非沿海地区流行音乐。两位不同代际女性音乐人在其中起到关键作用，即"塔拉布之母"西蒂和"塔拉布之后"吉杜黛。塔拉布以这两位关键人物及其所处时代语境为核心，在本土化发展过程中，呈现形式和内涵的存与续。西蒂在时代语境下赋予了塔拉布"生存"与"抗争"的思想内涵；而吉杜黛则与政府"合作"、与女子乐团合作，继承和创新西蒂的塔拉布，在谋求发展的同时，又保持"自我"。作为身处穆斯林社会的女性音乐人，西蒂和吉杜黛的个体特质对研究桑给巴尔塔拉布社会史具有重要价值和意义。

【关键词】 塔拉布；社会史；女性音乐人；桑给巴尔

【作者简介】 敖缦云，中国传媒大学坦桑尼亚研究中心主任、外国语言文化学院副教授，浙江师范大学非洲研究院访问学者（北京，100024）；阎自仪，中国传媒大学斯瓦希里语专业本科生（北京，100024）。

　　每年 2 月，各国音乐人会聚在桑给巴尔岛的石头城，共享一场为期三天的"智慧之声"（Sauti za Busara）音乐盛宴。作为非洲最隆重的音乐节之一，其涵盖非洲、中东及南亚等地区的传统音乐和现代音乐。① 多

---

① K. M. Otiso, *Culture and Customs of Tanzania*, California：ABC-CLIO, 2013, p. 178.

年来，"智慧之声"为包括桑给巴尔塔拉布音乐①在内的多元音乐文化提供了开放包容的表演舞台。塔拉布主要流行于桑给巴尔、蒙巴萨等东非沿海地区，起初是一种带有大量阿拉伯音乐元素（如歌词）的宫廷音乐，主要供桑给巴尔苏丹国②贵族消遣。③ 随着东非沿海地区的历史变迁，塔拉布歌词从阿拉伯语改为斯瓦希里语，并演变成当地流行音乐。两位不同代际女性音乐人在此演变中起到关键作用，即"塔拉布之母"（the mother of taarab）④ 西蒂·宾缇·萨阿德（Siti Binti Saad）与"塔拉布之后"（queen of taarab）⑤ 吉杜黛·宾缇·巴拉卡（Kidude Binti Baraka）。

学界关于塔拉布的研究主要有两种范式。一种为音乐研究范式，代表人物有西方学者菲尔（Fair）、法琼（Fargion）等以及东非学者哈密斯（Khamis）和恩特兰吉（Ntarangwi）等。这一研究范式主要分析塔拉布的社会生产和消费过程，其中菲尔等西方学者倾向以政治建构论解释塔拉布的发展逻辑，而哈密斯则从政治经济学视角研究塔拉布，恩特兰吉则以蒙巴萨的塔拉布为例主张去除在塔拉布研究中的"桑给巴尔中心论"。在国内，刘鸿武是第一位论述斯瓦希里音乐文化的学者，他于 2008 年探讨过该音乐的核心概念和价值意义。⑥ 此后国内仅有另一位学者做过相关研究，⑦ 整体上鲜有建树。第二种为相对较少的文学研究范式，代表人物是诗人

---

① 塔拉布风格带有鲜明的地区性，如桑给巴尔的塔拉布为埃及管弦乐风格；蒙巴萨的塔拉布则融入当地鼓乐，节奏较前者更快；坦噶的塔拉布则强调吉他旋律，并融入贝尼（Beni）乐队的传统。尽管各地风格不同，但其渊源均可追溯至桑给巴尔苏丹国。详见 Mwenda Ntarangwi, "A Socio-Historical and Contextual Analysis of Popular Musical Performance among the Swahili of Mombasa, Kenya", *Cultural Analysis*, 2001（2），p. 14。

② 桑给巴尔苏丹国为阿曼人在东非沿海地区建立的伊斯兰国家，原属阿曼帝国和东非帝国的一部分，阿曼帝国由于内部纷争于 1861 年分裂为阿曼苏丹国和桑给巴尔苏丹国。参见袁鲁林、萧泽贤《赛义德王朝的兴衰与当代阿曼的复兴》，《西亚非洲》1992 年第 6 期，第 64～65 页。

③ S. S. Saleh, "Nyimbo za Taarab Unguja", *Lugha Yetu*, 1980（37），pp. 35–37.

④ J. T. Fargion, "The Role of Women in Taarab in Zanzibar: An Historical Examination of a Process of 'Africanisation'", *The World of Music*, 1993, 35（2），pp. 109–125.

⑤ Didier J. Mary, "In Memory of Bi Kidude", African Music Forum, https://amf. didiermary. fr/bi-kidude-rip/. Accessed 2022–03–23.

⑥ 刘鸿武、暴明莹：《蔚蓝色的非洲：东非斯瓦希里文化研究》，云南大学出版社，2008，第 113～114 页。此著作启发了本文的写作，笔者在写作过程中多次得到刘鸿武教授的深入指导，特此表示感谢。

⑦ 陈朝黎：《坦桑尼亚桑给巴尔岛塔若卜（taarab）音乐研究》，博士学位论文，中央音乐学院，2016。

及作曲家 S. S. 萨莱赫（S. S. Saleh），他研究了塔拉布的主题、写作形式，并指出作为口传文学的塔拉布有教化和引领社会的作用。①

此外，由于20世纪东非成功的女性音乐家大多为塔拉布音乐人，②这一特点吸引学者们对塔拉布的研究聚焦在女性身上。遗憾的是，目前的研究主要停留在群体层面，代表成果为法琼的《20世纪桑给巴尔的塔拉布音乐：经典永流传》，讨论了女性在塔拉布中的主体地位。③ 长期以来，对于女性音乐人个体及其对塔拉布发展影响的研究存在两大局限：一是以带有"浪漫的杜撰"的个人传记及剧本④为主，如坦桑尼亚著名文学家夏班·罗伯特（Shaaban Robert）撰写的《西蒂·宾缇·萨阿德传》⑤等；二是西蒂"一人独大"而对吉杜黛的贡献语焉不详。2007~2008年，一部有关吉杜黛的纪录片获得多项国际大奖⑥并引起世人关注，但此后学界对于吉杜黛的研究仍处于失语状态。总体而言，在塔拉布研究中，学界对西蒂、吉杜黛等关键人物关注不够，忽略了作为文化发展主体的"人"在其中发挥的作用和产生的影响。塔拉布在历史语境中的存与续及两位不同代际女性音乐人在塔拉布存续发展中的关键作用，是本文关切所在。

一　存与续：两位不同代际女性音乐人
主导塔拉布的演变

桑给巴尔塔拉布的发展整体上经历了引入、本土化、泛化三个阶段。作为文化传承主体，两位不同代际女性音乐人西蒂和吉杜黛在塔拉布的存与续中起到关键作用。

---

① S. S. Saleh, "Nyimbo za Taarab Unguja", *Lugha Yetu*, 1980 (37), pp. 35 – 48.

② Mwenda Ntarangwi, "A Socio-Historical and Contextual Analysis of Popular Musical Performance among the Swahili of Mombasa, Kenya", *Cultural Analysis*, 2001 (2), p. 12.

③ J. T. Fargion, *Taarab Music in Zanzibar in the Twentieth Century: A Story of 'Old is Gold' and Flying Spirits*, Famham: Ashgate, 2014.

④ 目前有关二人的传记及剧本尚无中译本。

⑤ Shaaban Robert, *Wasifu wa Siti Binti Saad*, Dar es Salama: Mkuki na Nyota, 2015, pp. 1 – 72.

⑥ "As Old as My Tongue: The Myth and Life of Bi Kidude (2006)", Music Film Web, http://www.musicfilmweb.com/db/film/as-old-as-my-tongue-the-myth-and-life-of-bi-kidude/. Accessed 2022 – 04 – 24.

在引入阶段，塔拉布有大量的阿拉伯元素。伴随阿曼帝国的扩张，东非海岸的社会文化也随之改变。[1] 据传酷爱音律的苏丹王赛义德·巴加什（Seyyid Barghash）派一位名叫易卜拉欣（Ibrahim）的桑给巴尔人远赴埃及学习乐器，易卜拉欣将大量阿拉伯音乐带入桑给巴尔，[2] 塔拉布就此诞生。此阶段的塔拉布带有明显阿拉伯调式，由专门乐团使用阿拉伯语为苏丹王室及贵族表演，并应要求加入关于王公贵族美好爱情的主题。巴加什苏丹之后，桑给巴尔经历了长期社会动荡，塔拉布发展陷入低迷。直到阿里·本·哈穆德（Ali Bin Hamooud）继任后，特别从埃及请来音乐专家以振兴塔拉布。[3] 此后，塔拉布重获新生，1905 年桑给巴尔出现了第一个塔拉布乐团，即精诚同志乐团（Akhwani Safaa）。[4]

1914 年，桑给巴尔开始受英国直接统治，苏丹王无权过问财政等行政大事。随着英国对苏丹宫廷费用的严格限制，塔拉布表演等娱乐活动被大规模缩减，其生命力大大降低，其表演者只得离开宫廷向外谋求生存，在婚庆等各类庆祝活动中进行表演以赚取收入。西蒂乐团、忠诚（Royal）乐团、纳维（Navy）乐团等相继出现，标志着塔拉布进入本土化阶段。塔拉布从宫廷走向平民，并在西蒂及其乐团的主导下，音乐主题与语言媒介都发生转变。音乐主题不再局限于歌颂贵族及其爱情，开始以社会生活为创作基础，如儿童口中传唱的歌谣[5]乌库提（Ukuti）[6] 和找老婆

---

[1]　Ronnie Graham, *Zanzibar: A People's History*, Southwick：Off the Record Press, 2014, p. 87.

[2]　J. T. Fargion, *Taarab Music in Zanzibar in the Twentieth Century: A Story of 'Old is Gold' and Flying Spirits*, Famham：Ashgate, 2014, p. 44.

[3]　S. S. Saleh, "Nyimbo za Taarab Unguja", *Lugha Yetu*, 1980（37），pp. 35 – 36.

[4]　该词源自精诚同志社（Ikhwan al-Safa），又称"精诚兄弟社""精诚兄弟学社"等。该社原为一个由志同道合、亲如兄弟的人组成的从事秘密活动的哲学团体。后因桑给巴尔人民共和国要求在社会上清除阿拉伯痕迹而更名为"相亲相爱的兄弟"（Ndugu Wapendanao/Ndugu Wanaopendana），之后陆续更名为马林迪设拉子党分支（Malindi ASP Branch）和马林迪革命党分支（Malindi CCM Branch）。直到 20 世纪 80 年代随着姆维尼总统注重加强与海外包括阿曼苏丹国的联系，该乐团重新启用原名精诚同志乐团，并延续至今。参见任厚奎《精诚同志社哲学述论》，《四川大学学报》（哲学社会科学版）1990 年第 4 期，第 29 页；Janet Topp Fargion, *Taarab Music in Zanzibar in the Twentieth Century: A Story of 'Old is Gold' and Flying Spirits*, Famham：Ashgate, 2014, p. 64。

[5]　这些歌谣据说是由西蒂创作的，见 N. M. Hilal, *The Potter Enters the Palace Siti Binti Saad*, Dar es Salaam：Mkuki na Nyota, 2007, p. 56。

[6]　"乌库提"是东非儿童玩游戏时唱的歌谣，也代指一种游戏。孩子们手拉手围成一圈，一边绕圈跑一边唱着"乌库提"。

（Saka Mke Wangu）① 等。语言媒介由阿拉伯语变为斯瓦希里语，极大地发展了斯瓦希里文化。1928 年，西蒂及其乐团受哥伦比亚唱片公司之邀远赴印度孟买录制第一张斯瓦希里语塔拉布唱片，② 因内容突破传统宫廷主题，反映普通民众生活，其销量高达两百万张。③ 作为第一个发行塔拉布唱片及最早使用斯瓦希里语演唱的音乐人，西蒂也被认为是第一位成名的塔拉布女歌手。④ 20 世纪 20 年代后期，受英国殖民者语言政策的影响，斯瓦希里语的地位和威望大不如前，⑤ 然而西蒂乐团仍以斯瓦希里语吟唱塔拉布，其所体现的"生存"与"抗争"意涵持续唤醒斯瓦希里人反对殖民、争取独立的民族意识。

20 世纪 50 年代，全球化使得世界各类流行音乐通过广播和唱片流入桑给巴尔，塔拉布在结构和风格上都出现一定变化，但古典塔拉布仍占主流。⑥ 1964 年桑给巴尔革命使塔拉布归于沉寂，设拉子党（Afro-Shirazi Party）⑦ 掌权后成立桑给巴尔人民共和国，设立音乐文化俱乐部管控当地

---

① "找老婆"既是一首歌谣，也是一种游戏。大家手拉手将一位女性围在中心，同时有一个人在外圈边走边唱。

② Shaaban Robert, *Wasifu wa Siti Binti Saad*, Dar es Salama：Mkuki na Nyota, 2015, p. 44.

③ L. Fair, "Music, Memory and Meaning：The Kiswahili Recordings of Siti Binti Saad", *Afrikanistische Arbeitspapiere: Schriftenreihe des Kölner Instituts für Afrikanistik*, 1998（55），p. 4. 转引自 HMV, "Review of Present Vernacular Record Trade", Unpublished Manuscript, 1931。

④ 因西蒂拥有目前已知最早的塔拉布斯瓦希里语唱片，菲尔·法琼等认为西蒂是第一位使用斯瓦希里语演唱塔拉布的歌手，但格雷厄姆持反对意见，他认为在 20 世纪初已出现用斯瓦希里语演唱的现象，西蒂并非第一位。著名塔拉布音乐人穆罕默德·伊萨·马托纳（Mohamed Issa Matona）先生告诉笔者，西蒂是第一位使用斯瓦希里语演唱塔拉布的歌手，她也用阿拉伯语和印地语演唱，但更多的是用斯瓦希里语。参见 Laura Fair, "Music, Memory and Meaning：The Kiswahili Recordings of Siti Binti Saad", *Afrikanistische Arbeitspapiere: Schriftenreihe des Kölner Instituts für Afrikanistik*, 1998（55），p. 4；J. T. Fargion, "The Role of Women in Taarab in Zanzibar：An Historical Examination of a Process of 'Africanisation'", *The World of Music*, 1993, 35（2），p. 116；Ronnie Graham, *Zanzibar: A People's History*, Southwick：Off the Record Press, 2014, p. 279。

⑤ 魏媛媛：《本土与殖民的冲突与共生：1498－1964 年斯瓦希里文化在坦桑尼亚的发展》，博士学位论文，北京外国语大学，2013，第 141～144 页。

⑥ Said A. M. Khamis, "Clash of Interests and Conceptualisation of Taarab in East Africa", *Swahili Forum*, 2005（12），pp. 144－145.

⑦ 设拉子党（Afro-Shirazi Party），1957 年成立。1964 年 1 月 12 日，该党发动革命，推翻桑给巴尔苏丹国，成立桑给巴尔人民共和国。1977 年，该党和坦噶尼喀非洲民族联盟合并为坦桑尼亚革命党。参见王涛、朱子毅《桑给巴尔分离主义运动与坦桑尼亚联合政府的有效治理》，《世界民族》2021 年第 6 期，第 30 页。

音乐，此后塔拉布受到乌贾马（Ujamaa）运动的影响，逐渐被当权者塑造成一种意识形态工具——"艺术家如果想要在桑给巴尔的无线广播中播放自己的歌曲，就不得不创作政治歌曲"。①

20 世纪 70 年代后期，塔拉布进入泛化阶段，古典流派与现代流派并行不悖。与古典流派的悠扬缓慢相比，现代塔拉布融入鼓点舞蹈，节奏更加欢快，西式乐器的使用比例也较高。新媒体的引入——录音机、录像机和电视使得塔拉布在非官方领域发生了翻天覆地的变化。② 1985年姆维尼总统上台后调整施政方针，放松乌贾马政策，这也为现代塔拉布的发展提供了空间，诸如塔式说唱（taa-rap）等现代形式不断涌现。而此时的姆维尼总统致力于发展斯瓦希里文化，急欲寻找西蒂时期的古典塔拉布传承人。作为当时唯一会唱西蒂全部歌曲的人，吉杜黛由此得到推崇。她与政府"合作"，继承创新西蒂的塔拉布表演，支持女子塔拉布乐团，在谋求塔拉布发展的同时又坚定保持"自我"。在政府推动、以吉杜黛为代表并在其主导下，古典塔拉布重焕光彩，作为斯瓦希里文化的重要艺术表现形式，以民族音乐的面貌呈现，通过歌词中蕴含的社会现实、历史故事唤醒听众的民族情感和历史记忆，增强国家认同和民族认同。③ 在去世前三年，吉杜黛还参加了基奎特总统发起的一项抗击疟疾运动。④ 作为古典塔拉布代言人，吉杜黛与其他在民众中具有影响力的艺术家一起，受政府之邀为提高人民对防治疟疾的认知，创作抗疟歌曲，以音乐传播卫生知识和政府的抗疟举措，提振民众对公共卫生事业的信心。70 岁左右，吉杜黛因出色的表演而享誉盛名，受邀在非洲及欧美巡回演出，引领塔拉布走出桑给巴尔，为世界人民所了解和欣赏。从 1993 年至 1998 年 4 月，吉杜黛及其乐团的足迹已遍布欧洲、亚洲、非洲。据她自述，"曾很幸运地去了德国、毛里求斯、印度、肯尼亚、阿曼、法国和芬兰，还去过南非、日本、英国、瑞

---

① Said A. M. Khamis, "Clash of Interests and Conceptualisation of Taarab in East Africa", *Swahili Forum*, 2005（12）, p. 147.

② Said A. M. Khamis, "Clash of Interests and Conceptualisation of Taarab in East Africa", *Swahili Forum*, 2005（12）, p. 154.

③ 刘鸿武、暴明莹：《蔚蓝色的非洲：东非斯瓦希里文化研究》，云南大学出版社，2008，第 114 页。

④ Rafiki, "Local Artist Join Hands to Fight Malaria（DAILYNEW-Tanzania）", Suguvsruge, http://suguvsruge. blogspot. com/2010/03/. Accessed 2022 - 07 - 04.

士、荷兰和瑞典"。① 2005 年，世界音乐博览会（World Music Expo，WOMEX）组委会肯定吉杜黛"80 多年来的演唱生涯以及为年轻一代在性和婚姻等问题上发挥的文化协调和建议作用"，认为将该年度的世界音乐博览会奖项授予她是"世界音乐冲破束缚、自由发展和更加有力的真正象征"。② 在她上台领奖时，与会的 2000 名代表起立为她鼓掌长达 5 分钟，而她随后的无伴奏表演更是令众人热泪盈眶。

塔拉布在桑给巴尔地区经历了引入、本土化、泛化的历程，西蒂和吉杜黛在此过程中影响巨大。那么，为什么这两位不同代际女性音乐人会在高度信仰伊斯兰教的桑给巴尔成为塔拉布传承者，并对塔拉布社会史的发展起到主导作用呢？其历史语境下的个体特质是关键因素。

二　生存与抗争：西蒂与苏丹王权、殖民霸权中的塔拉布

整体来看，西蒂赋予了塔拉布"生存"与"抗争"两个关联性意涵，吉杜黛则赋予了塔拉布通过"合作"发展的意涵。就"生存"而言，西蒂与塔拉布的社会生命是紧密连接在一起的。在阿拉伯人统治下，作为非洲黑人或斯瓦希里人，以西蒂为代表的塔拉布音乐人将塔拉布作为生存资本，共生共荣。

其"生存"意涵之一，在于将塔拉布及其表演者的生存资本附着于统治阶级苏丹王和英国殖民者，体现在塔拉布表演中对两个外族统治者的赞扬。西蒂成为这一时期塔拉布的代表人物且这种"生存"意涵集中体现在西蒂个体身上，这与其成长背景息息相关。1880 年前后，一位名叫穆图姆瓦·宾缇·萨阿德（Mtumwa Binti Saad）③ 的女婴在石头城南孚巴（Fumba）地区的小村庄中诞生。她的父母以制陶、卖陶为生。在三个

---

① Ali Saleh, Fiona McGain and Kawthar Buwayhid, *Bi Kidude: Tales of a Living Legend*, Zanzibar: Gallery Publications, 2008, p. 137.

② "Bi Kidude Honored with World Music Award", World Music Central, https://web. archive. org/web/20070211053122/http://www. worldmusiccentral. org/article. php/2005111606433989. Accessed 2022 – 07 – 04.

③ "mtumwa"在斯瓦希里语里为"奴隶"之意。参见 Ronnie Graham, *Zanzibar: A People's History*, Southwick: Off the Record Press, 2016, pp. 88 – 90.

孩子当中，穆图姆瓦因不擅长制陶，在年幼时就被父母嫁到外村，后又因缺少谋生技能而被第一任丈夫抛弃。后来，她随一位水手进城并与其结婚。在城里，她遇到了音乐伯乐阿里·本·萨义德（Ali Bin Said）。萨义德惊奇地发现西蒂虽大字不识，却拥有嘹亮的歌喉和过耳不忘的记忆力，于是便教给她许多塔拉布歌曲。因丈夫和邻居对她唱歌不理解，穆图姆瓦遂搬至离石头城很近的穆托尼（Mtoni）学习塔拉布，并在那里得到精诚同志乐团的指导。① 后来，穆图姆瓦也组建起一支四人乐队，用斯瓦希里语演唱，内容涉及社会生活的各方面，而与之形成鲜明对比的是，直到 1955 年精诚同志乐团仍用阿拉伯语演唱。由此，穆图姆瓦很快受到平民青睐，成为小有名气的塔拉布表演者，人们随之称呼其为西蒂（Siti）② 以表尊重，其全名也演变为西蒂·宾缇·萨阿德。

诸多西方学者着重强调西蒂歌曲中的反王权、反殖民内容，但事实上迫于统治压力，西蒂经常与马利姆·夏班（Maalim Shabaan）、姆巴鲁克·艾凡迪（Mbaruk Effandi）、布达·宾·姆文多（Budda Bin Mwendo）等男性音乐人联合为苏丹贵族和资产阶级表演，所选曲目亦是两者青睐之主题，在保障自身生活的同时谋求塔拉布的生存。下列两段歌曲由著名音乐人马利姆·夏班所作，西蒂及众人演唱，第一段是对已逝的苏丹辉煌统治时期的赞扬和追念，第二段是对英国殖民者和英式治理的赞美：

> 哪个时代令人赞叹它的辉煌，
> 任凭时光流转一去不再复返，
> 最美的记忆永存于脑海深处。③
>
> 我们赞美英国将军有勇有谋，
> 智慧终结这片大陆纷争嘈嚷，
> 感谢上天赐福山脉连绵茂盛，

---

① N. M. Hilal, *The Potter Enters the Palace Siti Binti Saad*, Dar es Salaam: Mkuki na Nyota, 2007, pp. 15 – 32.

② "siti" 一般用作对女士的尊称，常将其放于名字之前。参见 H. Akida, M. Alidina, A. Abdalla et al., *Kamusi ya Kiswahili Sanifu*, Nairobi: Oxford University Press, 2004, p. 378。

③ S. Matola, M. Shabaan, W. H. Whiteley and A. A. Jahadhmy, *Waimbaji wa Juzi*, Dar es Salaam: Chuo cha Uchunguzi wa Lugha ya Kiswahili, 1966, p. 1.

无人知晓猛狮已藏匿于树丛。[①]

　　尽管因生存之需而作溢美之词，但塔拉布中潜藏着西蒂及其他音乐人的自尊，即巧妙平衡生存与尊严，彰显主体性，此为"生存"意涵之二。代表性歌曲为《独木舟》（Kigalawa）。据记载，他们第一次在苏丹宫廷表演时[②]即遭到国王与阿拉伯贵族的戏弄，国王让他们像小孩子一样把饭食抹到脸上以取乐。他们会一味卑躬屈膝，任人欺凌，西蒂紧接着吟唱了这首满含深意的歌曲（节选）：

　　　　小小一只独木舟，
　　　　小小一只独木舟，
　　　　颠簸摇曳在海中，
　　　　请勿掀掉遮盖布。
　　　　独木舟里有收获，
　　　　独木舟里有收获，
　　　　赶忙奔向姆维尼·侯赛因，[③]
　　　　独木舟虽小也能尽力。[④]

　　在这首歌里，独木舟好比一个处于弱势地位的人，想方设法，克服艰难险阻取得生活必需品，而渔夫在海中乘独木舟颠簸捕鱼。西蒂以木船喻己，不卑不亢地隐晦回击——虽然独木舟是一种小木船，但是却和大轮船一样，能够破浪捕鱼，渡人过海，以此类比无论国王还是乐师，人人平等，经过努力都能到达应许之地。通过自己的努力获取生存报酬，在这一点上，夏班·罗伯特亦为西蒂正名，"金钱在彼时和此时都一样，就像一把犁地的锄头，没有这把神奇锄头，任凭谁也无法完

---

①　S. Matola, M. Shabaan, W. H. Whiteley and A. A. Jahadhmy, *Waimbaji wa Juzi*, Dar es Salaam：Chuo cha Uchunguzi wa Lugha ya Kiswahili, 1966, p. 5.

②　一说西蒂起初在王宫表演时女扮男装并得到苏丹王室的欣赏。参见陈朝黎《坦桑尼亚桑给巴尔岛塔若卜（taarab）音乐研究》，博士学位论文，中央音乐学院，2016，第214页。

③　此处并非指桑给巴尔共和国第八任总统侯赛因·姆维尼（1966年至今），据后文叠句推测应是一位商人。

④　S. Matola, M. Shabaan, W. H. Whiteley and A. A. Jahadhmy, *Waimbaji wa Juzi*, Dar es Salaam：Chuo cha Uchunguzi wa Lugha ya Kiswahili, 1966, p. 59.

成一事"。① 而西蒂的生存观正体现在此，虽为稻粱谋却能屈能伸，在审时度势之中将主体性表达嵌入为上层阶级服务的音乐中。

当然，"生存"之下的主体性也为"抗争"生成奠定了社会基础，主要表现在对制度和权力的批判、为穆斯林社会女性发声两个方面。一方面，西蒂将平民百姓和弱势女性的遭遇融入塔拉布，表达对制度和权力的抗争。尤其是其反映民众集体记忆的歌曲被代代相传，其"抗争"之韵味至今仍值得赏鉴，如《吉基提》（Kijiti）（节选）：

> 看看，看看吉基提所做的一切
> 让陌生人上当，玩起追逐把戏
> 带她走进灌木丛，带回她已死之躯
>
> 吉基提说，离开你妈妈跟我走吧
> 若知道是这般结局，断不会随他去
> 吉基提你杀害了我，用那一小颗甜枣
>
> 法官端坐椅子上，勃然大怒地喊道
> 可恨愚蠢的家伙，胆敢污蔑吉基提
> 把苏玛伊莉和凯伊·宾缇·苏拜提关起来②

这是西蒂所处时代的真实案件：吉基提杀害了一个无辜之人，然而法官非但没有判吉基提的罪，反倒判处了两名无辜的证人。③ 除了借社会案件质疑殖民法律体系的公正性，西蒂还借《不再有腐败》（Wala Hapana Hasara）警示政府官员不要贪污腐败，不要压迫穷人和

---

① 原句 "Fedha ilikuwa jembe, la kulimia nafaka katika wakati wake kama ilivyo katika wakati we-tu. Mtu ye yote hakuweza kutenda neno bila jembe hili la ajabu"。参见 Shaaban Robert, *Wasifu wa Siti Binti Saad*, Dar es Salama: Mkuki na Nyota, 2015, p. 44。

② Nadra Soud Khamis, "Mabadiliko katika Nyimbo za Taarab na Uwasilishaji Wake Kulingana na Wakati", Diss., Chuo Kikuu cha Dodoma, 2017, p. 89. 转引自桑给巴尔广播台（Shirika la Utangazaji la Zanzibar）。

③ 后来吉杜黛在解释这首歌背后的故事时，则认为是一个居住在桑给巴尔的男人招待了一位来自达累斯萨拉姆的女性客人，将其灌醉致死。可见其故事内核虽未改变，却在口口相传中带有了个人记忆。参见 Ali Saleh, Fiona McGain and Kawthar Buwayhid, *Bi Kidude: Tales of a Living Legend*, Zanzibar: Gallery Publications, 2008, p. 18。

弱者，[①] 借《我兄弟的所有》（Ela Kafa Ndugu Zangu）幽默庆祝一位腐败的阿拉伯高级职员入狱。[②] 或许细节千人千解，但这些以历史事件为创作基础的经典作品早已成为西蒂控诉桑给巴尔苏丹王权和英国殖民统治的利器。

另一方面，西蒂又以身为度，为反对穆斯林社会对女性的束缚而发声。根据《古兰经》第4章第34节"男性保护"的概念，在桑给巴尔的法律和实践中，女性处于弱势地位，[③] 但是西蒂却敢于直面压抑人性的法律制度，积极争取和维护自己的权利。在一首求爱歌《勇士希玛，你快来》（Hima Rijali Wende）中，她直白地催促男子希玛向父母求娶自己，并直抒爱意，其中"相爱是人生乐事而非耸人听闻之事"[④] 将女性对情感自由的呼唤和对婚姻自主的渴望表达得淋漓尽致。西方学者通常将西蒂关于爱情主题及其思想的音乐作品视作靡靡之音，一概不予分析或充满偏见，而着重研究涉及社会与文化内容的歌曲。

除直抒胸臆外，西蒂也通过言传意会表达控诉与反抗。闻名如西蒂，也会遭受骚扰和威胁，但宗教重压在前，个体力量有限，西蒂有时不得不将自己的困境暗藏于歌词之中。曾有一名男子向西蒂求爱，遭西蒂拒绝后扬言要报复、羞辱她。西蒂因此创作并演唱了这首《你不过是只猫》（Wewe Paka），以对峙争论的形式表达自己的抗争（节选）：

> 你不过是只猫 为何敢惹我生气，
> 你不过是只猫 为何敢骚扰邻居，
> 你必定会挨打 还会被惩罚。
>
> 我就是只猫 但为何我要被打，
> 我就是只猫 我没吃任何人的东西，

---

① S. Matola, M. Shabaan, W. H. Whiteley and A. A. Jahadhmy, *Waimbaji wa Juzi*, Dar es Salaam：Chuo cha Uchunguzi wa Lugha ya Kiswahili, 1966, p. 101.

② S. Matola, M. Shabaan, W. H. Whiteley and A. A. Jahadhmy, *Waimbaji wa Juzi*, Dar es Salaam：Chuo cha Uchunguzi wa Lugha ya Kiswahili, 1966, p. 103.

③ Salma Maoulidi, "Between Law and Culture：Contemplating Rights for Women in Zanzibar", in Dorothy L. Hodgson, ed., *Gender and Culture at the Limit of Rights*, Pennsylvania：University of Pennsylvania, 2011, p. 37.

④ 原句为"Mapenzi ni raha si shani umaarufu"。参见 S. Matola, M. Shabaan, W. H. Whiteley and A. A. Jahadhmy, *Waimbaji wa Juzi*, Dar es Salaam：Chuo cha Uchunguzi wa Lugha ya Kiswahili, 1966, p. 106。

我后悔为何在棚屋里穿来穿去。①

总之，西蒂用斯瓦希里语演唱的歌曲是对真实事件和日常生活的反映，观照个体表达和民众情绪。无论何种主题，她都能推己及人，为平民歌唱，使塔拉布歌曲走向人民。由于生存观与抗争观的相互制衡，西蒂表达的社会思想存在一定软弱性，即西蒂为阿拉伯贵族和殖民者歌唱的赞颂之曲，以及音乐中悲天悯人而非鼓励革命的底调，都在某种程度上消解了"抗争"力度，使其"生存"与"抗争"之思想边界具有一定模糊性。

三 合作与发展：吉杜黛与共和国政府治下的塔拉布

自 20 世纪中叶东非社会相继从外族统治中获得独立，社会发展进入全新阶段。塔拉布也在适应社会变迁，"合作"成为其发展的重要特征，而吉杜黛以其个体特质成为主导者。

第一，与政府"合作"，谋求塔拉布发展。1964 年，坦噶尼喀共和国与桑给巴尔人民共和国联合建立了坦桑尼亚联合共和国。根据《联合协议》，本应在两政府之上组建高一级联合政府，但在实际操作中坦噶尼喀政府"升级"为联合政府，并由其领导桑给巴尔政府。后来，由于对联合体制和乌贾马运动造成的经济衰退的不满，1984 年桑给巴尔出现分离主义运动。② 总统姆维尼上台后，在着手清理革命党内的分离主义势力、提振桑给巴尔经济的同时，通过推广古典塔拉布安抚民众，塑造两岸民众的文化认同。为什么选择古典塔拉布而不选择新兴流派呢？原因在于，古典塔拉布是人们集体记忆的结晶，蕴含同一历史认同，而新兴流派因内容常包含谩骂、暴力和色情，不利于联结群众。吉杜黛因较忠实地吟唱前人（西蒂）留下的古典塔拉布歌曲，而符合政府期待。吉杜黛本人曾就只表演西蒂的歌做出解释，"其一，现在没有其他人会唱西蒂的歌；其二，人们希望我能够唱这些歌；其三，如果我们能够记得这些歌，那

---

① S. Matola, M. Shabaan, W. H. Whiteley and A. A. Jahadhmy, *Waimbaji wa Juzi*, Dar es Salaam: Chuo cha Uchunguzi wa Lugha ya Kiswahili, 1966, p. 102.

② 王涛、朱子毅：《桑给巴尔分离主义运动与坦桑尼亚联合政府的有效治理》，《世界民族》2021 年第 6 期，第 29～32 页。

么我们也能记得西蒂"。① 笔者认为，"人们"不单指普通民众，更意指国家领导人。总之，吉杜黛成为"被时代选中的人"，并以"合作"的姿态与意图推广塔拉布的政府共同谋求塔拉布的发展。

第二，与女子乐团合作，彰显女性力量。吉杜黛在与文化音乐俱乐部、您好（Shikamoo）爵士乐队等常规乐团合作之外，更重视与当时极为罕见的女子乐团合作。2009 年桑给巴尔出现第一个塔拉布女子乐团（孔雀女子乐团）。该团在成立之初无专业主唱歌手，也没有好的表演曲目，成员的乐理知识水平不一，② 乐器也多为二手的。在乐团创始人的邀请下，吉杜黛于 2009 年开始参加孔雀女子乐团的排练并任主唱。吉杜黛虽不亲自培养乐手，但她会给予乐理知识指导。③ 同时，吉杜黛通过对歌曲主题和内容的把握，帮助乐团一起以歌明理，提高民众对青少年怀孕、吸毒以及针对妇女和儿童的暴力等现实问题的认知。后来，该乐团受邀在欧盟、非盟、桑给巴尔教育部、联合国"2010～2020 年妇女十年"开幕式、桑给巴尔国际电影节、巴加莫约电影节等多个机构和场合演出。④ 在某种意义上，孔雀女子乐团因吉杜黛的加入，承接了西蒂的"生存"与"抗争"，同时，合作演出也提升了吉杜黛的个人影响力。加之后来吉杜黛的多国巡回演出极大提升了塔拉布的世界声誉和影响力，女性也再次成为助推塔拉布发展的中坚力量。

第三，继承并创新西蒂的塔拉布，回应现实需求，并引领其走向世界。虽然吉杜黛的塔拉布大部分继承自西蒂，⑤ 但作为口传文学⑥的形式之一，其差异化特质主要体现在个体表演风格上。吉杜黛自身并不满足

---

① Ali Saleh, Fiona McGain and Kawthar Buwayhid, *Bi Kidude : Tales of a Living Legend*, Zanzibar : Gallery Publications, 2008, p. 52.

② 孔雀女子乐团最初的部分成员曾于桑给巴尔帆船音乐学院修习相关乐器，创始人玛丽亚姆·哈姆达尼和穆罕默德·伊利亚斯（Mohamed Ilyas）也负责培训一些乐手。

③ "Maryam Hamdani : Mwanaharakati Aliyeanzisha Tausi Women's Taarab", Mwananchi, March 7, 2014, https://www. mwananchi. co. tz/mw/habari/habari-ya-ndani/maryam-hamdani-mwanaharakati-aliyeanzisha-tausi-women-s-taarab－2763974. Accessed 2022－02－16.

④ "Tausi Women's Taarab", Busara Music, http://www. busaramusic. org/. Accessed 2022－02－16.

⑤ 虽然在东非民间，吉杜黛被称为"塔拉布之后"，但在学界，她对塔拉布发展及其蕴含的思想常被西蒂的光芒所掩盖。实际情况如吉杜黛所言，"没有西蒂便没有今日为人熟知的吉杜黛，但同时，没有我，西蒂和她的歌不会如此出名"。参见 Ali Saleh, Fiona McGain and Kawthar Buwayhid, *Bi Kidude : Tales of a Living Legend*, Zanzibar : Gallery Publications, 2008, p. 51.

⑥ 尹虎彬：《二十世纪口传文学研究的十个误区》，《民族艺术》2005 年第 4 期，第 86～89 页。

于简单传颂前人之作，她的每一次表演都会根据时空转换而做出相应的调整，其内容注重回应演出当时、当地的社会需求，其形式又赋予观众独一无二的现场感。以吉杜黛最喜欢吟唱的歌曲《简奥贝的木薯》（Muhogo wa Jang'ombe）为例，西蒂唱这首歌主要讽刺了当地的酗酒现象，[①] 而通过对比吉杜黛在不同场合对该曲目的演绎（含文字及音视频），笔者发现吉杜黛在表演时虽然保持了部分歌词和间奏的一致，但往往会根据不同场合加入大量即兴发挥，音乐情绪也有不同，或低沉或激昂，将同一首歌演绎成不同故事。如在德国汉堡演出时，这首歌大意是一位女性告诫心上人不要三心二意；[②] 在桑给巴尔巡回演出中，这首歌则以鼓励人们勇敢追爱为主题。[③] 在视频网站的评论区里，一位阿拉伯母语者说，"尽管一个词也听不懂，但它触动了我的灵魂"，另一个苏丹人则认为，"这才是真正的歌唱艺术。的确，我什么都听不懂，但我能看到、感觉到、读到艺术家表演时的真情实感，那是来自内心深处的灵魂正走向真实而清晰的宇宙"。斯言如是，吉杜黛赋予传统塔拉布歌曲以新生，为塔拉布开辟了广阔的音乐实践和与民众思想对话的空间，引领其走出桑给巴尔，为世界人民所了解和欣赏。

第四，凸显"抗争"特质，在发展中保持"自我"。相较苏丹王权与殖民霸权的混乱交错，共和国政府有条不紊地推进维稳工作，女性公民权得以确保，然而在信仰伊斯兰教的桑给巴尔，宗教持续影响女性的个人和政治选择。[④] 与西蒂相似，吉杜黛的本名法特玛·宾缇·巴拉卡（Fatma Binti Baraka）亦不为人熟知。出生时她继承了亲戚法特玛的名字，在一次探望中，叔叔因没看见襁褓中小小的法特玛而差点坐在她身上，于是便戏称她为吉杜黛（kidude，意为小东西），自此吉杜黛便代替了本名。年少的吉杜黛充满好奇心，虽然宗教文化不允许她随意外出，可她常常不顾家人的阻拦跑到海边观看阿拉伯商人表演，无意间掌握了一些

---

① Ali Saleh, Fiona McGain and Kawthar Buwayhid, *Bi Kidude: Tales of a Living Legend*, Zanzibar: Gallery Publications, 2008, p. 17.

② Ali Saleh, Fiona McGain and Kawthar Buwayhid, *Bi Kidude: Tales of a Living Legend*, Zanzibar: Gallery Publications, 2008, pp. 17 – 18.

③ Kidude, "Culture Musical Club & Bi Kidude-Muhogo wa Jang'ombe", YouTube, June 28, 2009, https://www.youtube.com/watch? v = egzufQ1ZDCk. Accessed 2022 – 02 – 15.

④ SalmaMaoulidi, "Between Law and Culture: Contemplating Rights for Women in Zanzibar", in Dorothy L. Hodgson, ed., *Gender and Culture at the Limit of Rights*, Pennsylvania: University of Pennsylvania, 2011, p. 53.

阿拉伯乐器的演奏技巧。后来又跟随商人去看西蒂演出（这在她成长的传统穆斯林家庭中是不被允许的），并在西蒂的默许下学唱塔拉布歌曲，这段经历也被吉杜黛戏称为"偷学"。[①] 她青年时期并没有专注于塔拉布，而更关注音乐舞蹈 Unyago[②]。年纪渐长，其因出色的塔拉布表演被人们尊称为吉杜黛女士（Bibi Kidude，简称 Bi Kidude）。"Kidude"并非女性常用名，而吉杜黛却认为"小东西"代表了她的个人特质，在申请第一本护照时仍坚持使用该名。该名源于其娇小的身材，此种"弱势"的身体特征看起来与需要强大吟唱力的塔拉布表演格格不入。并且，年岁的增长和身体机能的下降并没有折损这瘦小身躯中爆发出的力量——她总是神采奕奕，歌声高亢有力、连绵不绝，即便有人试图打断，吉杜黛只会在曲终了时微微一笑，"我唱起歌来是不会停止的"。帕特尔（Patel）曾为此赋诗一首，"我不再害怕衰老，因为我听到了吉杜黛的歌声，在她 90 岁之时，没有麦克风，烟草沁润过的声线，如同砂纸磨过椰棕，比那钢索更甚"。[③] 她常自勉，身小力大，"当我成为一个掉光牙的老人时，我正长出新牙"。[④] 正是这样看似矛盾却又和谐统一的个人特质，使新时代古典塔拉布在保持经典的同时焕发出新生命力。

总之，面对穆斯林社会之传统，吉杜黛将通过"合作"发展的理念贯穿于独具风格的塔拉布音乐表演实践之中。她与政府"合作"，谋求发展空间；与女子乐团合作，彰显女性力量；与西蒂跨时空"合作"，继承

[①] Ali Saleh, Fiona McGain and Kawthar Buwayhid, *Bi Kidude: Tales of a Living Legend*, Zanzibar: Gallery Publications, 2008, p. 22.

[②] Unyago 是一种鼓点节奏强烈的音乐舞蹈，也是一种为女孩成年或婚礼特别举行的仪式。在这种仪式中，年长妇女会将性和婚姻知识教给年轻女孩。直至今日 Unyago 仪式仍存在，同时也作为一种音乐舞蹈，成为当地民间艺术的一部分。吉杜黛是著名表演者和传承者，其中年致力于 Unyago 发展，在作为古典塔拉布歌手成名后，繁忙的演出没有耽搁她发展 Unyago，她也被誉为"Unyago 之后"。参见 Ali Saleh, Fiona McGain and Kawthar Buwayhid, *Bi Kidude: Tales of a Living Legend*, Zanzibar: Gallery Publications, 2008, pp. 120 – 125。

[③] 原文：I will I will never fear aging again/ because now I have heard Bi Kidude/ belt out/at ninety /without a mic/tobacco-stained waves of sound/sandpapered down to coconut fibre/stronger than cables of steel。Shailja Patel, "Drum Rider: A Tribute to Bi Kidude", *Literary Review*, 2009, 52 (2), p. 151.

[④] 原文：I was cutting my teeth when I was already a ki-bogoyo or a person who has lost all their teeth。Ali Saleh, Fiona McGain and Kawthar Buwayhid, *Bi Kidude: Tales of a Living Legend*, Zanzibar: Gallery Publications, 2008, p. 16.

和创新塔拉布表演，引领其走向世界。另外，她凸显"抗争"特质，发展塔拉布并保持"自我"。整体上，她以"有声与无声"的具体化方式挑战穆斯林社会对女性的约束，进而将西蒂的"抗争"特质从制度性抗争推向社会性抗争。

结　语

通常，一个优秀的表演者或创作主体往往是音乐或某种艺术形成和发展的灵魂，塔拉布音乐尤其如此。而在此前的研究中，曾引领塔拉布发展的两位不同代际女性音乐人都在一定程度上处于"个体性失语"状态，因此，本文联结了西蒂和吉杜黛两个塔拉布灵魂音乐人，将个体、音乐内容与形式及时代语境结合，使结构与主体的张力充分彰显，进一步探究了塔拉布存与续及发展之意涵。

简言之，西蒂引领塔拉布从宫廷走向平民，彰显时代语境下生存与抗争之思想，而吉杜黛则发挥自身特质及特长，继承创新发展塔拉布，并以穆斯林女性身份引领其走向世界。如果说前者的抗争思想是制度性的，那么后者则是社会性的。这正与《非洲音乐》中的叙述不谋而合——"由于场合关系而做出的调整，才会使得非洲音乐保持其生存；但还是运用了传统的结构和程式，才会继续使这些实践具有持久的特征"。① 同样，我们也需注意，因时代语境和社会语境多有不同，塔拉布传承人的思想边界具模糊性。或许正因如此，其主体性空间更大，塔拉布的存续和发展更具张力。

"她们"从对女性较为束缚的穆斯林社会中突围出来，是历史偶然性与必然性共同作用的结果。长久以来，作为女性，她们无法获得学习音乐的正规途径，皆经由"伯乐"发掘而成名。从必然性来看，商业全球化的刺激、统治者对政治一体化的要求、发展中国家对文化振兴的诉求都使得塔拉布在历史发展中不断获得契机，而"她们"的个人特质也就有了冲破社会规范和宗教束缚的可能，女性也在塔拉布世界获得独特的地位。当然，我们也应注意到，与原教旨穆斯林社会不一样，桑给巴尔

---

① 〔加纳〕J. H. 克瓦本纳·恩凯蒂亚：《非洲音乐》，汤亚汀译，人民音乐出版社，1982，第216 页。

有其包容、温和与动态的一面，这才使得桑给巴尔"女性与音乐"有更多表达空间。

此外，作为口传文学形式之一，塔拉布往往围绕集体共同关心和感兴趣的内容创作，以艺术化的形式整合个人经历和历史语境，即使西蒂和吉杜黛未接受过正规教育，也能通过口耳相传的方法习得。作为一种音乐表演形式，塔拉布以其相对平和、非暴力的公共话语表达、留存和传播女性音乐人的思想。尽管历史和社会在变迁，但女性音乐人的能动性赋予了塔拉布存续和发展的内生动力，其未来可期。

最后，桑给巴尔有漫长的贩奴及反奴贸易史，塔拉布叙事与这一历史语境的关联也值得关注，如两位女性音乐人彰显的生存与抗争思想在何种程度上体现桑给巴尔的社会转化和非洲人的社会阶层变化。鉴于历史复杂性、论文主题及篇幅限制，今后笔者将嵌入这一特殊历史语境来探讨塔拉布的更多内涵。

【责任编辑】王严

非洲研究　2023 年第 1 卷（总第 20 卷）
第 130—143 页
SSAP ©，2023

论 21 世纪以来津巴布韦文学中的
民族对立与国家认同[*]

蓝云春

【内容提要】非洲国家普遍面临国内民族对立与国家认同较弱的问题，文学作品是记录与传递民族心声的重要形式。本文以 21 世纪以来，津巴布韦的恩德贝莱族与绍纳族两大族群英语文学作品为研究对象，从文学题材的选取、主题偏好、叙事基调与审美情趣等方面，分析比较两大族群作家群体在国家认同方面的差异，以及彼此间民族对立的焦点和表现。

【关键词】津巴布韦英语文学；厌乱主题；民族对立；国家认同

【作者简介】蓝云春，比较文学与世界文学博士，杭州师范大学外国语学院副教授（杭州，310018）。

在世界喜迎千禧之际，2000 年却是津巴布韦噩梦的开端。这一年发生了多起对其政治、经济和社会影响重大的事件，"具有历史转折意义"。[①] 特别是"快车道"土地改革运动（Fast Track Land Reform Program）[②] 的启动，使得这个国家在此后的近十年中深陷政治局势不稳、

---

* 本文系国家社会科学基金重大项目"非洲英语文学史"（项目编号：19ZDA296）、国家社会科学基金一般项目"当代津巴布韦文学的去殖民书写研究"（项目编号：23BWW030）的阶段性成果。

① 沈晓雷：《津巴布韦土地改革与政治发展》，社会科学文献出版社，2020，第 130 页。

② 这项运动始于 2000 年 7 月，计划从大规模商业化的白人农场主处获得土地，以分配给黑人。改革基本上解决了殖民历史遗留的土地分配严重不公问题，但出现了多起暴力事件，还给津巴布韦的经济发展、社会稳定带来挑战，引发广泛关注和争议。

经济急剧衰退、社会动荡不堪的困境。津巴布韦由此步入由兴转衰的历史和文化转型期。转型期的津巴布韦政治生态两极化严重，两大民族——绍纳族（Shona）和恩德贝莱族（Ndebele，以下简称"恩族"）的矛盾更为尖锐。文学是传递民族心声的重要形式。目前，国内尚未出现从文学视角探讨津巴布韦民族矛盾的研究成果，本文试图以这一时期津巴布韦文学（主要为英语文学）为范本，研究津巴布韦文学作品中的民族对立与国家认同问题。

从 21 世纪初津巴布韦英语文坛的总体概况来看，与绍纳族作家相比，恩族作家，无论是具有国际声誉的布莱恩·奇科瓦瓦（Brian Chikwava）、诺瓦奥莱特·布拉瓦约（NoViolet Bulawayo）和克里斯托弗·姆拉拉兹（Christopher Mlalazi）的几乎所有作品，还是多位文坛新秀创作的短篇，大多聚焦于厌乱主题，以表达对国家衰败、社会失序、生灵涂炭等乱象的厌倦、愤懑。"厌乱"诚然是为了"望治"，以传递对国泰民安、公平正义的向往，但相关作品往往揭露了社会黑暗和人性阴暗面，以表示对由绍纳人执政的津巴布韦政府的强烈不满甚至极度仇恨，并对其极力批判，"望治"成分甚少。此类作品中的国家认同基本阙如，鲜少流露绍纳族作家笔下的国家立场、爱国情怀、责任意识、乐观情绪和希望视域，如《并非新的一天》（*Not Another Day*）、《不确定的希望》（*The Uncertainty of Hope*）、《白色的神，黑色的魔》（*White Gods, Black Demon*）、《跋涉及其他故事》（*The Trek and Other Stories*）、《哈拉雷的发型师》（*The Hairdresser of Harare*）等。两大民族作家在题材选择、主题偏好、叙事基调、审美趣味等方面差异较大，为我们透视转型期津巴布韦紧张的民族关系及其成因提供了典型案例。

一　民族对立的往昔与当下

1884 年的柏林会议无视非洲民族或部落的自然形态，强行将非洲分为若干国家。独立后的非洲各国又缺乏"神经中枢"来统一协调，大多数非洲国家因此"不具备一个国家应有的凝聚力"，[①] 其中一个主要表现

---

① 蒋晖：《从"民族问题"到"后民族问题"——对西方非洲文学研究两个"时代"的分析与批评》，《文艺理论与批评》2019 年第 6 期，第 122 页。

是民族矛盾尖锐且冲突不断。津巴布韦紧张的民族关系也是导致这个国家凝聚力变弱的要因之一。两大民族——占总人口约 85% 的绍纳族和约 15% 的恩族在殖民时期和独立后数度离合，在 21 世纪尤为对立，是透视这一时期津巴布韦英语文学中民族矛盾尖锐的关键背景。绍纳族主要分布在津巴布韦东北部，是津巴布韦最早的居民，也是非洲文明重要代表大津巴布韦（Great Zimbabwe）的缔造者；恩族主要聚居在西南地区，原为 19 世纪初迁入津巴布韦境内的祖鲁族（Zulu）的分支，"素以英勇善战著称"，[①] 曾凭借武力入侵绍纳等周边民族居住的地区。

　　20 世纪中期开始，以民族为基础的民族主义政党之间有合作，更有分裂。起初的民族主义政党吸纳了各族精英，但权力斗争很快导致内部分裂，继而形成了两大政党对峙的局面。绍纳族占据主导地位的是津巴布韦非洲民族联盟（Zimbabwe African National Union，简称 ZANU，津民盟），以恩族为根基的是津巴布韦非洲人民联盟（Zimbabwe African People's Union，简称 ZAPU，津人盟）。二者在 1964～1979 年的民族解放战争中为争夺领导权而展开斗争；在反殖民主义的战争中则联手对抗白人政权。1976 年成立的"爱国阵线"联合了两大政党，在独立前夕 1979 年英国外交大臣主持的兰开斯特大厦会议（Lancaster House Conferences）中，为维护黑人利益起到了关键作用。

　　然而，两党的蜜月期稍纵即逝，独立后很快就爆发了冲突。1980 年独立之初的选举就预示了"即将出现的凶兆"。[②] 因为津人盟的选票几乎全部来自恩族，而津民盟的选票则大都来自绍纳族。1982～1987 年的"古库拉洪迪"（Gukurahundi）行动更是"加剧了民族分歧"。[③] 津人盟的游击队员对恩族在独立后的政府中分到的权力不满，促使政府实施高压的民族政策，不仅将多名恩族高官清除出军队和政府，还派军队前往恩族聚居地实施镇压，致使两万多人丧生。直到 1987 年津人盟与津民盟签署联合协议，并宣布合并两党，才为"古库拉洪迪"行动画上句号。但二者间的裂痕并未消除。津巴布韦政府多年来对这一事件始终三缄其口。

　　21 世纪前后，民族矛盾在历史积怨和现实危机催化下更为尖锐。恩族

①　陈玉来：《列国志·津巴布韦》，社会科学文献出版社，2011，第 27～28 页。

②　E. Sibanda, *The Zimbabwe African People's Union*, *1961 – 87: A Political History of Insurgency in Southern Rhodesia*, Trenton: Africa World Press, 2005, p. 222.

③　CCJPZ/LRF, *Breaking the Silence*, *Building True Peace: Report on the Disturbances in Matabeleland and the Midlands*, *1980 – 1988*, Harare: CCJPZ and LRF, 1997, p. 5.

对"古库拉洪迪"怀恨在心；由危机引发的经济困难、社会动荡又加剧了他们对津民盟的不满、不信任，甚至仇恨。这从以下两方面可见一斑。首先，1999 年成立的反对党民主改革运动（Movement of Democratic Change，简称 MDC，民革运）给执政党带来了巨大挑战，让执政党"在独立后第一次有了真正意义上的竞争对手"。[①] 民革运并非以恩族为基础，但大多数恩族都是其支持者。政府镇压反对党、查处被疑为反对党及其支持者的恩族的情形时有发生，这在多部文学作品中都有体现。其次是恩族的地方民族主义兴起并逐步泛滥，主要表现为恩族不认可津巴布韦人身份，还将恩族历史从津巴布韦历史中割裂出来，并要求地方分权或独立建国。[②] 恩族的国家认同感显然十分微弱。而且，津巴布韦的民族矛盾还与种族矛盾交织。如果说非洲黑人多少都"在非洲意识和西方意识的夹缝中生存"，[③] 那么恩族相比于绍纳族对西方意识的依附更为严重。他们向来与殖民者和西方的关系更加密切，在殖民政府用心险恶的"分而治之"政策下曾享有更高的社会、政治、经济地位，至今还常联手白人及西方对抗津民盟。

在近两个世纪的共处中，绍纳族和恩族的关系历经了多次变迁，但对立和冲突仍是主旋律。民族矛盾在 21 世纪新的时代语境下更为激化和凸显，危及津巴布韦国家统一和国家共同体构建。文学作为时代的晴雨表和风向标，对民众心声、时代变迁的捕捉往往十分敏锐、精准和深入。21 世纪绍纳族和恩族英语作家迥异的创作倾向、主题偏好、审美情趣就是两大民族对立的重要体现。

二　厌乱主题的重描与淡写

津巴布韦本土学者曾指出，21 世纪津巴布韦的文学作品"如果不能反映人们在深重压力下为生存而挣扎的经历，是不可原谅的"。[④]关注沉

①　沈晓雷：《津巴布韦土地改革与政治发展》，社会科学文献出版社，2020，第 128 页。

②　沈晓雷：《恩德贝莱地方民族主义对津巴布韦政治发展的影响》，张宏明主编《非洲发展报告（2018－2019）》，社会科学文献出版社，2019，第 155～158 页。

③　朱振武、袁俊卿：《流散文学的时代表征及其世界意义——以非洲英语文学为例》，《中国社会科学》2019 年第 7 期，第 136 页。

④　http://www.africanbookscollective.com/books/short-writings-from-bulawayo-ii. Accessed 2020－01－16.

疴积弊，的确是危机时代作家肩负的重要使命。因此，这一时期的津巴布韦英语文学虽然具有题材广泛、主题多元的特点，但着重叙述的是厌乱望治主题，以表达对社会乱象的挞伐、对清平治世的向往。只是大多数的恩族作家都将重心放在了"厌乱"上，鲜少"望治"。他们往往以沉重压抑、哀怨凄婉的叙事基调揭示危机中的社会问题、民众遭遇，展现的是一个民不聊生、满目疮痍的世界。绍纳族作家的创作虽然也不乏厌乱叙事，但没有像恩族作家那样流露出对国家和社会的悲观失望，甚至绝望。

比较两组具有代表性的短篇故事集就足以说明问题。这两组作品分别是主要由恩族作家创作的《来自布拉瓦约的短篇故事（第二辑）》（*Short Writing from Bulawayo II*）与主要由绍纳族作家创作的《写在此时》（*Writing Now*），恩族作家克里斯托弗·姆拉拉兹的《随生活起舞》（*Dancing with Life*）与绍纳族作家劳伦斯·赫巴（Lawrence Hoba）的《跋涉及其他故事》。《来自布拉瓦约的短篇故事（第二辑）》和《随生活起舞》的出版方是爱玛出版公司（'amaBooks）；《写在此时》和《跋涉及其他故事》则由织工出版社（Weaver Press）出版。爱玛出版公司主要与恩族作家合作，织工出版社则主要出版绍纳族作家的作品。这两家出版机构分别成立于 2000 年和 1998 年，是津巴布韦出版本土文学作品且面向全球销售的主要出版社。二者的存在本身就是民族对立的体现，各自出版的作品更能反映出民族对立。这两家出版机构已出版十几部由作家群或两个、单个作家创作的短篇故事集（有的包含诗歌），在文学作品中占据较大比例。而且，几乎所有津巴布韦英语作家都参与了短篇创作。这些短篇是一面面折射津巴布韦历史和当下的多棱镜，其艺术成就在很大程度上代表了 21 世纪以来津巴布韦英语文学的"集体水准"，① 可为我们洞察不同民族作家总体创作倾向的差异提供重要分析范本。

首先，这两家出版机构同期出版的两部短篇故事集——《来自布拉瓦约的短篇故事（第二辑）》和《写在此时》对厌乱主题的关注、对恶乱情绪的渲染就存在明显差异。这两部作品出版时间相近，体例相当，都是近 30 个（首）短篇故事（诗歌）。在前者的 29 个作品中，除了白人作家的作品，有近 20 个都为恩族作家所作，② 绝大多数描写的都是极度

① 朱振武、蓝云春：《津巴布韦英语文学的新拓展与新范式》，《上海师范大学学报》2019 年第 5 期，第 61 页。
② 主要通过作者简介来确定作家的民族身份。下文《写在此时》中的作家身份的确立同样如此。

穷困、非正常死亡、令人压抑的葬礼和毫无出路的现实等。《照片》
("The Photo") 中的少年自幼被父亲抛弃，和小说《北哈拉雷》(*Harare North*) 中的叙事者一样，因无法确定家族图腾而备受歧视。他手持儿时与父亲的合影，"无助、恐惧、思想混乱"[1] 地长途跋涉寻父，却在离父亲咫尺之遥时葬身车轮下。《我要飞离》("I'll Fly Away") 中每一座坟墓中都有喁喁泣诉的怨魂，最悲惨的那一个生前因绝望而卧轨自杀，是"一周内第三个"[2] 以此方式自尽的人。即使是题为《希望》("Hope") 的诗歌表达的也是"我"的万念俱灰。

这些作品描绘的都是人们在残酷的现实面前被撞得鼻青脸肿，甚至生无可恋，是社会某些现实的艺术写照，更是恩族民众对津巴布韦政府"极端失望和愤怒"[3] 的文学表征。类似消极颓废、悲观失望的情绪在恩族作家笔下蔓延。织工出版社出版的《写在此时》中的 28 个故事中，共有 5 个是恩族作家的作品，其中的 4 个故事都明显对危机中的津巴布韦进行负面刻画：那里的贪腐官员自顾享乐，民众却极度困苦。

与之对照，《写在此时》中近 20 位绍纳族作家的视野更开阔，主题也更多元；即使是批判社会问题，也鲜少流露恩族作家笔下那样的悲观情绪或绝望气息。他们有的写底层民众苦中作乐；有的探讨两性关系；有的讲述主人公为年少犯错深感悔恨；有的聚焦人物对亲情和爱情的维系；还有的写肩负家族众望的人物在英国堕落。与同为绍纳族作家的佩蒂纳·加帕 (Petina Gappah) 和丹尼尔·曼迪绍纳 (Daniel Mandishona) 的创作相似，这些故事都以比恩族作家更宏大的视野描写人物在世界各地的经历，展现了更为丰富的社会景象。《写在此时》中的《齐祖瓦》("Chizuva") 还展现了女主角的知足感恩。她应对苦难的法宝是：以远观的方式让痛苦记忆"散发神秘光芒，然后你会发现自己开始歌唱"。[4] 这样的乐观精神和生存智慧在恩族作家笔下是难觅踪迹的。而且，绍纳

---

① Mathew Chokuwenga, "The Photo", in Jane Morris, ed., *Short Writings from Bulawayo II*, Bulawayo: 'amaBooks, 2005, p. 40.

② Farai Mpofu, "I'll Fly Away", in Jane Morris, ed., *Short Writings from Bulawayo II*, Bulawayo: 'amaBooks, 2005, p. 99.

③ Neil Lazarus, *Resistance in Postcolonial African Fiction*, New Haven: Yale University Press, 1990, p. ix.

④ Charles Mungoshi, "Chizuvu", in Irene Staunton, ed., *Writing Now*, Harare: Weaver Press, 2005, p. 219.

族作家即使批判现实，也不会展示无边黑暗、深深绝望。《跋涉》（"The Trek"）中隐含作者"讽刺的模糊态度"① 暗含了对土改失序现象的挞伐，但叙事基调较为明快，结尾也充满希望。《依靠承诺和赊账为生》（"Living on Promises and Credit"）揭示了管理者的贪腐、懒政，但也写了"我"对学生关爱有加。

其次，比较由单一作家写成的《随生活起舞》和《跋涉及其他故事》亦可见，恩族作家的文本世界远比绍纳族的更为压抑、沉重和黑暗。这两部作品都广受好评，体量均为 10 个短篇，且主题相对集中，两位作者都是新生代作家代表。《随生活起舞》的作者姆拉拉兹更具国际影响力，他的这部小说聚焦"古库拉洪迪"行动，契合了西方将"不听话"的津巴布韦政府"妖魔化"② 的需求，特别是在津巴布韦 2003 年退出英联邦，终结了与英国的密切关系后。而且，姆拉拉兹旅居欧洲、在西方资助下写作，对西方读者更为了解和迎合，更可能着力渲染津巴布韦的阴暗面，因为这才是他们眼中描述非西方世界的"最好表达"。③

《随生活起舞》中有 7 个故事都是此类故事。它们都截取了某个阴暗面来表达对津巴布韦政府的失望。《折断的翅膀》（"Broken Wings"）中的小女孩为协助年迈的外公照顾病重的外婆和妈妈而辍学，还被发放救济粮的"咬人的蛇"④ 奸污。《推土机要来了》（"The Bulldozers Are Coming"）写了实施强拆的警察故意绊倒孕妇。⑤《惊叹！》（"Eeish!"）中的青年被穷苦和无望困住，讽刺政府军队只顾射杀不结盟的人。无论是将政府工作人员塑造成强奸犯，还是将军人、警察刻画成暴徒，表达的都是对政府的强烈不满。和不少恩族作家相似，姆拉拉兹夸张地批判政府，揭露阴暗面，却并未流露多少真挚情感，更遑论探寻出路。这背后的创作动机到底是忧国忧民，还是丑化母国以迎合西方？后者的可能性

① Oliver Nyambi, "The Flip Side: Re-Visioning Zimbabwe's Third Chimurenga Land Discourse in Lawrence Hoba's Short Stories", *Ariel: A Review of International English Literature*, 2017, 48 (2), p. 25.

② 王文、张瀚筠：《不满被西方媒体妖魔化，期待靠改革实现大逆转——走进"后穆加贝时代"的津巴布韦》，《环球时报》2019 年 10 月 15 日，第 7 版。

③ 林丰民等：《东方文艺创作的他者化倾向》，北京大学出版社，2017，第 37 页。

④ Christopher Mlalazi, "Broken Wings", in *Dancing with Life*, Bulawayo: 'amaBooks, 2008, p. 8.

⑤ Christopher Mlalazi, "The Bulldozers Are Coming", in *Dancing with Life*, Bulawayo: 'amaBooks, 2008, p. 70.

应该更大。

《跋涉及其他故事》的故事主题、渲染的情绪则完全不同。这部作品在揭示问题的同时还传递了乐观情绪、展现了希望。《跋涉及其他故事》中的 10 个故事既有对殖民历史的控诉，也有对农村人被城市吞噬的哀叹，还有对宗教的嘲讽等，但主要写的是土地分配后黑人新农场主的遭遇。在津巴布韦官方话语中，"快车道" 土地改革是 "第三次也是最后一次战争"，旨在消除 "残余的殖民主义影响"。①《跋涉及其他故事》则直面土改中的问题，具有反主流文化特征。获得土地的黑人因缺乏技术、资金等，梦想中的美好未来在现实面前摔得粉碎，但他们的农场世界不乏活力、信心、希望、正义和宽容，彰显了好的文学能让人们挖掘生命生机的伦理和审美功效。在多个故事中出现的玛丽亚（Maria）来自城市。当农场里的许多人知难而退时，她选择 "继续雇用工人"② 耕种土地。她美丽自信、自尊自重，不仅学会了耕作土地，还是许多男性的倾慕对象。在一众追随者中，玛丽亚选择了志同道合的马丁（Martin）。马丁原本庸庸碌碌，后来成了一名兢兢业业的农业技术推广员。玛丽亚是在他完成蜕变后才接受他的爱情。她还给农场带来了音乐、舞蹈和欢乐，让农场充满活力和希望。《追随我心》（"Having My Way"）中还描写了与她有关的一次庭审。这次庭审目的是伸张正义，惩罚恶人，但玛丽亚最终原谅了过错方。《追随我心》这个短篇描写农场以传统方式快速审理案件，暗讽的是土改中司法系统的无力和低效。2000 年，"快车道" 土地改革运动在官方支持下加速推进，高等法院收到了白人农场主的大量上诉。为维护津巴布韦自身利益，高等法院命令政府和警察将占地者赶走，但遭总统反对。③ 虽然如此，作者赫巴却从民间司法中找到了伸张正义的途径，既肯定了传统文化的积极意义，还传递了正义不会缺席的信念。

厌乱主题在 21 世纪津巴布韦文坛较为普遍，但恩族作家和绍纳族作家的相关叙事存在明显差异。恩族作家着重描写厌乱主题，呈现的是一个暮气沉沉、暗无天日的文学世界，渲染的是一种心灰意冷、万念俱灰的悲观情绪，凸显了恩族对津民盟执政的失望和批判。绍纳族作家作品的题材和主题则更加丰富多元，对社会乱象的批判也更为克制和理性，由此展

---

① Irikidzayi Manase, "Lawrence Hoba's Depiciton of the Post – 2000 Zimbabwean Land Invasions in *The Trek and Other Stories*", *Tydskrif Vir Letterkunde*, 2014, 51 (1), p. 6.

② Lawrence Hoba, *The Trek and Other Stories*, Harare：Weaver Press, 2009, p. 7.

③ 沈晓雷：《津巴布韦土地改革与政治发展》，社会科学文献出版社，2020，第 142 ~ 143 页。

现出生存智慧、乐观情怀等，在不回避问题的同时描绘了更丰富的国家形象，传递了人们对国家走出危机的信心和希冀。两大民族作家创作、审美倾向的不同既是转型期社会危机催化的尖锐的民族矛盾在文学领域的体现，也是恩族地方民族主义"已发展出相对完善的思想意识形态"①的说明；是意识形态作用于文学的结果，也是文学参与"意识形态的塑造"②的佐证。两大民族英语文学中国家认同的显著差异更是如此。

三　国家认同的稀缺与彰显

本尼迪克特·安德森（Benedict Anderson）曾指出，在国家"想象的共同体"的构建中，文学等文化产物常被用来展示爱国之情，甚至是"深刻的自我牺牲之爱"，③有助于共同体成员确立、悦纳其国家身份，并对国家政治、文化、族群等产生积极情感和正面评价。这对于非洲各国提升凝聚力甚为关键，对于转型期种族、民族矛盾激化的津巴布韦尤其如此。然而，除了伊旺·维拉（Yvonne Vera）的著名小说《石女》（The Stone Virgins），21 世纪恩族英语作家的绝大多数作品展现的不是对国家的爱和认同，而是厌倦和怨恨，甚至是绝望。

蒋晖曾指出，非洲国家的黑人文学整体上与官方意识形态对立。④21世纪恩族英语作家的创作特别明显。他们的重要使命似乎就是控诉津巴布韦政府对恩族的漠视和敌视，或借写国内外津巴布韦人的穷困潦倒、走投无路来凸显对政府的强烈不满、极力批判。《那座蚁山》（"The Ant-hills"）中恩族居住地的道路自津人盟原首领乔书亚·恩科莫（Joshua Nk-omo）过世后就"死了"，⑤是深感被边缘化的恩族对其生存境遇被漠视

---

① 沈晓雷：《恩德贝莱地方民族主义对津巴布韦政治发展的影响》，张宏明主编《非洲发展报告（2018–2019）》，社会科学文献出版社，2019，第 155 页。

② 陈榕：《新历史主义》，赵一凡等主编《西方文论关键词》，外语教学与研究出版社，2006，第 670 页。

③〔美〕本尼迪克特·安德森：《想象的共同体》，吴叡人译，上海人民出版社，2016，第136 页。

④ 蒋晖：《从"民族问题"到"后民族问题"——对西方非洲文学研究两个"时代"的分析与批评》，《文艺理论与批评》2019 年第 6 期，第 124 页。

⑤ Gertrude Nyakutse, "The Anthill", in Jane Morris, ed., Short Writings from Bulawayo II, Bulawayo：'amaBooks, 2005, p. 108.

的指控。《即将来临》（"The Coming"）、《他们来了》（"They Are Coming"）等嘲讽的则是政府对被贴上"反对党""叛徒"等标签的恩族的监控和殴打。《和母亲一起逃跑》更是将诛伐的矛头直指独立之初政府军队对恩族的镇压。

　　这在布拉瓦约的《快照》（"Snapshots"）和奇科瓦瓦的《北哈拉雷》中最为鲜明。布拉瓦约是首位入选布克奖终选名单的非洲女作家。2013年，她就凭借首部小说《我们需要新名字》（We Need New Names）获此殊荣；2022年，又以小说《荣光》（Glory）跻身布克奖终选名单，而且在入选的六位作家中最为年轻。聚焦非洲暗黑面是她创作的一大特征。她的短篇故事《快照》就描写了一个惨绝人寰、耸人听闻的至暗世界。主人公的父亲住院期间因医院停电身亡；母亲因传统陋习被迫改嫁；哥哥因贫困辍学后前往南非，不久即被一群仇恨他"占用了其国家资源"①的当地青年杀害；姐姐为躲避叔叔的魔掌逃往南非后音讯全无；年仅 14 岁的主人公孤苦伶仃，沦为某位中年男子的情人后死于流产。这家人无一幸免地惨遭噩运，极为夸张的情节似乎要将民众的凄苦凝缩其中，让读者不见一丝微光，其文学想象、艺术构思的确巧妙。文学创作往往需要依傍某个"现实印象"，并在创作目标的指引下做出"一系列的联想和选择"。②《快照》中的连环悲剧无疑是作家出于特定的创作意图，在某些阴暗面的刺激下经过联想和选择加工而来。那些事件也许并非空穴来风，即使布拉瓦约多年久居美国无法亲见，也可能有所耳闻。但她将一系列悲惨事件以令人震撼的方式集中到主人公一家身上，自然是要竭力凸显津民盟领导下的社会吞噬了主人公一家。家是最小国，国是千万家，《快照》以多连拍的方式勾勒人物遭遇，折射的是万千津巴布韦民众的不幸。《北哈拉雷》的创作动机相似。这部小说的作者是获得由西方设立的凯恩非洲文学奖的首位津巴布韦作家，极力挞伐津巴布韦政府向来也是其创作的主要动机。《北哈拉雷》的主人公是一名原本忠诚于津巴布韦政府的青年民兵，因被贪腐的上司欺骗逃往伦敦，得知真相后精神分裂，最终迷失在了伦敦街头，感觉"像村里的流浪狗"，只有等到"被人用石头砸中头部致死后方能解脱"。③这部作品以展示人性弱点、社会暗黑的

---

①　NoViolet Bulawayo, "Snapshots", in Jane Morris, ed., Where to Now, Cardigan：Parthian Books, 2012, p. 65.

②　钱谷融、鲁枢元主编《文学心理学教程》，华东师范大学出版社，1987，第 149 页。

③　Brian Chikwava, Harare North, London：Vintage Books, 2010, p. 226.

方式展现了恩族作家心目中的津巴布韦，同样体现了津巴布韦的暗黑无边、津巴布韦人的穷途末路。

21 世纪的恩族作家对津巴布韦政府及其领导下的社会极尽挞伐、丑化之能事。相关书写是危机中的津巴布韦某些侧面的特写，可能是作家因国家犯错而深感羞耻，因而恨铁不成钢地大加指摘，这同样表达了他们的爱国之情。就像福克纳刻画恶劣的美国人是因为想通过"羞辱"他们来鞭策他们改进。但他在揭示美国国民劣根性的同时还写了他们的"勇敢、自我牺牲与理性的一面"。[①] 恩族作家却只写了极少数人物的勇敢和无私，绝大多数人物都难见人性微光。恩族对津民盟执政的国家的全然批判、决绝排斥昭然若揭，对津巴布韦政府和国家普遍怀有的"偏见乃至仇视心态"[②] 也洞若观火，对国家认同思想和情感的传递则基本阙如。

同期绍纳族英语作家笔下的国家认同就要显著得多。这在当属民族主义文学范畴的《归家》（*Coming Home*）、《奇木兰加章程》（*The Chimurenga Protocol*）、《疯得正好》（*A Fine Madness*）等作品中自不待言。此外，从《并非新的一天》《白色的神，黑色的魔》《跋涉及其他故事》《哈拉雷的发型师》等多部呈现多种观点的作品中亦可见，绍纳族作家无论是回顾历史还是直视当下，无论是挞伐精英还是揭示社会的黑暗，无论是怜悯国内民众贫困交加还是同情国外同胞穷困潦倒，其中的国家认同都较为明显。

首先，有多部作品从津巴布韦主人翁的立场出发，对暴力政治、官员贪腐等做出了反思和挞伐，但同时也从正面描写政府。《白色的神，黑色的魔》中的短篇《烟与灰》（"Smoke and Ashes"）中的男主角是一名忠诚的执政党党员，他直面千疮百孔的现实力求公允、全面地分析问题。题名中的"烟与灰"隐喻的是他对儿时好友维纳斯（Venus）纯真无瑕的往昔、津巴布韦繁荣兴旺的昨日都已如"烟"如"灰"般消逝的哀叹和惋惜。他对现实有更深刻的反思和批判。在他看来，政治家应凭"人们喜欢而不是怕你"[③] 赢得选票。这是津民盟应有的自我批评，暗含了对

---

① 李文俊：《"他们在苦熬"——关于〈我弥留之际〉》，《世界文学》1988 年第 5 期，第 188 页。

② 沈晓雷：《恩德贝莱地方民族主义对津巴布韦政治发展的影响》，载张宏明主编《非洲发展报告（2018－2019）》，社会科学文献出版社，2019，第 158 页。

③ Daniel Mandishona, "Smoke and Ashes", in *White Gods, Black Demons*, Harare：Weaver Press, 2009, p. 20.

2008 年总统选举中的政治暴力的批评。"快车道"土地改革中的政治暴力化后，暴力在议会和选举中变得广泛、系统，是执政党"谋求政治目标的重要工具"。① 津巴布韦因此也被部分媒体称为集权国家或"警察国家"。② 2008 年的总统选举就笼罩在暴力阴影之下。《烟与灰》的叙事者显然对此持否定态度。绍纳族作家的多个作品也批判了执政党的不当行为。《卡菲尔玉米》（"Kaffir Corn"）和《第二次跋涉》（"The Second Trek"）均对有人在土改中不劳而获的行为提出了疑问，讽刺秩序混乱的土改。《肮脏的游戏》（"A Dirty Game"）中自私、虚伪的官员，《哈拉雷的发型师》中贪婪、跋扈的部长等，也是绍纳族作家基于国家立场痛批贪腐官员、渴求政治清明的体现。与此同时，虽有大量作品强调 2008 年总统选举的不公，《烟与灰》却展现了另一面——许多关于反对党即将获胜的消息只是"谣传"。③ 而且，虽然不少作家，特别是恩族和白人作家常写政府一手遮天导致法治名存实亡，《烟与灰》却写道：某位部长落选后因为怒杀了嘲笑他的投票站站长，立马被逮捕；某位执政 28 年的副总统落选后也不得不离开权力宝座。这就说明，位再高权再重的官员也不能为所欲为。这就像津巴布韦知名白人作家布莱昂尼·希姆（Bryony Rheam）的《这个九月的太阳》（This September Sun）中的警察形象那样难能可贵。这些警察不像许多作品中的警察那样无能、低效，而是高效且富有责任心。《哈拉雷的发型师》还刻画了象征威权和正义的总统夫人，旨在说明政府职能并未失效，社会正义并未缺席。从正面刻画的政治生态体现的是对国家和政府的认可和信心。

其次，绍纳族作家面对满目疮痍的现实还展露了强烈的责任意识和真切的爱国情怀。当《烟与灰》中刚从美国回来的维纳斯采取西方视角，以自由、人权为由攻击津巴布韦时，"我"就直言不讳地指出她被西方媒体洗脑了。因为津巴布韦有反对党，还有活跃的独立媒体，"比美国喜欢的许多非洲国家都更自由"。④ 事实的确如此。津巴布韦研究专家史蒂芬·陈（Stephen Chan）就指出，津巴布韦的独立媒体和反对党向来享有

① 沈晓雷：《津巴布韦土地改革与政治发展》，社会科学文献出版社，2020，第 176 页。
② Elton Mangoma, "Living in a Police State", *The Zimbabwe Independent*, October 12, 2012.
③ Daniel Mandishona, "Smoke and Ashes", in *White Gods, Black Demons*, Harare：Weaver Press, 2009, p. 18.
④ Daniel Mandishona, "Smoke and Ashes", in *White Gods, Black Demons*, Harare：Weaver Press, 2009, p. 12.

言论自由，最典型的例子是前总统罗伯特·穆加贝（Robert Mugabe）的妻子是他们"间接攻击穆加贝的目标"。① 织工出版社出版的表达反政府观点的作品也没有遇到"任何麻烦"。② 旅居欧美的白人作家写的"可能会冒犯人的书"③ 也自由流通。关于人权，《烟与灰》的叙事者认为这也并非西方制裁津巴布韦的原因，西方敌视津巴布韦是因为黑人拿回土地危及了白人及英国和美国的利益。这的确是根本原因。乌干达 2001 年和 2006 年的总统选举也伴随暴力，但 2007 年的英联邦政府首脑会议还是如期在其首都举行。④ 西方的"双重标准"和"欧洲中心"立场足见一斑。"我"对西方关于津巴布韦的偏见进行逐一反驳，凸显的是本土立场、国家意识和国民情怀。叙事者的责任心、担当意识和爱国信念，更表现为对津巴布韦的不离不弃。他深爱他的祖国，对其未来也有信心，因此婉拒了维纳斯帮忙移民美国的建议。他决心留下来"应对那些坑坑洼洼的道路、漫长的队伍、权力引发的暴行、频繁的停水，还有那一长串的零"。⑤ 在绍纳族作家的其他作品中也可以看出类似的爱国信念与对国家的信心。《不确定的希望》中的官二代在艰苦条件下并没有抛弃祖国远走高飞，而是选择坚守岗位；《明天并非全新的一天》（"Tomorrow Is Not Another Day"，2006）中的社工们虽然难以正常开展救助，但他们护佑弱者的爱心、责任心和正义感始终在场；《哈拉雷的发型师》中嚣张跋扈的 M_ 部长之外还有德高望重的 M_ 先生制止她恣意妄为；《跋涉及其他故事》中新农场主玛丽亚和农业技术推广员马丁的美好爱情既体现了农场的勃勃生机，也预示了农场的美好未来。这些绍纳族作家笔下流露的对国家及其民众的热爱与呵护、责任与担当、信心与希冀，在恩族作家作品中几乎绝迹。

① Stephen Chan, *Mugabe, a Life of Power and Violence*, London：I. B. Tauris, 2019, p. 100.

② Annelie Klother, "You Need to Have the Idea, the Vision, and the Passion-An Interview with Irene Staunton", in Mbongeni Z. Malaba and Geoffrey V. Davis, eds., *Zimbabwean Transitions: Essays on Zimbabwean Literature in English, Ndebele and Shona*, New York：Editions Rodopi, 2007, p. 217.

③ Ranka Primorac, "Rhodesians Never Die? The Zimbabwean Crises and the Revival of Rhodesian Discourse", in Joann McGregor and Ranka Primorac, eds., *Zimbabwe's New Diaspora: Displacement and the Cultural Politics of Survival*, Oxford：Berghahn Books, 2010, p. 209.

④ 沈晓雷：《津巴布韦土地改革与政治发展》，社会科学文献出版社，2020，第 205 页。

⑤ Daniel Mandishona, "Smoke and Ashes", in *White Gods, Black Demons*, Harare：Weaver Press, 2009, p. 25.

　　在 21 世纪的津巴布韦英语文坛，恩族作家与绍纳族作家的总体创作倾向存在显著差异。导致国家衰退的原因极为复杂，但恩族作家基于地方民族主义立场，强调的是执政党的罪不可赦，还在西方意识主导下仇视、丑化与西方关系恶化的津民盟。两大民族作家创作倾向的差异是尖锐的民族矛盾在文学世界的投射。这样的民族对立在非洲较为普遍。尼日利亚独立后不久即爆发的内战、索马里持续至今的武装冲突、1994 年的卢旺达惨案等都与民族矛盾关联密切。文学作品是记录、传递民族心声的重要方式。挖掘文学创作和文学批评干预现实的功能，对于促进民族融合和国家统一大有裨益。后穆加贝时代的津巴布韦政府正视了恩族人对政府和国家的不满与疏离，采取了一系列措施弥合民族裂痕，以铸牢国家共同体意识，但暂且成效不大。中国作为一个统一、繁荣的多民族国家，在促进民族文学发展等民族政策方面积累了丰富的民族团结经验，可为津巴布韦等非洲国家改善民族关系提供借鉴，不啻为中非文化交流、中非文明互鉴的良好路径。

【责任编辑】王严

非洲研究 2023 年第 1 卷（总第 20 卷）
第 144—163 页
SSAP ©，2023

国家认同视角下喀麦隆中学历史教科书分析[*]

张升芸

【内容提要】非洲大多数国家部族、文化和宗教多元化，殖民史复杂，国家认同建构困难重重。借助历史教科书实施国家认同教育，对培养青年人的爱国情感和民族意识、促进民族国家复兴有重要意义。喀麦隆中学历史教科书在"自我形象"和"国家形象"两方面没有形成良好的国家认同，反而出现了多方竞争和身份感模糊等问题。在"英语区危机"年深日久的情况下，喀麦隆应重视历史教科书的国家认同建构功能；历史教科书的编写应进一步减少前宗主国历史，强调"英语区"和"法语区"同患难、共抗争的历史；促进历史教科书化解喀麦隆长久存在的分裂和排他问题，挖掘历史教科书培养"一个喀麦隆"情感的潜力和功能。

【关键词】国家认同；历史教科书；喀麦隆
【作者简介】张升芸，浙江师范大学非洲研究院非洲教育与社会发展博士研究生（金华，321004）。

国家认同是"一个人确认自己属于哪个国家，以及这个国家究竟是什么样的国家"的心理活动。[①] 它是一种主观意识与态度，是国家历史发展和个体社会化过程的结果，主要指公民在心理上认为自己归属

---

* 本文系 2020 年国家留学基金委"国际区域问题研究及外语高层次人才培养"项目（项目编号：202008330404）的阶段性研究成果，本文还受浙江师范大学非洲研究院赴非调研课题"国家建构：喀麦隆中学历史教科书多视角研究"（项目编号：FF202105）的资助。

① 王静、吴鲁平、刘涵慧：《后现代化理论视野下的青年价值观研究》，社会科学文献出版社，2013，第 4 页。

某个政治共同体——国家，承认自己具有该国的公民资格，由此产生的凝聚情感使公民愿意积极为共同体效力，而且在共同体有危难时愿意牺牲自我。① 国家认同是现代合法国家的基础，为国家维系自身的统一性、独特性和连续性提供保障。国民只有确认了自己的国民身份，了解自己与国家存在的密切联系，将自我归属于国家，才会关心国家利益，在国家利益受到侵害时愿意挺身而出，在国家文化受到侵害时个人的感情也会受到伤害，才会对国家的发展自愿地担负起责任。国家认同包含认知成分和情感成分，其中认知成分是对国家和民族的认识和看法，情感成分是对国家的情感、情绪和评价。教科书是关系国家事权的特殊文化产品，蕴含着民族文化和国家意志，是民族文化、国家意志、社会主流意识形态的文本，是学生形成国家认同的重要媒介。认同具有连续性特征，共同的历史记忆是构建国家认同的前提。历史教科书中的历史知识是一种历史记忆，对学生的国家认同产生指导作用。

喀麦隆历史上遭受过德国、英国和法国的长期殖民统治，独立统一后保留英国和法国殖民统治遗产，成为双语二元制国家。多年来，喀麦隆"英语区"和"法语区"难以真正融合，喀麦隆国民未能形成真正的国家认同。2016 年喀麦隆爆发"英语区危机"，② 分裂国家的暴力武装活动持续不断。罗兰·内德尔（Roland Ndille）比较英语区和法语区历史教科书后发现，英语区历史教科书呈现了清晰的"英语区身份认同"，③ 卡蒂·安塔莱宁（Kati Anttalainen）从喀麦隆"自我形象"和"国家形象"两个维度比较英语区和法语区小学历史教科书后，认为喀麦隆小学历史

---

① 江宜桦：《自由主义、民族主义与国家认同》，扬智文化出版社，1998，第 12 页。

② "英语区危机"（Anglophone Crisis），又称亚巴佐尼亚战争或喀麦隆内战，是由原南喀麦隆英语区议题（Anglophone problem）造成的冲突。2016 年由英语区律师和教师的联合抗议游行最终导致了喀麦隆西北省和西南省（主要讲英语的原南喀麦隆地区）向喀麦隆军队发起武装攻击。2017 年西北省和西南省分离主义团体"南喀麦隆亚巴佐尼亚联盟统一战线"（Southern Cameroons Ambazonia Consortium United Front, SCACUF）单方面宣布英语区独立。喀麦隆政府于 2017 年底正式向分离主义者宣战，冲突迅速扩散到喀麦隆英语区全境。喀麦隆政府和英语区分离主义者间的武装冲突一直持续至今，严重威胁着国家的统一建构。

③ Raymond Nkwenti Fru and Johan Wassermann, "Constructions of Identity in Cameroonian History Textbooks in Relation to the Reunification of Cameroon", *Journal of Educational Media, Memory, and Society*, 2020（2）, p. 57.

教科书并没有很好地促进国家认同。① 本文根据有关喀麦隆历史教科书中构建国家认同的文献和喀麦隆英语区中学历史教科书的特点构建了以下分析框架（见表 1）。

表 1　喀麦隆中学历史教科书的国家认同分析框架

国家认同维度			国家认同研究要素/主题
独立前的国家认同	自我形象	内部自我	自我起源（喀麦隆和喀麦隆人的起源）
		外部自我	自我与欧洲殖民者的关系
			自我与西方文明之间的关系
独立、统一和国家建设时期的国家认同	国家形象	国家统一与国家建设	—
		重要历史人物	—
		两任国家总统	—

资料来源：笔者自制。

本文选择英语教育系统中学历史教科书作为研究对象，其理由有三：一是喀麦隆英语区和法语区自各独立编写和使用历史教科书，同时 2016年英语区爆发了持续至今的"英语区危机"，英语区国家认同出现危机；二是历史教科书在形成国家民族价值观认同方面发挥着关键作用；三是喀麦隆中学阶段学生历史教科书的拥有率和使用率比较高。喀麦隆中学包括初中和高中两个阶段（初中 2 年，高中 4 年），但是教科书保持了1～5年级的连贯性，即 Book 1 – Book 5（高中 4 年级没有历史教科书，即缺少 Book 6）。故此，本文将中学历史教科书《初中基本历史 1》（*Essential History for Junior Secondary Schools Book 1*）、《初中基本历史 2》（*Essential History for Junior Secondary Schools Book 2*）、《高中实用近代历史 3 – 5》（*Effective Modern History for Colleges Book 3 – 5*）作为研究文本。②

《初中基本历史 1》包括三个模块："古代非洲文明在当今思想和精神领域的遗产"（The Legacies of Ancient African Civilization in the Thoughts and Edification of Present World）、"古代欧洲、亚洲和美洲文明在当今思想和精神领域的遗产"（The Legacies of Ancient European, Asian and Amer-

---

① Anttalainen Kati, "Decolonising the Mind? National Identity and Historical Consciousness in Cameroonian history Textbooks", Master Dissertatioin, University of Oulu, 2013, p. 32.

② 喀麦隆英语教育系统中初中称为"Junior Secondary School"，高中称为"College"。

ican Civilizations in the Thoughts and Edification of the Present World）、"宗教对当今世界思想和精神领域的贡献"（Contribution of Monolithic Religions to the Thoughts and Edification of the Present World）。《初中基本历史 2》包括"喀麦隆人民和社会组织结构"（The People and Socio-Political Organization of Cameroon）、"非洲的黄金时代"（The Golden Age of Africa）、"非洲与世界的联系"（Relations between Africa and Rest of the World）三个模块。《高中实用近代历史 3 – 5》主要是近代国际关系史，包括三个部分：1850年后的喀麦隆（Cameroon since 1850）、1870 年后的非洲（Africa since 1870）和 1870 后的世界外交（World Diplomacy since 1870）。

一 喀麦隆独立之前的国家认同

现代独立民族国家建立之前的"喀麦隆"形象，对于从历史溯源的角度促进国家认同非常重要。在审视历史教科书提供的"自我形象"时首先要考虑的是潜藏在内部的"自我"和在他人关系中构建的外部"自我"。下文从地理概念上的喀麦隆人、喀麦隆名称的演变以及喀麦隆独立前与他者的关系三个方面入手，分析中学历史教科书中的"自我形象"。

（一）历史教科书关于内部"自我形象"的描述

《初中基本历史 2》第一模块和第三模块对喀麦隆人和喀麦隆的起源有详细描写。

喀麦隆人"指定居、迁移到喀麦隆的民族，也指自古以来生活在喀麦隆境内的人"。[①] 在此前提下，中学历史教科书介绍了现代喀麦隆土地上最早出现的部族和主要部族。目前，在喀麦隆境内留有明显生活痕迹的最早部族是绍（Sao）部族。

喀麦隆的起源指的是"喀麦隆"这一国家名称的由来。公元前 450 年，迦太基探险家哈侬（Hano）将这片土地命名为"诸神之战车"（Chariot of the Gods）。Cameroon 最早是 15 世纪葡萄牙人对五里河（Wouri River）[②] 的

---

① Casmir Itoe Ngome, Buh George MB, Halle Stella Nkwenti, Wirkom Comfort Lahbinen, *Essential History for Junior Secondary Schools Book 2 on CBA*, Cameroon：Catwa Education, 2021, p. 10.

② 五里河（Wouri River）位于喀麦隆杜阿拉地区。

命名，意思为"虾河"。① 19 世纪欧洲殖民者到达这片土地后，沿用了葡萄牙的"Rio dos Camerose"，西班牙人称之为"Camerose"，德国人称之为"Kamerun"，英国人称之为"Cameroon"，法国人称之为"Cameroun"。

尽管喀麦隆这一名称来自欧洲人，但喀麦隆的领土和人民在欧洲人到来之前就已经存在了。原生部族与西方国家的交互影响形成了喀麦隆的内部"自我形象"。

（二）历史教科书关于外部"自我形象"的描述

与他人之间的关系是更好地了解"自我形象"的一个突破口。殖民时期的喀麦隆与德国、英国和法国之间的关系是了解喀麦隆自我形象的重要窗口。《高中实用近代历史 3－5》按照时间顺序书写了喀麦隆与德国、英国和法国之间不断变化的历史关系。

1. 喀麦隆与德国的关系

喀麦隆成为德国的"保护国"之前，欧洲的探险家、传教士和商人都宣扬各自国家的优越性，鼓动（代替）酋长给欧洲国家写信请求兼并喀麦隆。② 1884 年 7 月 12 日阿克瓦（Akwa）部族、贝尔（Bell）部族、杜阿拉（Duala）部族酋长与德国政府代表拟定国王备忘录，随后正式签订《日耳曼—杜阿拉条约》（Germano-Duala Treaty）。③

德国在 1884～1885 年的柏林会议之后，获得了英国和法国在喀麦隆的土地和权利，并保留到 1916 年，彼时德国在一战中战败。喀麦隆对于德国的统治有两种截然相反的态度：抵抗与合作。德国占领喀麦隆之后，他们开始强迫喀麦隆人劳动，虐待土著人，并用野蛮的方法镇压当地人的反抗。喀麦隆人在杜阿拉等地举行反德游行、请愿等活动，拒绝接受德国政府制定的规则，拒绝强迫劳动，逃到偏远山区、五里河甚至尼日利亚、加蓬。④ 鲁道夫·曼噶·贝尔（Rudolf Manga Bell）和马丁·保罗·桑巴（Martin Paul Samba）建立秘密的反德组织。巴克韦瑞（Bakw-

① Casmir Itoe Ngome, Buh George MB, Halle Stella Nkwenti, Wirkom Comfort Lahbinen, *Essential History for Junior Secondary Schools Book 2 on CBA*, Cameroon: Catwa Education, 2021, p. 62.

② Batey Geoge Eno, *Effective Modern History for Colleges 3－5*, Cameroon: Dove Education Press Ltd., 2021, pp. 1－7.

③ Batey Geoge Eno, *Effective Modern History for Colleges 3－5*, Cameroon: Dove Education Press Ltd., 2021, p. 10.

④ Batey Geoge Eno, *Effective Modern History for Colleges 3－5*, Cameroon: Dove Education Press Ltd., 2021, p. 37.

eri）部族、恩宋（Nso）部族、邦瓦（Bangwa）部族与德国作战，打死一名德国军官。1891 年，库娃·利肯耶（Kuva Likenye）领导巴卡韦瑞部族的爱国者抗击了德国格雷文罗伊特（Gravenreuth）领导的军队，并将其杀死。1894 年利肯耶战败，巴卡韦瑞部族归到布埃亚（Buea）政府，布埃亚成为德国统治地的首都。随后多个部族均由于德国的残暴统治，对当地文化、传统的不尊重等进行反抗战争，但不幸都以失败告终。[1]

德国殖民统治喀麦隆期间，部分部族选择与德国统治当局合作。[2] 巴利（Bali）部族、恩沃都（Ewondo）部族以及巴姆（Bamu）部族由于对德国军队的惧怕、认为德国人更优秀、需要德国人的物质、取悦德国人等原因与德国进行了合作。巴利部族欢迎德国的探险家，与德国签订条约将部族的权益移交给德国政府，帮助德国征召士兵对抗反抗的部族，为德国向内陆扩张提供各种信息等。德国对合作的部族也给予一定的利益，恩沃都部族酋长成为德国的非洲事务顾问。

一战期间，喀麦隆部分部族害怕英国和法国强加陌生的文化而加入德国阵营，部分部族迫于同盟国的压力、对德国残暴统治的憎恨，以及同盟国美好的承诺而加入了反德阵营。[3] 喀麦隆人扮演着战士、间谍、运输者、翻译、后勤补给等角色，为同盟国的胜利做出了很大贡献。但是到了英法托管时期，喀麦隆人又开始怀念德国统治的"美好时光"，希望喀麦隆能够重新回归德国统治。

2. 喀麦隆与英国的关系

1916 年 2 月，英法联军将德国击败赶出喀麦隆，1922 年 7 月喀麦隆成为英法两国由国际联盟托管的领土。1946 年喀麦隆成为英法两国由联合国托管的领土。

1922 年英国将南部喀麦隆作为尼日利亚的部分领地来管理，称为喀麦隆省。[4] 英国采取间接统治的政策，以尼日利亚土著权力条例为指导，

---

① Batey Geoge Eno, *Effective Modern History for Colleges 3 – 5*, Cameroon：Dove Education Press Ltd. , 2021, pp. 38 – 41.

② Batey Geoge Eno, *Effective Modern History for Colleges 3 – 5*, Cameroon：Dove Education Press Ltd. , 2021, pp. 50 – 78.

③ Batey Geoge Eno, *Effective Modern History for Colleges 3 – 5*, Cameroon：Dove Education Press Ltd. , 2021, pp. 80 – 101.

④ Batey Geoge Eno, *Effective Modern History for Colleges 3 – 5*, Cameroon：Dove Education Press Ltd. , 2021, p. 82.

把传统统治者和酋长视作英国人。在托管期间，英国忽视南喀麦隆，直到 1954 年仍拒绝为喀麦隆省设立独立的立法机构。南喀麦隆人遭受了尼日利亚的歧视和暴政。[①] 1939 年 G. J. 姆本（G. J. Mbene）成立喀麦隆福利联盟（Cameroon Welfare Union），1940 年 P. M. 卡莱（P. M. Kale）和 E. M. L. 恩德利（E. M. L. Enderley）成立喀麦隆青年联盟（Cameroon Youth League）和部落改进工会（Tribal Improvement Unions），这些压力集团[②]为南喀麦隆工会主义发展奠定了基础。[③]

1946～1961 年英属南喀麦隆为争取自身利益，进行了不懈努力。[④] 民族主义者们纷纷加入尼日利亚喀麦隆国家委员会（National Council of Nigeria and Cameroon），为尼日利亚和英属南部喀麦隆独立而进行斗争。1946 年民族主义者抗议《理查兹宪法》（Richards Constitution）没有给南喀麦隆应有的地位。许多压力集团强烈要求南喀麦隆代表参加 1949 年访问联合国的任务，以及参加 1950 年的伊巴丹会议（Ibadan Conference）。在伊巴丹会议上，恩德利要求英国给予英属南部喀麦隆独立地位，遭到英国的拒绝，但承诺给予英属南部喀麦隆更多席位。1951 年《麦克弗森宪法》（MaPherson Constitution）出台，增加了英属南部喀麦隆在议会中的席位，恩德利被任命为拉各斯议会部长（无实权部长），姆纳（Muna）被任命为执行理事会部长。1953 年发生了针对《麦克弗森宪法》的东部危机，导致了 1953 年东部议会解散，亲尼日利亚的恩德利在选举中失败，J. N. 丰查（J. N. Foncha）上位。1953 年 5 月，马姆菲会议（Mamfi Conference）要求在英国托管下南喀麦隆实行区域自治。1960 年 6 月，喀麦隆全国人民大会（Cameroon People's National Convention）为 1961 年联合国公投而成立，1961 年联合国举行公投，英属南喀麦隆与喀麦隆共和国（原法属喀麦隆）合并。

3. 喀麦隆与法国的关系

1922～1960 年法国采取同化（Assimilation）、联合（Association）、家

---

① Batey Geoge Eno, *Effective Modern History for Colleges 3－5*, Cameroon：Dove Education Press Ltd.，2021, pp. 82－102.

② 政治学术语之一，为实现某种特殊利益而对政府施加政治影响和压力的团体或组织。

③ Batey Geoge Eno, *Effective Modern History for Colleges 3－5*, Cameroon：Dove Education Press Ltd.，2021, pp. 91－102.

④ Batey Geoge Eno, *Effective Modern History for Colleges 3－5*, Cameroon：Dove Education Press Ltd.，2021, pp. 185－190.

长式统治（Paternalism）、差异化（Differentiation）等措施管理喀麦隆。[①]
法国要将喀麦隆人民和领土法国化，将喀麦隆人变成"黑色法国人"。二
战之前，法国通过派遣大量行政管理人员、建立行政机构以及任命"伪
酋长"（Artificial Chief）对喀麦隆进行直接管理。[②]法国对当地的文化和
传统进行了毁灭性破坏，想用法国穿衣习惯和思想文化取而代之。法国
的各种管理政策、强迫劳动以及残暴统治引起了大范围的起义，例如格
巴亚（Gbaya）部族起义。[③]法国殖民当局通过武力镇压，流放叛乱部
落首领，并划分新的行政区进行集中管理和管控等，致使起义最终
失败。

1946～1960 年喀麦隆民族主义者为获得领土、政治独立进行了艰苦
的奋斗。[④] 1946 年法属喀麦隆成为法国的附属领土，法国第四次宪法决
定废除同化、家长式统治和区别化等政策，建立地方议会。1946 年喀
麦隆代表大会（The Representative Assembly of Cameroon，ARCAM）成
立，1947 年 ARCAM 被解禁，1948 年革命者成立了喀麦隆第一个政
党——喀麦隆人民联盟政党（Union des Populations du Cameroun，UPC），
为实现完全独立而战斗。1952 年 UPC 秘书长尼奥贝（Nyobe）向联合
国大会请求，希望喀麦隆能够立即独立统一，遭到法国拒绝。1955 年
UPC 组织的反法罢工和游行达到高潮，联合国观察团建议在政治上推行
自治以缓解混乱的局势。1956 年法国开始在喀麦隆推行自治，1957 年安
德烈·玛丽·姆比达（Andre Marie Mbida）成为总理，阿赫马杜·阿希乔
（Amadou Ahidjio）成为副总理，喀麦隆人控制了除国防外的国家事务。
1958 年阿希乔访问法国，与法国和联合国就喀麦隆独立进行谈判。1960
年 1 月 1 日，法属喀麦隆获得独立。

4. 喀麦隆与西方文明的关系

《初中基本历史 1》第三模块前言部分给出了"文明"的定义："人

---

① Batey Geoge Eno, *Effective Modern History for Colleges 3 – 5*, Cameroon：Dove Education Press
   Ltd. , 2021, p. 122.

② Batey Geoge Eno, *Effective Modern History for Colleges 3 – 5*, Cameroon：Dove Education Press
   Ltd. , 2021, p. 114.

③ Batey Geoge Eno, *Effective Modern History for Colleges 3 – 5*, Cameroon：Dove Education Press
   Ltd. , 2021, pp. 120 – 121.

④ Batey Geoge Eno, *Effective Modern History for Colleges 3 – 5*, Cameroon：Dove Education Press
   Ltd. , 2021, pp. 150 – 154.

类进步或发展的状态。""文明可以让人类创造出许多有用的东西，让人类的生活变得更舒服更容易。一个文明的国家一定是一个和平的、有良好法律的国家，并且公民遵守法律、政府不腐败。"① 喀麦隆中学历史教科书对西方文明的基本态度是"肯定、追随和学习的"。

"古代欧洲、亚洲和美洲文明在当今思想和精神领域的遗产"模块第一个单元"古代欧洲文明遗产"认为"在欧洲，最高文明的标准是古希腊古罗马文化"。② "宗教对当今世界思想和精神领域的贡献"模块的学习目标提到"使学生从《圣经》的教导中获得更多的知识，并且通过耶稣的教导提高喀麦隆人的道德水平"，以及"使学生通过了解基督教在非洲传播遇到的困难以及是如何克服困难的，提高学生解决困难的能力"。③ 并多次提到通过基督教教化喀麦隆人、非洲人，减少他们的坏习惯和降低他们的犯罪率。喀麦隆初中历史教科书的文化史部分对西方文明持有一种高度肯定的态度，并相信西方文明是先进的，是可以引导喀麦隆进步的。

喀麦隆高中历史主要呈现的是近代国际关系史。在喀麦隆与西方国家的相处过程中，特别是德国、英国和法国统治、管理喀麦隆的历史，有很多暗含对西方文明态度的描写。《高中实用近代历史 3 - 5》第 11 单元，关于柏林会议召开的主要目的提到"鼓励欧洲强国将欧洲文明带来的物质和精神利益传播到非洲"。柏林会议召开为非洲和非洲人民带来的积极影响主要包括："1. ……形成现代非洲国家；2. 为非洲带来了物质和精神上的'利益'……；3. 欧洲探险者在非洲内陆的发现使非洲不再被看作'黑暗大陆'。"④ 该单元提到"非洲人在心理上害怕欧洲人，将欧洲看作'半神'，非洲人对欧洲人的崇拜削弱了非洲人的战斗力"是非洲

---

① Casmir Itoe Ngome, Buh George MB, Halle Stella Nkwenti and Wirkom Comfort Lahbinen, *Essential History for Junior Secondary Schools Book 1 on CBA*, Cameroon：Catwa Education, 2021, p. 26.

② Casmir Itoe Ngome, Buh George MB, Halle Stella Nkwenti and Wirkom Comfort Lahbinen, *Essential History for Junior Secondary Schools Book 1 on CBA*, Cameroon：Catwa Education, 2021, p. 26.

③ Casmir Itoe Ngome, Buh George MB, Halle Stella Nkwenti and Wirkom Comfort Lahbinen, *Essential History for Junior Secondary Schools Book 1 on CBA*, Cameroon：Catwa Education, 2021, p. 66.

④ Batey Geoge Eno, *Effective Modern History for Colleges 3 - 5*, Cameroon：Dove Education Press Ltd. , 2021, p. 355.

反抗失败的重要原因。在与西方国家相处中，西方国家以其强大的优势影响、改变、引导甚至主宰着喀麦隆大到国家的建设小到人民的衣食住行，而这背后是不得不承认的西方文明优越感。

（三）"自我形象"的特点：多方"重影"下的"自我"和零散抗争的"自我"

1. 原生部族与"西方创造"的合体

西方国家对喀麦隆国名的称呼始于 15 世纪的葡萄牙，随后德国、英国、法国在统治和管理喀麦隆期间一直沿用。20 世纪 60 年代"喀麦隆"正式成为这片土地在国际社会的合法名称。但 2500 多年以前，说班图语的班图人（Bantu）、富尔贝人（Fulbes）、俾格米人（Pygmies）、库图库人（Kotoko）、苏丹人（Sudanese）和半班图人（Semi Bantu）等已经生活在这片土地上了。

教科书呈现了国家构建前生活在这片土地上主要部族的社会组织结构、生活习俗、艺术文化成就等。① 随着西方国家的到来，这片土地以喀麦隆的身份被动地进入一段全新但艰难的旅程。西方国家强行将喀麦隆推进建立现代国家的队伍中，喀麦隆人民被迫进行了近百年的艰苦奋斗。这片土地上的原生部族经历种种磨难，带着西方国家给予的"名字"走向独立，成为现代国家。

2. "顺服"与"抗争"的百年拉锯

几百年时间里，西方殖民者在非洲土地上演着一轮又一轮"保护""托管"的大戏。非洲国家以配角的身份或配合或反抗地参与全程。

面对列强的侵略，抵抗和合作往往是一个民族或国家会选择的不同应对方式。中学历史教科书呈现了在德国、英国、法国统治的不同时期，喀麦隆各部族人民的抵抗和合作态势。值得注意的是，二战前臣服西方国家统治是教科书的基调，虽有抵抗却不是教科书想要突出强调的。根据粗略的频数和章节统计，喀麦隆中学历史教科书中喀麦隆人民反抗德国、英国、法国侵略的历史内容要远少于与其合作的历史内容。反抗结果都是失败和消极的，酋长、领导者被处死或被流放，整个部族最终臣服西方强国。历史教科书中选择与德国、英国、法国合作的酋长或领导

① 根据对喀麦隆中学历史教科书的总结分析主要是对《初中基本历史 2》关于喀麦隆独立前历史的分析总结。

往往不仅可以获得丰厚的财物、统治集团管理者的职务，还可以为这个部族带来和平和稳定的生活。二战后，喀麦隆中学历史教科书以民族主义者、爱国主义者为国家独立奋斗的历史进程为主题，主要呈现了不同时期各个党派和历史人物通过谈判博弈，温和、非暴力地完成国家独立，这其实也是抵抗与合作的表现形式。

3. 自我迷失：追求"西方样板"文明

喀麦隆中学历史教科书对文明定义的侧重点是"人类进步或发展的状态"，[①] 虽然没有进一步给出何为进步何为发展，但教科书给出了要学习的对象，给出了期待、向往的生活。

"向伟大科学家学习"，[②] 伟大科学家只有以阿基米德和菲狄亚斯为代表的古希腊科学家。"古代非洲文明在当今思想和精神领域的遗产"模块学习目标中没有出现非洲榜样人物及其技能或品质。杜阿拉部族酋长因英国在尼日利亚的基础建设，多次写信给维多利亚女王请求兼并。德国统治为喀麦隆带来光明：改变喀麦隆人的饮食和生活习惯，修建"教育"喀麦隆的学校，促使喀麦隆新贸易阶层的产生。

中学历史教科书认为西方人的穿衣、饮食、生活习惯是优等的；西方人的宗教是可以教化喀麦隆人、改变喀麦隆人陋习的。[③] 西方科学家及其精神、西方古典文化中的技艺、西方的宗教思想以及西方穿衣饮食生活习惯等都不容置疑甚至自然而然地成为喀麦隆进步、发展的样板。

二　民族独立和国家发展进程中的国家认同

非洲国家大多是基于欧洲殖民征服建立起来的，[④] 殖民统治时期，出

①　Casmir Itoe Ngome, Buh George MB, Halle Stella Nkwenti and Wirkom Comfort Lahbinen, *Essential History for Junior Secondary Schools Book 1 on CBA*, Cameroon: Catwa Education, 2021, p. 26.

②　Casmir Itoe Ngome, Buh George MB, Halle Stella Nkwenti and Wirkom Comfort Lahbinen, *Essential History for Junior Secondary Schools Book 1 on CBA*, Cameroon: Catwa Education, 2021, p. 40.

③　Batey Geoge Eno, *Effective Modern History for Colleges 3 – 5*, Cameroon: Dove Education Press Ltd., 2021, p. 355.

④　李鹏涛、陈洋：《殖民地国家的基本特征与当代非洲国家治理》，《西亚非洲》2020 年第 3 期，第 27 页。

于为本国利益服务和更好地控制殖民地，殖民政府不曾与当地社会建立紧密联系。独立后的非洲国家大多面临着社会碎片化的现实问题，社会和文化领域的认同建构困难重重。喀麦隆曾被英法"分而治之"，其像是一个由"碎石"黏合而成的国家。喀麦隆非殖民化过程与非洲其他国家相似，可以被视为国家进入后殖民时期国家认同建构的重要里程碑。① 国家形象是此类国家进行国家认同建构的黏合剂。下文从原英属南喀麦隆和原法属喀麦隆重新统一，两任总统的国家建设以及其他重要历史人物入手，分析喀麦隆的国家形象。

（一）历史教科书关于统一与国家建设的描述

中学历史教科书通过各种重大历史会议的召开、国家政治制度变革和"危机"事件为学生再现了喀麦隆国家统一和建设的历程。1961 年 6 月巴门达全党会议（Bamenda All Party Conference）起草宪法草案，协商统一喀麦隆的国家性质、立法机构、法律制度、国家首都、官方语言、公民身份等。② 1961 年 7 月福班宪法会议（The Foumban Constitutional Conference）确定国家名称为"喀麦隆联邦共和国"，由两个地位平等的州组成。③ 1961 年 8 月举行雅温得三方会议（The Yaounde Tripartite Conference），英属南喀麦隆权力移交给阿希乔总统，10 月 1 日为喀麦隆联邦共和国统一日。④ 1972 年阿希乔废除联邦制实行单一制，20 世纪 90 年代保罗·比亚（Paul Biya）总统推动多党制回归。⑤ 1966 年爆发巴柯西 - 巴米莱克冲突（Bakossi-Bamileke Conflect in Tombel）。⑥ 1984 年 4 月发生推

---

① A. Eckert，"Decolonisations krieg und Erinnerung Spolitik in Kamerun: die UPC Rebellion"，in Helmut Berding, Klaus Heller and Winfried Speitkamp, eds., *Krieg und Erinnerung: Fallstudien zum 19. un 20. Jahrhundert（Formen der Erinnerung）*，Mass: Vandenhoeck & Ruprecht, Göttingen, 2000, p. 171.

② Batey Geoge Eno, *Effective Modern History for Colleges 3 - 5*，Cameroon: Dove Education Press Ltd., 2021, p. 238.

③ Batey Geoge Eno, *Effective Modern History for Colleges 3 - 5*，Cameroon: Dove Education Press Ltd., 2021, p. 239.

④ Batey Geoge Eno, *Effective Modern History for Colleges 3 - 5*，Cameroon: Dove Education Press Ltd., 2021, pp. 242 - 245.

⑤ Batey Geoge Eno, *Effective Modern History for Colleges 3 - 5*，Cameroon: Dove Education Press Ltd., 2021, pp. 251 - 270.

⑥ Batey Geoge Eno, *Effective Modern History for Colleges 3 - 5*，Cameroon: Dove Education Press Ltd., 2021, p. 265.

翻比亚总统的政变。① 20 世纪 80～90 年代喀麦隆爆发经济危机，国民收入锐减，工人失业，企业倒闭，喀麦隆外债激增。②

国家建设不同时期、不同政策对西喀麦隆州③的影响是《高中实用近代历史 3－5》"1961 年重新统一和独立以来的喀麦隆"（Reunification and Independent Cameroon since 1961）单元的重要内容。9.8、9.9、9.10、9.17、9.18、9.27、9.29、9.30、9.31、9.32 小节阐述了西喀麦隆州被喀麦隆中央政府欺压、不公平对待：联邦制时期，国家议会中西喀麦隆代表远少于东喀麦隆代表；单一制时期，阿希乔设立地区督察机构，检察员都来自东喀麦隆，权力大过西喀麦隆国家总理的权力。该部分是喀麦隆国家建设历程中描述比较详细的内容，将原英属南部喀麦隆统一到喀麦隆后所经历的变化和在经济、政治权利、教育、基础设施、文化等方面遭受的不公生动地呈现了出来。

（二）历史教科书关于重要历史人物的描述

非洲历史进程中重要历史人物是国家统一和建设的关键因素，是国家认同建构的一个重要抓手。

喀麦隆中学历史教科书共出现 93 位喀麦隆历史人物，28 位配有单人像插图，另有 4 幅为多人参加会议或活动的照片。教科书对国家独立解放和建设时期在政坛有影响力的人物身上着墨颇多。按课后复习题（Revision Essay Questions）对重要历史人物的总结评述，为喀麦隆民族主义发展、国家独立以及喀麦隆统一做出贡献的历史人物有 10 位，为国家统一后社会发展做出贡献的历史人物有 6 位。教科书正文重点叙述了他们如何谋求国家独立统一、参与国家建设，课后复习题则总结性评价了他们的历史性功绩。例如姆比达，教科书正文叙述了他成功担任法属喀麦隆第一届总理的历程、1957～1958 年取得的成就，以及姆比达政府为何失败。课后复习题部分对其有 11 条评价：为喀麦隆独立而奋斗；主张喀麦隆进行"渐进式"独立；谴责法国将喀麦隆作为私人殖民地；他的下台为阿

①　Batey Geoge Eno, *Effective Modern History for Colleges 3－5*, Cameroon：Dove Education Press Ltd.，2021, p. 276.

②　Batey Geoge Eno, *Effective Modern History for Colleges 3－5*, Cameroon：Dove Education Press Ltd.，2021, p. 288.

③　原英属南部喀麦隆 1961 年并入喀麦隆共和国后成为喀麦隆联邦共和国的西喀麦隆州，现在习惯上被称为"英语区"。

希乔提供了机会，加速了喀麦隆的独立统一；等等。教科书正文也叙述了恩德利等人的政治生涯，课后复习题部分对他们进行了总结性评价。

（三）历史教科书关于两位国家总统的描述

喀麦隆自独立以来，共有两任总统。作为重要的历史人物，教科书用大量篇幅叙述他们的生平、政治生涯以及为喀麦隆国家建设、社会发展做出的贡献。

阿希乔首次出现在"1946~1960年走向独立的政治演变"部分，教科书对阿希乔如何成功就任总统，废除联邦制、建立单一制国家的原因和手段，在任期间取得的主要成就等给出了具体详细的描述。教科书从政治、经济（农业、工业、交通、通信、旅游以及其他方面）、社会（教育、农村电气化、体育运动）和外交等方面对其成就进行了大篇幅的描述，约3280个英文单词。

保罗·比亚的政治生涯非常丰富，不仅在法国托管时期积极参与喀麦隆独立政治活动，在喀麦隆统一时期也是重要的政治人物。[①] 保罗·比亚之所以能够继承阿希乔的位置离不开他丰富的政治经验，他是一位非常有计谋的政治家。保罗·比亚继任后面临着严重的社会发展和国际关系问题，为解决问题采取的措施（政治、经济、社会、外交）、在任期间取得的成就（农业、工业、交通、通信、贸易和商业、教育、卫生和健康、运动）以及在20世纪八九十年代经济危机期间采用的促进经济发展的方法，是教科书叙述的重点。特别讲述了1982~2008年在保罗·比亚政权下，喀麦隆农业发展迅速，可以为赤道几内亚、加蓬、中非共和国和乍得等国家提供粮食；政府与欧洲、美洲和亚洲等技术较先进的国家签署发展工业项目的经济技术协定；从中国、韩国、意大利等国家获得技术劳动力，用于道路建设和维修；政府给予民众更多新闻和言论自由，私人报纸业蓬勃发展；进出口贸易发展迅速，与美国、日本、中国、韩国和德国的贸易量增加；成立基础、中等和高等教育部门，公立小学免费，减少大学学费；国家财政支持体育运动，鼓励发展了许多运动项目；改善与梵蒂冈、尼日利亚关系，修复与美国关系。[②]

---

①　Batey Geoge Eno, *Effective Modern History for Colleges 3 – 5*, Cameroon：Dove Education Press Ltd. , 2021, pp. 273 – 283.

②　Batey Geoge Eno, *Effective Modern History for Colleges 3 – 5*, Cameroon：Dove Education Press Ltd. , 2021, pp. 273 – 283, 290 – 293.

中学历史教科书用大量笔墨再现两任总统的政治履历以及为国家独立发展做出的贡献，尤其突出了现任总统比亚在喀麦隆发展过程中所做的努力和取得的成就。

（四）国家形象特点：英语区、法语区公正失衡与重要历史人物缺失的国家

1. 强调英语区的"不幸遭遇"

喀麦隆"英语区"问题由来已久，2017 年 9 月自称以英语为母语的"亚巴佐尼亚共和国"（Republic of Ambazonia）的出现是喀麦隆国家统一危机的"代表"。① 中学历史教科书呈现给青年一代的是西喀麦隆（即现英语区）在历史上如何被国家政府算计、欺骗因而引发社会经济发展倒退，还有英语区领导人遭受的排挤和打压。喀麦隆英语区在历史上遭受的来自国家的不公平待遇是喀麦隆英语区危机的历史性因素。

中学历史教科书呈现了大量关于原英属南喀麦隆在与喀麦隆共和国（原法属喀麦隆）统一过程中，以及建立喀麦隆联邦共和国后西喀麦隆遭受不公平待遇的内容。联邦制时期西喀麦隆没能成为拥有独立权力的自治州，也没能在议会中获得代表固定配额的比例。单一制期间，西喀麦隆人被排斥在国家领导层之外；西喀麦隆经济遭到了严重破坏，重要的商业机构、港口以及机场被迫关闭；西喀麦隆的国家总理朱瓦（Jua），因为与阿希乔政见不同（主要是针对西喀麦隆的），最终被迫辞职。

中学历史教科书尽管在国家统一和建设部分用大量篇幅书写了国家统一后制度的建立和完善，及在此过程中遇到的危机，但西喀麦隆州（英语区）部分的书写是带有很强的感情色彩和价值观导向的——英语区遭受到了来自中央政府的不公平对待，甚至是诱骗和倾轧。这样的历史事件会不断加深喀麦隆英语区人民心中的委屈，也会激起英语区人民对中央政府和法语区的"仇恨"。

2. 重要历史人物"单一化"

中学历史教科书中最早出现的喀麦隆人物是比姆比亚（Bimbia）的威廉姆国王（King William），一位渴望被英国兼并的传统统治者。德国、英国、法国统治时期，喀麦隆历史人物主要为当地传统统治者。教科书

---

① Nicodemus Fru Awasom, "The Anglophone Problem in Cameroon Yesterday and Today in Search of a Definition", *Journal of the African Literature Association*, 2020, 14 (2), pp. 264 – 291.

没有详细描述这些人物的生平事迹。从介绍文明时代到 19 世纪末，教科书中没有出现任何一位有名字的喀麦隆人。二战前的人物插图几乎都是任职于喀麦隆的殖民者。喀麦隆传统统治者和殖民统治当局管理者是喀麦隆中学历史教科书中喀麦隆二战前历史中出现次数最多、着墨最多的历史人物，"统治者""管理者"成为这段历史时间内相对单一的重要历史人物。

政治人物是喀麦隆中学历史教科书中喀麦隆民族独立、国家统一和国家建设时期单一的重要历史人物。无论是恩德利、丰查还是阿希乔，又或是比亚，中学历史教科书中都有明确的文字将他们称为重要历史人物。虽然国家独立统一的奋斗史注定是国家历史的主线，但重要历史人物绝不应该仅局限在政治领域。喀麦隆曾因足球而被世界重新认识，是众多非洲国家中晋级世界杯决赛周最多次、成绩最好的国家，很多闪耀世界的足球明星在世界杯的绿茵场上为国争光。例如阿尔伯特·罗杰·米拉（Albert Roger Milla）在 1990 年意大利世界杯足球赛中为喀麦隆首次打入世界杯八强立下头功，2007 年非洲足球联合会公布的非洲 50 年来优秀球员名单中米拉位居最佳球员的榜首。著名小说家费迪南·利奥波德·奥约诺（Ferdinand Léopold Oyono）在 20 世纪五六十年代出版了以《家僮的一生》和《老黑人与奖章》为代表的多部小说，以简洁幽默的语言塑造出生动的人物，展现反殖民主义和种族歧视的主题。他的很多作品是 20 世纪非洲文化的经典作品。[①] 这些在自己专属领域发光发热为国家做出贡献的历史人物，理应成为喀麦隆历史教科书中的重要历史人物。

三 喀麦隆中学历史教科书中国家认同
"道阻且长，未来可期"

虽然非洲大陆经常被概念化为"一块巨石"，[②] 但是非洲社会和文化的巨大差异使得同质性描述非洲身份成为一项非常困难的任务。[③] 身份认

---

① 张英伦等编《外国名作家传（上册）》，中国社会科学出版社，1979，第 79 页。

② L. Gardelle and C. Jacob, eds., "School and National Identities in French-Speaking Africa: Political Choices, Means of Transmission and Appropriation", https://doi.org/10.4324/9780429288944. Accessed 2020-11-12.

③ Michael Onyebuchi and Katja Van Der Wal, "Beyond Sovereign Reason: Issues and Contestations in Contemporary", *Journal of Common Market Studies*, 2020, 58 (1), pp. 189-205.

同困难在喀麦隆上演，在国家认同上喀麦隆面临着外部西方强国（主要是前宗主国）透过文化和价值观念等对其的全方位侵蚀，内部对抗也削弱了成员的集体认同和归属感。在非洲背景下，统一身份重要来源的文化认同困难重重，不得不转向历史。① 从历史角度来看，一个国家的集体身份是需要国家从感情和认知两方面进行经营的，② 历史教科书在这方面发挥的重要作用不容忽视。

（一）道阻且长：内外交困，国家身份感模糊

1. 外部：前宗主国浓厚的存在感

喀麦隆中学历史教科书的历史叙事多采用"反客为主"的方式，无论是篇幅还是话语主动权都没有以喀麦隆为主。尤其是喀麦隆与前宗主国关系部分，高中历史第一部分 10 个单元中有 9 个单元书写德国、英国、法国对喀麦隆的统治，教科书用颇多笔墨叙述欧洲各国对喀麦隆的瓜分和统治，以及对喀麦隆社会发展的贡献。如 1884～1916 年有 6 任德国总督任职喀麦隆，教科书用 6 页笔墨叙述每一任总督在农业、交通运输、贸易、医疗卫生以及教育等方面的功绩，全书无一字是对其消极影响的评述。在喀麦隆民族独立和国家重新统一过程中，喀麦隆政党成立、会议召开、制定法律法规、谈判协商都是为了从英法两国掌控中取得独立，可以说英法两国是喀麦隆独立和统一过程中不可或缺的"一份子"。

除此之外，喀麦隆历史教科书的叙述完全没有出现"我们民族""我们国家"这样的第一人称，代之的是第三人称："喀麦隆""土著人""酋长"等。喀麦隆中学历史教科书第三人称叙事背后是德国、英国、法国的视角。

2. 内部：喀麦隆共同体的割裂

喀麦隆人民在英国和法国统治下遭受了类似甚至相同的奴役、疾病、精神摧残等苦难，但教科书未将两者联系起来，没有引导学生对不同殖民统治下的相同苦难进行情感上的交流。历史教科书缺少法属喀麦隆和英属南部喀麦隆人民共同努力实现统一的内容，更多呈现的是双方主要领导人在法国和英国场外指导下，在政治权力方面进行博弈。

---

① A. Melucci, *Nomads of the Present: Social Movements and Individual Needs in Contemporary Society*, London: Hutchinson Radius, 1989, p. 35.

② Michael Onyebuchi and Katja Van Der Wal, "Beyond Sovereign Reason: Issues and Contestations in Contemporary", *Journal of Common Market Studies*, 2020, 58 (1), pp 189 – 205.

中学历史教科书关于喀麦隆重新独立统一的历史，明显体现了历史上英属南部喀麦隆与法属喀麦隆之间的张力，也暗中助长了当今喀麦隆统一体的割裂。不质疑历史真相，单从全面性和选择性上来看，目前出现在喀麦隆中学历史教科书中的部分内容显然能让喀麦隆年轻一代，尤其是英语区年轻人感到"英语区遭受了来自法语区不公平对待"。这无疑是对本已满是裂痕的喀麦隆共同体的又一重击。特别是在喀麦隆面临着日益严重的"英语区危机"的今天，英语区亚巴佐尼亚政府已经召集组织了一支"青年军"。[①] 这支由青年组成的武装力量原本应该是喀麦隆国家建构的未来力量，但他们却扛起枪站到国家统一的对立面。原本已经岌岌可危的国家统一体，在向青年传递英语区和法语区历史冲突矛盾的同时并没有引导青年如何处理这种历史性问题。这极易在"英语区危机"现实中加深英语区对国家政府的怨恨，撕裂喀麦隆共同体。

（二）未来可期：编写内容强调以我为主，塑造"一个喀麦隆"

喀麦隆位于非洲北部、西部和中部地区的交会处，也是几内亚海岸、西苏丹和刚果三大文化交汇地，拥有 256 个族群，超过 300 种民族语言。[②] 喀麦隆被德国、英国、法国三个国家殖民过，有两种官方语言和两种教育体系。2015 年英语区与中央政府的矛盾骤然升温，2016 年底发生"英语区危机"，2017 年初"英语区危机"从抗议示威向武装冲突发展，2020～2021 年新冠疫情期间英语区发生多起暴力事件和武装冲突。从历史和现实、文化和族群、语言和教育等各方面来看，喀麦隆国家统一体建构困难重重，任何一方的突破对于喀麦隆来说都意义重大。喀麦隆中学历史教科书为年轻一代塑造"一个喀麦隆"起着重要作用，可谓是教育层面的一个突破口。

1. 重释并减少前宗主国历史，掌握历史叙事话语权

就喀麦隆学校历史教科书编写内容来说，首先需要减少并重新解释前宗主国与喀麦隆的关系，掌握历史叙事话语权。德国、英国、法国在不同时期如何统治和管理喀麦隆，在社会、经济、政治、文化和教育发展上采用何种方法和策略是重要的历史事实；但对国家建构尚未完成，

---

① "Anglophone Crisis", *Journal du Cameroun*, March 12, 2019, https://www.journalducameroun.com/en/tag/anglophone-crisis. Accessed 2021 – 12 – 12.

② "Anglophone Crisis", *Journal du Cameroun*, March 12, 2019, https://www.journalducameroun.com/en/tag/anglophone-crisis. Aceessed 2020 – 12 – 12.

面临国家分裂危机的喀麦隆来说，喀麦隆人民在被欧洲列强控制的漫长时期里如何不断抗争，为民请命、不断为民族存续奋斗的历史更有意义。所以说，理应减少关于英国统治时期时任管理喀麦隆的总督的生平、履历和功绩的叙述内容，减少关于法国统治时期法国科学家如何克服种种困难深入内陆进行植物学研究的内容；理应增加杜阿拉人民如何在沿海阻击列强入侵，增加内陆人民如何利用游击战术打击殖民者军队、保卫家园的内容。被选择或发明出来的和国家有关的故事，必然是规范性的——指导国民如何想，如何做，如何看待与外国的关系。① 对外关系是历史中一大主题，记录了与其他国家的关系，同时也为本国公民塑造行为典范。德国、英国和法国在过去以什么样的身份出现在喀麦隆"悲惨"的历史中，对喀麦隆做了什么，为喀麦隆带来了什么，又在喀麦隆国家建设发展中扮演了什么角色？这些在历史上均有迹可查，而历史教科书如何书写，又该如何向学生讲述，这是喀麦隆历史教育者应该审慎思考的问题。目前整体来看，喀麦隆历史教科书没有将上述三国作为"侵略者"、"掠夺者"或者是"犯罪者"来看待。相反，喀麦隆历史教科书将其作为"历史的促进者"来评判其对喀麦隆的兼并、保护和委托管理。但是，作为受害者不能或不敢正视历史，片面地叙述历史，隐藏、遗忘不光彩的受害经历也会害人害己。喀麦隆中学历史教科书很好地避免了种族主义叙事，却没有很好地呈现被殖民统治的历史。重新"解构"德国、英国、法国三国殖民统治历史，避免夸张、强化受害者的民族主义叙事的同时，以"主人"的视角呈现三国为喀麦隆带来的痛苦，以及喀麦隆如何在夹缝中艰难求生，掌握自己国家历史的叙事权，喀麦隆是主角、是叙事者，有利于培养喀麦隆青年对国家独立自主发展的主体意识。

2. 强调共患难、同抗争的历史在场感

亚赛明·努赫奥卢·索伊萨尔（Yasemin Nuhoglu Soysal）分析德国学校教科书时发现其对苦难和悲惨历史的叙述把德国青年和过去的纳粹联系了起来，培养了统一的民族情感。② 尽管很多学者批判甚至害怕这样的叙事方式会培养极端民族主义青年，重演历史悲剧。但是不能否认在"同一历史场"中共同的遭遇会极大地拉近彼此的距离，使其成为同一阵

---

① 〔美〕劳拉·赫茵、〔美〕马克·塞尔登编《审查历史：日本、德国和美国的公民身份与记忆》，聂露译，社会科学文献出版社，2012，第 4 页。

② 〔美〕劳拉·赫茵、〔美〕马克·塞尔登编《审查历史：日本、德国和美国的公民身份与记忆》，聂露译，社会科学文献出版社，2012，第 135 页。

营的亲人。避免极端民族主义和仇外情绪应该成为国际历史教科书编写公认的原则,①　在不违背此原则的基础上为青年人营造一种历史在场感,②对于国家建构尚未完成特别是面临着分裂困境的国家尤为重要。喀麦隆面临"英语区危机"的挑战,历史教科书更有责任从历史上为英语区和法语区年轻人营造历史在场感。德国兼并喀麦隆初期,喀麦隆沿海人民奋起反抗,抵制德国人入侵;德国向喀麦隆内陆深入时,也遭到了内陆人民"游击战"打击。对于德国的残暴统治,喀麦隆人民进行了多次反抗。英国、法国统治喀麦隆时,喀麦隆人民也采取了各种形式的激烈抗争。奴隶贸易的"黑暗记忆"、独立初期的武装叛乱,这些都是喀麦隆人民共有的。无论是抗争的历史还是被戕害的历史,喀麦隆人民的痛苦记忆具有团结喀麦隆人民的天然功能。喀麦隆历史教科书在该部分的叙述上采取分而论述的方式,强化了各自为战,弱化了共同经历。将各部族、各地区以及不同暴力集团的不屈抗争化为喀麦隆人民共有的精神财富,将有利于培养喀麦隆青年为统一国家奋斗的坚定信念。

【责任编辑】欧玉芳

---

① 〔美〕劳拉·赫茵、〔美〕马克·塞尔登编《审查历史:日本、德国和美国的公民身份与记忆》,聂露译,社会科学文献出版社,2012,"序",第10～11页。

② "历史在场感"借用亚赛明·努赫奥卢·索伊萨尔在《德国学校教科书中的认同与超国家化》一文中对历史教科书营造"同一历史场"的解释,指通过历史教科书对历史事件的叙述,可以让学生有种"自己回到了当时历史事件中"的感受。

中国与非洲关系

非洲研究　2023 年第 1 卷（总第 20 卷）
第 167—183 页
SSAP ©，2023

中国共产党同非洲政党交往的历史回顾与思考*

朱　旭　张　越

【内容提要】 中国共产党同非洲国家政党交往是党对外工作的重要环节，也是中国外交布局不可或缺的一环。由于国际形势和国家利益需求的变化，中非政党交往大致经历了奠基、活跃、变动和蓬勃发展四个阶段。总体来看，中非政党交往呈现交往对象不断增加、高层往来更加频繁、交流内容愈加丰富、对话机制渐趋成熟的特征。中非政党交往未来需要进一步夯实政治基础，加强在政治层面的交往；拓宽外交渠道，重视民主党派作用的发挥；搭建合作平台，推动中非命运共同体的构建。

【关键词】 中国共产党；政党交往；政党外交；党际关系；中非命运共同体

【作者简介】 朱旭，法学博士，西安交通大学亚欧研究中心副主任、马克思主义学院副教授、博士生导师（西安，710049）；张越，法学硕士，无锡学院马克思主义学院助教（无锡，214101）。

习近平总书记在中国共产党与世界政党高层对话会上指出，中国共产党"愿同各国政党和政治组织深化交往……以建立新型政党关系助力构建新型国际关系，以夯实完善全球政党伙伴关系助力深化拓展全球伙伴关系"。① 政党

---

  * 本文系 2018 年国家社会科学基金青年项目"人类命运共同体视阈下共商共建共享的全球治理观研究"（项目编号：18CGJ012）的阶段性成果。
  ① 《习近平出席中国共产党与世界政党高层对话会并发表主旨讲话》，《人民日报》2023 年 3 月 16 日，第 1 版。

交往具有议题宽泛、形式多样、内容丰富等优势，在推动国家和政府间交流合作中能够发挥独特作用。非洲在中国对外交往工作大局中占有重要地位，深化中国共产党同非洲国家政党的党际交往，是党对外工作的重要环节，也是我国外交布局不可或缺的一环。中非政党交往①有助于活跃中非关系，促进双方党和国家事业的蓬勃发展。回顾中非政党交往的历史进程，思考中非政党交往的未来前景，对进一步巩固和发展中非友好合作关系具有重要意义。

一　中国共产党与非洲政党交往的历史回顾

中国与非洲国家的交往源远流长，其中政党间的往来对建立和发展中非友好关系起到了重要的推动作用。中非政党交往已走过 60 多年的风雨历程，日益成为中非友好关系的重要基石。由于国际形势的变动和国家利益需求的变化，中国共产党与非洲国家政党的交往经历了一个起伏的过程，大体可分为四个阶段。

（一）中非政党交往的奠基阶段（1978 年以前）

在中国对外交往史上，非洲是不可忽略的篇章，中国与非洲的友好关系可追溯到公元前 2 世纪中国的汉代，此后两个古老文明一直频繁接触。随着新中国的成立，中非关系进入一个崭新的历史阶段。中非政党交往在时间上要略早于 1956 年（埃及与新中国建交）中非国家友好关系的建立。新中国成立之初，中国共产党首先通过一些群众组织和人民团体与非洲国家政党进行接触，为以后正式建立联系做准备。新中国刚成立，阿尔及利亚、突尼斯、摩洛哥等地的共产党中央委员会就纷纷发来贺电。南非非洲人国民大会（简称"非国大"）自 1951 年起就陆续与中华全国青年联合会、中华全国总工会、中国人民外交学会等建立了联系。② 同年，中国共产党中央委员会对外联络部（简称"中联部"）成立，专职开展中国共产党对外交往和联络工作。1955 年，万隆会议在印度尼西亚召开，给中国与埃及、埃塞俄比亚、加纳、利比里亚、利比亚

---

① 本文"中非政党交往"指中国共产党与非洲国家政党的交往。

② 李力清：《中国与黑非洲政党交往的历史与现状》，《西亚非洲》2006 年第 3 期，第 16 页。

和苏丹等非洲国家的接触提供了契机。万隆会议后至 1964 年，中国先后与埃及、叙利亚、也门等 8 个西亚北非国家建立了正式的外交联系。① 这为日后中国共产党与非洲国家政党的友好往来打下了基础。

从交往主体和交往规模来看，一方面，20 世纪 50 年代非洲大陆兴起民族解放运动，一时间涌现出大量的民族主义政党。虽然这些政党发展迅速，但党员成分复杂，政党组织松散，执政党缺乏威信，难以有效开展对外交往活动。加之西方资本主义国家的干预，中国共产党主要同非洲国家的工人阶级政党交往，同民族民主政党往来较少，双方多是借助民间交往形式来沟通联系、增进了解。另一方面，新中国在成立之初实行"一边倒"的外交政策，坚定地站在社会主义阵营一边，以意识形态划线，有选择地与非洲工人阶级政党来往，交往对象十分有限。到"文化大革命"时期，受到错误路线和思想的影响，中国共产党对外交往活动大幅减少，对外交往的范围也大大缩小，党际交往事业受到严重冲击。总体来看，这一时期中国共产党与非洲国家政党的交往重在追求政治效果和国际道义，交往对象少且规模较小。

就交往方式和交往内容而言，此阶段的中非政党交往主要是非洲国家政党来华访问，为其取得民族独立和反对种族隔离的斗争寻求支持。在南非，严格的种族隔离制度致使白人地位高于其他有色人种，全国性罢工时有发生。② 1953 年，非国大总书记西苏鲁一行访华，向中方介绍南非国内反种族隔离的斗争形势，中方热情接待了访华代表团，鼓舞了南非人民开展反种族歧视斗争的士气。20 世纪 60 年代初，非国大曾派遣几批游击战士到中国接受军事训练，为南非黑人解放运动做准备。③ 同一时期南非共产党也派遣了党员干部来华学习民族解放斗争的经验。1970 年，刚果劳动党副主席阿尔弗雷德·拉乌尔率代表团来华访问，学习中国共产党带领中国人民取得革命胜利的斗争经验，中方坚决支持刚果人民反帝反殖的革命斗争，坚决支持非洲人民的解放斗争。④ 此外，经济援助也是这一时期非洲国家政党所关注的重要议题，中国共产党在力所能及的

① 《亚非会议联合公报》，《人民日报》1955 年 4 月 25 日，第 1 版。
② 〔法〕凯瑟琳·科克里·维德罗维什：《非洲简史》，金海波译，民主与建设出版社，2018，第 188 页。
③ 杨立华：《中国与南非建交的战略选择（上）》，《西亚非洲》2007 年第 9 期，第 13 页。
④ 《拉乌尔副主席率刚果国务委员会代表团到京　董必武副主席举行盛大宴会热烈欢迎贵宾》，《人民日报》1970 年 7 月 16 日，第 1 版。

范围内予以积极回应，如 20 世纪 70 年代援建的坦赞铁路，是当时中国对非洲的重大援助项目之一，在南部非洲民族民主革命胜利中发挥了重要作用。与此同时，非洲对中国共产党投桃报李，支持中国维护民族独立，反对西方制裁，竭尽全力帮助中国成功恢复联合国合法席位。这一时期中非政党的交往奠定了现代非洲走向解放、中国与非洲国家建交以及当代中非关系的政治和友谊基础，确立了中非真诚友好、平等相待、患难与共的友好传统，成为当代中非关系发展难得的宝贵财富。

（二）中非政党交往的活跃阶段（1978～1990 年）

1978 年，中国共产党十一届三中全会召开，停滞了十年之久的党的对外联络工作重新展开，中非政党交往进入了"官方—官方"的新阶段，摆脱了过去以意识形态为唯一准则来决定与非洲国家政党亲疏远近的做法。在随后的两年内，中联部接待了 11 批撒哈拉以南非洲地区国家民族主义执政党代表团访华。① 1982 年，与中国共产党断交近 20 年的南非共产党传递出友好信息，表示愿意恢复两党联系，中国共产党予以积极回应。南非共产党总书记乔·斯洛沃于 1986 年和 1989 年两次访华，增进了两党的互相了解，建立了诚挚友谊。1983 年，纳米比亚人组党主席率代表团访华，与中国共产党建立了关系，并在之后的交往中几次邀请中国共产党参加其全国代表大会。1984 年，中国共产党与乌干达人民大会党、埃塞俄比亚工人党建立联系。1985 年，中国共产党与摩洛哥进步与社会主义党恢复关系。由此可见，这一时期的中非政党交往十分活跃。

从交往对象和交往规模来看，党的十一届三中全会后，党对外联络工作的指导思想和基本方针都做了较大调整，打破了过去几乎只与非洲工人阶级政党打交道的桎梏，交往对象扩展到其他民族主义政党，交往对象逐渐多元化。1979 年底，中国共产党第一次接受非洲民族主义政党的邀请，派代表团访问了索马里、坦桑尼亚等 10 国，其中 8 个国家的总统亲自接见代表团，扩大了中国共产党在非洲的影响力。② 1982 年，党的十二大确立了"独立自主、完全平等、相互尊重、互不干涉内部事务"的党际交往四项原则，顺应党际关系发展的未来趋势，尊重世界各国政党争取独立自主和平等地位的愿望和要求，在国际上获得了越来越多政党的赞

---

① 宋涛主编《中国共产党对外工作 100 年》，当代世界出版社，2021，第 64 页。
② 王家瑞主编《中国共产党对外交往 90 年》，当代世界出版社，2013，第 144 页。

赏和认同，对非洲地区政党也产生了较大的吸引力。到 1990 年，中国共产党已与撒哈拉以南非洲地区 43 个国家的 49 个政党和政治组织建立了联系。①

就交往方式而言，这一时期的中国共产党不再局限于"请进来"，也开始积极"走出去"，派出代表团、考察团、休假团等赴非洲沟通交流，双方互动性大大增强。比如津巴布韦非洲民族联盟—爱国阵线自创立以后，其领导人多次访问中国，1982 年中国共产党应其邀请，派代表团访问了津巴布韦，双方进行了真诚友好的交流。还有喀麦隆民主联盟、刚果劳动党、冈比亚人民进步党等多个有过访华经历的党派都多次邀请中国共产党回访。为发展同这些政党的友好关系，中联部于 20 世纪 80 年代派出友好代表团访问了这些国家，加深了彼此的了解。除互派代表团访问以外，这一时期中非政党还通过互致贺电、签订双边友好往来计划协定书等方式进行友好交往。这段时间，撒哈拉以南非洲各党先后派出中央代表团、党的干部代表团、党的专业考察团、党的中央领导干部休假团等共 230 多个团体访问了中国……中国共产党也先后派出 56 个党的代表团访问了撒哈拉以南非洲 39 个国家的执政党，② 可见这一时期中国共产党与非洲国家政党交往对象之多、规模之大、范围之广。

1978 年之后，中非政党交往的内容主要集中在经济层面。受西方殖民侵略的影响，非洲国家普遍独立时间晚，基础设施落后，人民生活水平低下。许多非洲国家政党明确表示希望得到中国的经济援助。改革开放后，中国经济社会状况有所好转，不但主动为非洲提供人道主义救援，还积极帮助非洲国家加强基础设施建设，如帮助博茨瓦纳种水稻、更新铁路；为坦桑尼亚提供沼气设备和专家指导；援建毛里求斯机场、塞舌尔技工学校、桑岛广播电台等。在交往过程中，诸多非洲国家政党对中国建设成就与经验表现出浓厚兴趣，因而该时期中国共产党与非洲国家政党交往的频次越来越多，交往内容也逐渐扩展到包括介绍中国社会主义探索经验、经济体制改革措施、现代化建设进程等在内的各个方面。

（三）中非政党交往的变动阶段（1991～1996 年）

由于独立时间晚以及经济基础弱，非洲许多国家长久以来都依靠外

---

① 宋涛主编《中国共产党对外工作 100 年》，当代世界出版社，2021，第 65 页。
② 蒋光化：《访问外国政党纪实》，世界知识出版社，1997，第 671 页。

援勉强度日。1991 年，官方发展援助占撒哈拉以南非洲地区生产总值的 9.3%，其中莫桑比克这一数据更是高达 69.2%。① 西方大国不约而同地企图通过发展援助向非洲国家施加压力，迫使其接受"多党民主"的政治模式，以提高非洲的"政治民主化"程度。加上长期财政困难导致非洲国家内部矛盾加剧，苏联解体、东欧剧变致使一些国家对社会主义丧失信心等诸多原因，非洲多党民主浪潮汹涌而起，多数国家转而实行多党制，"到 1994 年 6 月，实行或已宣布准备实行多党制的非洲国家已猛增到 47 个，约占非洲国家总数的 90%"。② 一些信奉社会主义的执政党被迫下台，各种各样的政党纷纷出现。不少以往与中国共产党联系紧密的执政党下台，一些新成立或新上台的政党对中国共产党尚不了解，或因意识形态而缺乏与中国共产党交往的积极性，中非党际交往受到较大影响，进入低潮时期，甚至一度跌入谷底。

正是在这种情况下，台湾当局乘虚而入。20 世纪 90 年代，台湾当局利用一些非洲国家面临的严重经济困难和政治危机，加紧在西非地区推行"银弹外交"策略，企图以经济援助为诱饵为其争取生存空间，中非关系一度受到很大破坏。③ 在"银弹外交"猛烈的攻势下，部分非洲国家败下阵来。1988～1997 年，利比里亚、莱索托、几内亚比绍等 10 个非洲国家与台湾当局建立了所谓的"外交关系"，加上原有的南非、马拉维、斯威士兰等国，与台湾当局建立所谓"外交关系"的非洲国家一度达到 13 个。④ 这一时期，中国共产党在与非洲国家政党交往方面的重要任务，就是减少台湾当局在非洲活动的机会，避免更多非洲国家的政党倒向台湾当局。

为重新活跃中非党际交往，巩固和加强与非洲国家政党的团结，中国共产党开始派遣高级代表团出访非洲，双边高层领导来往更加频繁。1991 年，中联部第一次组织中央政治局常委出访亚非各国，中央书记处书记李瑞环访问了塞内加尔、布基纳法索、布隆迪、乌干达四国，并同

---

① Christopher Clampham, *Africa and the International System*, Cambridge：Cambridge University Press, 1996, p. 183.

② 高晋元：《多党民主化在非洲的发展》，《西亚非洲》1994 年第 5 期，第 7 页。

③ Ian Taylor, "Taiwan's Foreign Policy and Africa：The Limitation of the Dollar Diplomacy", *Journal of Contemporary China*, 2002, 11 (30), pp. 125 – 140.

④ Richard C. Lin, "Complementary Measures to Foreign Aid：Taiwan and the PRC under Diplomatic Rivalry", *Contemporary Economic Policy*, 2001, 19 (3), pp. 360 – 368.

四国党和政治组织的领导人就加强双边关系和其他共同感兴趣的问题进行会谈，交换意见，交流经验，增进了对彼此的了解，展现了双方对彼此关系的珍视。1993年，非国大副主席和南非共产党主席分别率团访华，中国共产党也派出代表团进行回访，双方友谊得到巩固和加强。1996年，中共中央总书记江泽民到访肯尼亚、埃塞俄比亚、埃及、马里、纳米比亚和津巴布韦非洲六国，其间发表了《为中非友好创立新的历史丰碑》，展现了中国共产党对中非关系的珍视，进一步推动了中非在经贸、技术和文化等方面的交流与合作的增强。由此，中国共产党扭转了对非洲国家政党工作下滑的趋势，中非关系在经过短暂震荡后攀向新的高峰。

（四）中非政党交往的蓬勃发展阶段（1997年至今）

20世纪90年代后期，以多党制为特征的非洲民主化浪潮逐渐平稳，摆脱贫困成为非洲国家的迫切愿望。同一时期，中国特色社会主义在中国共产党的领导下展现出勃勃生机，人民生活水平显著提升，国家综合实力稳步增强，国际地位日益提高。这为中国共产党继续发展与非洲国家政党的关系创造了历史机遇。1997年，党的十五大提出"坚持在独立自主、完全平等、互相尊重、互不干涉内部事务原则的基础上，同一切愿与我党交往的各国政党发展新型的党际交流和合作关系，促进国家关系的发展"① 的党际交往原则，中非政党交往开始复兴并呈现蓬勃发展的趋势。

进入21世纪，美国、法国、俄罗斯、日本等世界主要大国都加强了同非洲的联系，将非洲纳入其国家利益和国际地位竞争的角力场。为保证中国在非洲地区的影响力，中国共产党审时度势，积极调整对非洲的政党外交战略，以期发挥政党外交在推动发展国家间友好合作关系上的更大作用。2006年，中国政府发表《中国对非洲政策文件》，将政党交往列入中非政治交往的一部分。此后，多位党的领导人先后率团访问非洲，通过政党交往渠道，不断推动中非新型战略伙伴关系的落实和发展。到2021年，中国共产党已与非洲51个国家110余个政党建立正式联系，② 中非关系也由"新型伙伴关系""新型战略伙伴关系"提升至"全面战

---

① 江泽民：《高举邓小平理论伟大旗帜 把建设有中国特色社会主义事业全面推向二十一世纪》，《人民论坛》1997年第10期，第14页。

② 《新时代的中非合作》，中国政府网，2021年11月26日，http://www.gov.cn/zhengce/2021－11/26/content_5653540.htm，最后访问日期：2021年11月30日。

略合作伙伴关系"，朝着构建新时代中非命运共同体的目标继续前行。①

　　这一时期，中国共产党根据非洲国家需求的显著变化和国际格局的演变趋势，主动调整对非政党交往的政策与方针，着重建立了务实合作的中非对话机制，不断丰富中非政党交往形式，调整政党交往内容，取得了丰硕成果。在对话机制方面，尊重非洲国家政党表达政见和参与国际事务的愿望，建立集体对话机制，提供了新世纪中非政党沟通的国际平台。在交往方式方面，形成灵活轻松的政党交往氛围，组建各式各样的研修班，如反腐败研修班、治国理政能力建设研修班和扶贫研修班等，丰富了新世纪中非政党交流的方式方法。在交往内容方面，明晰国内外发展趋势，适时改变中国共产党与非洲国家政党往来的内容侧重，顺应了新世纪中非政党交往的现实需要。

二　中国共产党与非洲政党交往的特征

　　中国共产党在与非洲国家政党交往中存在过误解与分歧，但合作与交流始终是中非政党交往的主题。中非政党交往总体趋势向好，呈现交往对象不断增加、高层往来更加频繁、交流内容愈加丰富、对话机制渐趋成熟的特征。

（一）交往对象不断增加

　　一方面，交往对象从马克思主义政党延伸到民族主义政党。中国共产党领导中国人民取得民族独立和解放战争胜利的经历，深深激励和鼓舞着曾同样深陷困境的非洲国家政党。20 世纪 50 年代，非洲一些民族主义政党，多次表达了想要与中国共产党进行党际交往的愿望，但被中国共产党以只同马克思主义政党交往为理由婉拒，引起一些政党的不满。②20 世纪 60 年代，中国共产党与苏联共产党在意识形态领域分歧扩大，引发了关于国际共产主义运动总路线的大论战。一批非洲国家的共产党和工人党站到苏联一边，与中国共产党中断来往。到"文化大革命"结束

---

① 李新烽：《百年中国共产党与非洲革命和建设》，《马克思主义研究》2021 年第 3 期，第 32～44 页。

② 李健：《天堑通途：中国共产党对外交往纪实（下）》，当代世界出版社，2001，第 685 页。

前，全世界近 90 个共产党和工人党中，仅有 10 余个尚未与中国共产党中断联系。[①] 1977 年底，中共中央批准了相关请示，同意民族主义政党与中国共产党交往。党的十一届三中全会后，中国共产党加快了与非洲国家政党交往的脚步，与贝宁社会民主党、阿尔及利亚民族解放阵线、安哥拉人民解放运动等非洲民族主义政党建立联系。1982 年党的十二大正式提出新型党际交往原则以后，以意识形态为准则进行政党交往的政策被摒弃。党的十六大以后，中国共产党政党外交的对象扩大到了愿意同中国共产党交往的任何合法政党，中非政党外交迎来新局面。

另一方面，交往对象从执政党扩展到参政党、在野党和反对党。20 世纪后半叶，非洲国家经过长期奋斗终于逐渐摆脱了殖民地半殖民地状态，成为独立主权国家，建立怎样的政治体制和政党制度旋即成为紧要任务。由于历史和现实的原因，非洲国家政党多以民族为基础，经过一段时间曲折的探索，在民族主义的自然发展和苏联、东欧的人为干预下，非洲大多数国家走向一党独大型政治，一党力量强大，长期执掌国家政权。[②] 因此，在 20 世纪 70～80 年代，中国共产党与非洲国家政党的交往以非洲执政党为主。20 世纪 90 年代，非洲突然刮起多党民主旋风，国家内部政党斗争惨烈，一批原先与中国共产党建立联系的执政党失去政权，中非政党交往暂时陷入低谷。经过近 30 年的演变，非洲政党政治基本定型，以政党力量对比来看，形成了一党独大型、两党势均力敌型和一盘散沙型三种类型。[③] 邓小平提出，"国家无论大小，党无论大小，应该一律平等"。[④] 中国共产党根据非洲政党政治形势的变化，适时调整工作方针，与不同类型政党建立了多式多样的党际关系，不仅与一党独大型政党建立了密切的关系，而且与两党势均力敌型政党也建立了友好的党际关系。在一盘散沙型政党国家中，中国共产党与影响力较大的一些政党也保持着接触和交流。这些政党中，既有执政党，也有参政党、在野党和反对党。

---

① 全国党的建设研究会编《光辉的历程　宝贵的经验——新中国成立 60 年来党的建设主要成就与经验研讨会论文集》，中央文献出版社，2010，第 509 页。
② 陆庭恩：《非洲问题论集》，世界知识出版社，2005，第 273～283 页。
③ 张宏明主编《非洲发展报告 No.14（2011～2012）：新世纪中非合作关系的回顾与展望》，社会科学文献出版社，2012，第 78～79 页。
④ 中共中央文献研究室编《邓小平年谱（1975～1997）》（上卷），中央文献出版社，2004，第 692 页。

（二）高层往来更加频繁

20 世纪中叶，非洲国家政党政治刚刚兴起，尚不成熟，中国共产党同非洲国家政党的交往主要借助民间形式开展。经过 20 多年的发展，非洲国家政党已从疾风骤雨式的增长期，过渡到相对平和的发展期，政党数量增速明显放缓，但在总数上仍然十分庞大。在经历了一段时间的探索和努力后，中国共产党将政党交往的重点由数量扩张转向深化政党关系上，政党间高层领导人互访就是深化政党关系的有效途径之一。进入21 世纪，中国共产党高层领导人频繁率党的高级代表团访问非洲国家，与非洲国家政党交流合作，党的最高领导人也曾与非洲国家驻华大使亲切交谈，深化了中非之间的友谊。①

除派遣中央政治局委员出访非洲外，中国共产党每年还邀请多批非洲国家政党高级代表团来华访问。2008 年，应中国共产党邀请，刚果民主共和国争取重建与民主人民党总书记埃瓦里斯特·博夏卜、毛里求斯社会主义战斗运动主席乔治·莱荣加尔率党的代表团访华。同年，非国大主席祖马访华，中共中央总书记胡锦涛会见了代表团，双方就深化两党两国关系交换意见。2012 年，莫桑比克解放阵线党总书记费利佩·帕温德率该党代表团访华，中共中央政治局常委李长春与之友好会谈。②2019 年，应中联部邀请，埃及自由埃及人党政治局委员、党主席助理比拉勒率该党干部考察团访华。查阅中国共产党对外交往纪实发现，2000年至 2021 年的 20 余年，几乎每月都有非洲国家政党领导人与中国共产党高层领导密切接触，深化了中国共产党与非洲国家政党的党际关系。

作为一场全球公共卫生危机，席卷全球的新冠疫情对世界造成了严重冲击。在中国共产党的领导下，中国防控新冠疫情取得显著成果。坦桑尼亚革命党总书记巴希鲁、肯尼亚朱比利党总书记图朱等多位非洲国家政党领导人纷纷致电致函中联部，赞赏中国共产党为抗击新冠疫情做出的努力，并对中国共产党积极推进国际合作抗疫的做法表示认可。③习近平总书记也第一时间对非洲国家政党进行慰问。在中国积极抗疫的过程中，美国部分政客刻意歪曲事实，抹黑中国共产党的形象，粗暴干

---

① David H. Shinn and Joshua Eisenman, *China And Africa—A Century of Engagement*, Philadelphia: University of Pennsylvania Press, 2012, p. 72.
② 贾旭阳:《中国共产党对外交往简讯》,《当代世界》2012 年第 6 期, 第 67 页。
③ 《在抗疫合作中践行人类命运共同体理念》,《人民日报》2020 年 3 月 30 日, 第 3 版。

涉中国内政。南非共产党第一副总书记马派拉、纳米比亚人组党总书记沙宁瓦等非洲国家政党政要第一时间致电中联部，表达对中国共产党的支持。① 中国共产党与非洲国家政党的高层往来没有被疫情阻断，而是以相对安全的形式继续开展，中非政党交往热度的保持，为将中非友好关系推向更高水平夯实了基础。

（三）交流内容愈加丰富

改革开放前，中国共产党与非洲国家政党交往的内容集中在两个方面：一是支持非洲国家政党领导人民开展民族独立和反种族隔离运动；二是无偿援助非洲国家经济建设。在政治方面，中国共产党大力支援非洲国家政党开展武装斗争，争取民族解放和国家独立，帮助其培训军事学员，向外派遣专家和工作人员。赞比亚多党民主运动总书记萨塔曾表示，中国为赞比亚解放运动提供了最大限度的支持，如果没有中国的支持，赞比亚将无力捍卫自己的国家。② 在经济方面，中国向 36 个非洲国家提供了超 24 亿美元的经济援助，占中国对外援助总额的近 60%，③ 有力地助推了非洲经济发展。

改革开放后，随着中国的战略目标聚焦于国内的现代化建设，中国共产党与非洲国家政党交流的内容也不再局限于政治斗争和经济援助。一方面，中国共产党对非洲开始从偏重单向度的无偿援助到强调合作共赢。2000 年中非合作论坛成立以来，中非经贸合作规模逐步扩大，合作领域不断拓宽。此外，中国在与非洲进行经贸合作时还会尽量考虑非洲国家的利益，使其从中国经济的增长中受益。④ 为方便非洲商品进入中国市场，促进中非双边贸易的进一步发展，从 2005 年 1 月 1 日起，中国对25 个最不发达非洲国家的 190 个税目的输华商品实施免关税政策。⑤ 2021年，中非共同制订了《中非合作 2035 年愿景》，加强双方在减贫惠农、

---

① 《多国政党政要反对攻击抹黑中国的行径》，《人民日报》2020 年 9 月 1 日，第 3 版。

② 罗毅：《在发展的主题下合作——中国共产党代表团出访赞比亚、津巴布韦》，《当代世界》1997 年第 10 期，第 9 ~ 11 页。

③ 李安山：《论中国对非洲政策的调适与转变》，《西亚非洲》2006 年第 8 期，第 14 页。

④ Edward Friedman, "How Economic Superpower China Could Transform Africa", *Journal of Chinese Political Science*, 2009, 14（1），pp. 1 – 20.

⑤ 《中国给予非洲最不发达国家部分输华商品免关税待遇》，《人民日报》2005 年 1 月 18日，第 4 版。

促进贸易发展、投资驱动等方面的工程建设，以实际行动促进了中非共同利益的实现。

另一方面，中非党建交流日益成为中非政党交往的重要一环。中国共产党承受了历史和实践的考验，经历了百年风霜而始终屹立不倒，在党的建设方面积累了宝贵经验，多数非洲国家政党认为中国特色社会主义具有吸引力。[1] 2019 年，中联部和江西省委共同举办专题宣介会，向外国政党政要介绍新中国 70 年取得的辉煌成就，中国共产党十九届四中全会精神以及地方党委促进发展、减贫脱贫、改善民生的生动实践。其中，中国在减贫方面的榜样引领作用正受到越来越多非洲国家的认可。[2] 内容丰富的专题会议在讲好"中国共产党的故事"、促进非洲国家政党对中国共产党的了解、加深中非政党互信合作等方面起到了积极作用。

中非卫生合作是中非政党交流的又一重要内容。自 1963 年中国向非洲派遣医疗队以来，中非卫生合作已有 60 年的历史。中国在非洲国家开展了广泛的卫生发展援助，使得非洲国家的医疗卫生水平得到切实提高。[3] 为应对突如其来的全球新冠疫情，中国共产党积极同非洲国家政党举办视频连线等活动，就疫情防控、抗疫合作进行深入探讨。中国共产党同南非执政党、塞拉利昂人民党等非洲国家政党举行视频研讨会，就共同抗击疫情、有序推进复工复产等问题交流经验。除此之外，中国向非洲提供了数亿剂疫苗，惠及非洲大多数国家，并与非洲相关国家合作生产疫苗以增强非洲本土生产疫苗的能力，以实际行动践行打造中非卫生健康共同体的承诺。

（四）对话机制渐趋成熟

长期以来，中国共产党与非洲国家政党的交往，以代表团互访为主，缺乏成熟系统的对话机制。进入 21 世纪，中国共产党在与非洲国家政党进行双边交往的同时，开展了一系列的多边外交活动，并形成了相对成熟的机制，使得中非政党交往形式逐渐稳定下来，交往内容也保持着连

---

[1]　Fanie Herman, "China's Party Training Programs in South Africa: A Quest for Political Alignment", *Fudan Journal of the Humanities and Social Sciences*, 2020, 13 (3), pp. 437 – 451.

[2]　Obert Hodzi, "Delegitimization and 'Re-Socialization': China and the Diffusion of Alternative Norms in Africa", *International Studies*, 2018, 55 (4), p. 310.

[3]　邱泽奇等：《从对非洲卫生援助中解读中国符号》，《非洲研究》2017 年第 1 期，第 49 ～ 69 页。

续性。2000 年，中国和非洲国家之间的集体对话机制——中非合作论坛成立。在中国共产党和非洲国家政党的共同努力下，"中非青年领导人论坛""中非部长级卫生合作发展研讨会""中非文化部长论坛""中非智库论坛"等分论坛也相继成立，中非政党对话机制逐渐成熟。

2008 年，中联部与浙江省政府共同举办了"中非中小企业合作论坛"，论坛通过党际交往搭建中非经贸务实合作平台，以达到巩固中非合作、促进中非经贸发展的目标。① 2010 年，中联部与农业部共同举办"中非农业合作论坛"，以响应非洲国家执政党想与中国加强农业领域合作的要求。② 2011 年，首届"中非青年领导人论坛"召开，为加强中非青年交流，增进双方友谊，吸引更多青年人投身中非友好事业搭建了重要平台。经过多年的努力，《2022 年非洲青年调查》显示，近 80% 受访的非洲青年认为中国对非洲具有重要影响力，并且其影响是积极正面的。③

除实践方面的合作机制越来越成熟以外，中国共产党还十分重视建立中非政党间有关价值理念的对话交流机制。2015 年，首届中非政党理论研讨会召开，为中非政党合作提供了一个交流对话的多边平台。2016 年，第二届中非政党理论研讨会围绕治国理政经验交流的主题展开，吸引了来自非洲 15 国执政党的 60 余名代表参加。第三届、第四届中非政党理论研讨会分别于 2017 年、2021 年举行，重点介绍了中国共产党十九大的重要精神和历史性成就以及中国特色社会主义道路的成功经验。

中国共产党与非洲国家政党间机制化、系统化的交流，在中非合作抗击新冠疫情期间发挥了重要作用。一方面，中国共产党与诸多非洲国家政党以抗击疫情为主题，开展了一系列"面对面"交流活动。如中联部与埃塞俄比亚繁荣党就共同"战疫"开展视频交流，与南非执政党非国大围绕疫情防控和经济发展举行网络研讨会，与加蓬民主党通过"云交往"讨论执政党如何在疫情下发挥领导作用。另一方面，中国与非洲国家共同倡议举行中非团结抗疫特别峰会，向世界传递中非团结抗疫和

---

① 《中非中小企业合作论坛：党际交往助推中非务实合作》，《当代世界》2009 年第 1 期，第 25 ~ 27 页。

② 沈家兴、刘金秀：《中非农业合作论坛（2010 年 8 月 11—12 日）》，《当代世界》2010 年第 9 期，第 2 页。

③ The Ichikowitz Family Foundation, "The European Business Council for Africa", African Youth Survey 2022, April 2, 2023, https://ichikowitzfoundation.com/storage/ays/ays2022.pdf.

践行多边主义的坚定信念。①

三 对中国共产党与非洲政党交往的思考

中国共产党与非洲国家政党交往近 70 年来，逐步形成了"全方位、宽领域、多渠道、深层次"的政党交往格局。② 中国共产党与非洲国家政党的关系已全面展开，如今面临进一步向战略纵深拓展的问题。展望未来，中非政党交往在夯实政治基础、拓宽外交渠道和搭建合作平台方面仍有大可作为的空间。

（一）夯实政治基础，加强与非洲政党在政治层面的交往

中国共产党与非洲国家政党交往，取得了辉煌的成就。当前，随着经贸合作在中非关系中越来越扮演着"压舱石"和"推进器"的角色，中非政党交往逐渐形成了"政党外交搭台、经贸合作唱戏"的局面。在广泛而密切的中非交流合作中，政党外交的桥梁作用得到了很好的体现。

除重视政党外交在发展经济方面的作用外，政党外交在政治层面上的作用也不容忽视，应始终保持政治交往在中国共产党同非洲国家政党的交往中占有重要位置，促进中国共产党政党外交逐步成熟，加固中非团结互信的党际关系。政党交往是国家关系的"政治基础"和"第二管道"，③ 有利于增进国家间政治互信，通过政党高层战略对话，可以为双边重大战略性合作扫除政治障碍。为此，中联部和各地政府可共同建设中非政治交流论坛，这样既能促进政党间政治层面的交流，又有利于非洲国家政党与各承办城市交流，加深对中国共产党的了解，增强双边政治互信。

---

① 贺文萍：《在抗疫合作中建设更紧密的中非命运共同体》，《当代世界》2020 年第 7 期，第 34 页。

② 《第三届中非政党理论研讨会在北京开幕 奏响中国共产党与世界政党高层对话会"序曲"》，中国共产党新闻网，2017 年 11 月 29 日，http://cpc. people. com. cn/n1/2017/1129/c164113－29675386. html，最后访问日期：2021 年 6 月 5 日。

③ 《习近平在纪念党的对外工作 90 周年暨中联部建部 60 年大会上强调——党的对外工作要继往开来再创辉煌》，《光明日报》2011 年 1 月 18 日，第 3 版。

（二）　拓宽外交渠道，重视民主党派与非洲政党的交往

在世界进入动荡变革期的新形势下，政党交往为国家友好关系续写新篇章、注入新动力的责任和使命更加凸显，在此背景下，拓宽外交渠道，重视民主党派与非洲政党的交往就成为必要选择。但是，非洲部族政治的历史传统与多党民主的现实状况限制了中国共产党与非洲国家政党的交往。一方面，非洲部分国家执政党变更频繁，政党政治不够成熟；另一方面，非洲执政党与在野党大多关系紧张，中国共产党与一些在野党接触时，需要考虑执政党的意见，在一定程度上限制了中国共产党与非洲国家在野党发展关系。在与非洲各类政党交流的过程中，中国共产党不断寻求扩大接触面的渠道和方式，但有些局限仍然难以突破，适当发展民主党派与非洲国家政党的交往将有利于该问题的解决。中国实行的是中国共产党领导的多党合作和政治协商制度，中国共产党是各项事业的领导核心，各民主党派也发挥了积极作用，是政党外交有待进一步挖掘的宝贵财富。

当今世界正经历百年未有之大变局，中国共产党政党外交不可避免地受到错综复杂的国际形势的挑战与制约。在此形势下，让民主党派在中国共产党的领导下更多地参与到对非洲的政党外交中，可以减少意识形态因素对中国共产党政党外交的限制。民主党派相较于执政党来说，与国家政权关联程度更低，在与非洲国家在野党交往和运作方面更加灵活和方便，能够扩大中国共产党在非洲的"朋友圈"，有利于为中国发展创造一个和平友善的国际环境。

（三）　搭建合作平台，推动构建中非命运共同体

非洲国家政党与中国共产党具有传统深厚的友谊，是中国共产党的老朋友。中非关系的可持续发展，需要增进相互了解和理解。执政党交往是中非关系的重要方面，中非可以利用执政党资源，为双方合作搭台。近年来，中非先后召开了"中非农业论坛""中非中小企业合作论坛""中非青年领导人论坛""中非民间论坛"等，通过执政党的影响力，安排相应政府部门代表出席，取得圆满成功。这些实践，对于深刻理解中非政党外交的特殊价值具有重要意义。中非同为发展中国家，在推进国际秩序改革和全球治理体系变革，应对气候变化、反对恐怖主义、防治传染病等诸多方面有着共同利益。中非政党的政治沟通，为中非政府在

国际场合协调行动、维护共同利益提供了重要的政治基础。

2013 年，习近平总书记在"人类命运共同体"理念的基础上，提出构建"中非命运共同体"，为构建更加紧密的中非关系，与非洲在地区和国际多边舞台上通力合作提供了理念指引。在 2018 年举办的中国共产党与世界政党高层对话会非洲专题会上，"人类命运共同体"理念得到与会非洲国家政党的积极响应，卢旺达爱国阵线全国执委委员铁托表示，构建人类命运共同体理念与非洲的泛非主义思想在价值旨归上具有一定相似性，得到非洲乃至全世界的广泛认同。① 同年，习近平总书记在中非合作论坛北京峰会上提出"共筑更加紧密的中非命运共同体，为推动构建人类命运共同体树立典范"，② 为中非命运共同体的构建提供了鲜明的价值引领、坚定的合作原则、共赢的发展理念和务实的行动计划。③ 新冠疫情肆虐全球，一些政客诋毁中国的言论一度甚嚣尘上，非洲国家政党纷纷站出来为中国共产党发声，赞扬中国共产党为本国、为他国抗击疫情所做的贡献。坦桑尼亚革命党总书记巴希鲁表示，中国共产党在坦桑尼亚出现新冠病例之时，及时分享防疫经验，对于帮助坦桑尼亚战胜疫情而言正当其时。④ 中国共产党与非洲国家政党合作抗击疫情的努力，客观上加快了"中非命运共同体"理念的落实，由愿景转变为现实。中非命运共同体将中非合作推到前所未有的历史高度，给中非合作带来了前所未有的发展机遇，也为拓展和深化中非党际交往开辟了更加广阔的空间。⑤

纵观历史，改革开放前，中非政党交往以获取彼此政治支持为目的；改革开放后，中非政党交往以实现共同发展、互利共赢为目标。无论哪一时期，中国共产党在与非洲国家政党交往过程中，始终坚持不附加政治条件、不干涉内政的原则，秉承相互尊重、平等相待的态度，谋求务实灵活、效果显著的合作模式。⑥ 中国与非洲曾同为反帝反殖反霸主力

① 黄涵、何晨青：《探索适合国情发展道路 共建中非命运共同体——记中国共产党与世界政党高层对话会非洲专题会》，《当代世界》2018 年第 8 期，第 35 页。

② 《习近平谈治国理政》第 3 卷，外文出版社，2020，第 449 页。

③ 李雪冬、王严：《构建更加紧密的中非命运共同体：意义、内涵与实现路径》，《非洲研究》2019 年第 1 期，第 155 ~ 163 页。

④ 《在抗疫合作中践行人类命运共同体理念》，《人民日报》2020 年 3 月 30 日，第 3 版。

⑤ 岳阳花：《对非洲政党外交大有可为——中联部副部长李进军率中国共产党友好代表团访问非洲三国》，《当代世界》2007 年第 10 期，第 12 ~ 13 页。

⑥ 周玉渊：《非洲世纪的到来?》，社会科学文献出版社，2017，第 208 页。

军，同为第三世界的重要组成部分，有着深厚的传统友谊。当下的中国与非洲同样面临实现国家发展、民族振兴的时代任务，有着广泛的共同利益。中国与非洲国家以政党为载体，缔造了"真诚友好、平等相待，互利共赢、共同发展，主持公道、捍卫正义，顺应时势、开放包容"① 的中非友好合作精神，为构建中非命运共同体做出了政党贡献，为构建人类命运共同体树立了典范。

【责任编辑】李鹏涛

---

① 习近平：《同舟共济，继往开来，携手构建新时代中非命运共同体》，《人民日报》2021年11月30日，第2版。

非洲研究　2023 年第 1 卷（总第 20 卷）

第 184—203 页

SSAP ©，2023

中国在尼日利亚投资争端解决机制的困境与突破[*]

——以"中山富诚案"为例

彭先琦

【内容提要】随着共建"一带一路"的深入推进，中国逐渐由资本输入国变成资本输入与资本输出的大国，对非洲的投资和纠纷也不断增多。作为首例中国投资者对非洲国家提起的投资仲裁案，中山富诚诉尼日利亚案反映了中国投资者在尼日利亚产生投资争端后，寻求权利救济路径的困境。如诉诸东道国诉讼久拖不决、被东道国法院签发禁止仲裁令阻断商事仲裁、被东道国援引岔路口条款挑战投资仲裁管辖权等。既有东道国本地保护之因，亦有中国投资者不熟悉投资争端解决机制之故。中国投资者应在现有国际条约和中尼 BIT 框架下审慎选择争议解决方式，也可依托母国适时更新中尼 BIT 或签署自由贸易协定，完善保护投资者之法律制度，最后可考虑在中非合作论坛机制下设立中非投资争议解决中心，友好解决中非投资争议。

【关键词】中山富诚诉尼日利亚案；岔路口条款；禁止仲裁令；中尼投资争端

【作者简介】彭先琦，比利时根特大学法学院博士生（比利时根特，9000）。

---

* 本文系国家留学基金委"国家建设高水平大学公派留学生项目（与比利时根特大学配套资助奖学金）"（项目编号：202107650032）的阶段性成果。

前　言

"一带一路"倡议提出以来，中非在共建"一带一路"中的经贸往来和投资合作日益增加。尼日利亚是非洲最大的经济体之一，截至 2020 年底，中国对尼日利亚直接投资存量为 23.7 亿美元，涵盖石油开采、经贸合作区建设、矿产资源开发、农业生产等多个领域。[①] 这些领域又属于投资争议较多的领域，如何保障中国投资者在尼日利亚的投资权益并寻求救济途径是中国企业在尼日利亚投资的重要难题。"中山富诚诉尼日利亚政府投资仲裁案"（简称"中山富诚诉尼日利亚案"）是中国企业首次对尼日利亚提起投资仲裁的案件，该案历时多年，历经东道国法院诉讼、第三国商事仲裁、东道国发布禁止仲裁令、磋商、投资仲裁等多种救济途径，最终获得投资仲裁庭的支持。该案一方面体现了中国—尼日利亚双边投资协定争端机制条款的适用对仲裁庭管辖权的重要影响，另一方面也凸显出中国投资者在尼日利亚寻求投资争端机制救济的困境和艰辛。对该案的分析研究可为中国政府未来与尼日利亚谈判缔结新的双边投资协定或自由贸易协定以及中国在尼日利亚和非洲其他国家的投资者维护自身利益提供一定借鉴。

一　"中山富诚诉尼日利亚案"简介[②]

（一）案情概要

2010 年，珠海中富实业股份有限公司（简称"珠海中富"）与奥贡自贸区公司签署框架协议（简称"2010 年框架协议"）。根据该框架协议，珠海中富在奥贡自贸区建立富诚工业园，并有权开发、运营该工业

[①] 《对外投资合作国别（地区）指南——尼日利亚（2021 年版）》，商务部，2022，第 33~34 页。

[②] Zhongshan Fucheng Industrial Investment Co. Ltd. v. Federal Republic of Nigeria，裁决文书可参见 https://jusmundi.com/en/document/decision/en-zhongshan-fucheng-industrial-investment-co-ltd-v-federal-republic-of-nigeria-final-award-monday-1st-march-2021。Accessed 2022-09-30.

园。而后，珠海中富、奥贡自贸区公司和中山富诚工业投资公司（简称"中山富诚"）签署协议，约定将珠海中富在"2010 年框架协议"下的权利和义务转让给中山富诚。中山富诚随后在奥贡自贸区内设立全资子公司中富公司，以负责开发、运营和管理富诚工业园。2011 年 7 月，中山富诚支付了第一期土地使用权费，约 545.5 万元人民币。2013 年，中富公司与奥贡州政府、赞尼特环球商人有限公司（Zenith Global Merchant Limited，简称"赞尼特公司"）签署了合资协议（简称"2013 年合资协议"），约定由中富公司开发、运营、管理奥贡自贸区，并拥有奥贡自贸区公司 60% 的股份，争议解决方式为在新加坡国际仲裁中心（SIAC）按照联合国国际贸易法委员会仲裁规则（2013）（UNCITRAL Arbitration Rules 2013）进行仲裁。2016 年 4~8 月，奥贡州政府以中富公司"欺诈性地转换国有资产"，且存在欺骗和虚假陈述为由，终止了双方的特许权协议，将中富公司驱逐出奥贡自贸区，并联合警方对中富公司的管理人员进行逮捕、拘留。随后，该案进入了漫长的投资争议救济之路。

2016 年 8 月，中富公司向尼日利亚阿布贾联邦高等法院起诉尼日利亚出口加工管理局（NEPZA）、奥贡州司法部部长（州政府代表）和赞尼特公司，要求依据先前的任命文件恢复对奥贡自贸区的管理权。2016 年 9 月，中富公司向奥贡州高等法院起诉奥贡自贸区公司、奥贡州政府及其司法部部长，要求依据"2010 年框架协议"恢复对富诚工业园的所有权，并提出赔偿 10 亿美元。然而，上述案件尚未进入实体审查程序就于 2018 年 3~4 月被终止。此外，中富公司还于 2016 年向新加坡国际仲裁中心申请商事仲裁，① 被申请人为奥贡州政府和赞尼特公司，仲裁地点为新加坡。2017 年 1 月，赞尼特公司向奥贡州高等法院申请禁止仲裁令。2017 年 3 月，奥贡州高等法院以尼日利亚（而非新加坡）与本案具有实质上的密切联系以及避免仲裁程序被滥用为由批准了该禁止仲裁令。2017 年 9 月，中山富诚向尼日利亚发出磋商通知，但一直未收到答复。2018 年 8

---

① SIAC Case No. ARB300/16/JCL，参见 Zenith Global Merchant Limited v. Zhongfu International Investment（NIG）FZE, Ogun State Government and Attorney-General of Ogun State, High Court Ogun Division, Nigeria, 3PLR/2017/348（HC）。判决文书可参见 https://judgements. lawnigeria. com/2019/07/08/zenith-global-merchant-limited-v-zhongfu-international-investment-nig-fze-ors/。Accessed 2022 - 09 - 30.

月，中山富诚根据《中国—尼日利亚 BIT》①申请投资仲裁，仲裁地为伦敦。中山富诚主张尼日利亚政府违反了《中国—尼日利亚 BIT》中的持续保护、公平公正待遇、征收补偿等义务，要求尼日利亚政府赔偿损失及相关费用。2021 年 3 月，仲裁庭作出裁决，判令尼日利亚政府赔偿中山富诚相关损失和费用约 6800 万美元。该仲裁裁决于 2021 年 12 月获得英国高等法院的承认，这意味着中山富诚诉尼日利亚案取得了胜利。此外，中山富诚还于 2022 年 1 月向美国哥伦比亚地区法院申请执行该仲裁裁决，并于 2023 年 1 月获得法院支持。但截至 2023 年 2 月，尼日利亚政府尚未支付 6800 万美元的赔偿款。该案是首例中国企业对非洲东道国提起投资仲裁并获成功的案件，是中国企业利用投资争端解决机制海外维权的一个重要突破，也将为中国企业在尼日利亚投资提供清晰的维权途径。

（二）法律争议与裁判观点

本案的核心争议焦点是仲裁庭是否具有管辖权，即中山富诚是否拥有《中国—尼日利亚 BIT》下的"投资"，及是否因选择国内法院救济程序触发"岔路口条款"（Fork in the Road）而排除仲裁。仲裁庭并未采纳尼日利亚政府的主张，对"投资"采取宽泛解释，认为中山富诚在尼日利亚的资产投入和经营已构成《中国—尼日利亚 BIT》中的"投资"。在"岔路口条款"的适用上，仲裁庭采用"三重相同测试"（Triple Identity Test）予以判断，认为国内法院诉讼和投资仲裁的当事人、诉因和诉讼请求均不相同，应属于不同的法律程序，《中国—尼日利亚 BIT》中的岔路口条款并不适用本案件，国内法院的诉讼程序并不能阻却国际仲裁的进行，因此仲裁庭对该案件有管辖权。

在商事仲裁程序中，争议的问题则是国际平行程序中的管辖权冲突，即同时提起法院诉讼和仲裁后，被申请人可否向尼日利亚法院申请禁止仲裁令，以及尼日利亚法院是否有权和应该发布该禁止仲裁令。对此，

---

① 中国和尼日利亚政府最初于 1997 年 5 月 12 日签署了《中华人民共和国政府和尼日利亚联邦共和国政府相互促进和保护投资协定》，但该投资协定尚未生效。2001 年 8 月 27 日，中国和尼日利亚政府签署了新的《中华人民共和国政府和尼日利亚联邦共和国政府相互促进和保护投资协定》（简称《中国—尼日利亚 BIT》），该协定正式取代了 1997 年的投资协议，并已于 2010 年 2 月 18 日正式生效。参见 https：//investmentpolicy. unctad. org/ international-investment-agreements/treaties/bit/949/china-nigeria-bit - 2001 - 。Accessed 2022 - 09 - 30.

尼日利亚奥贡州高等法院认为尼日利亚与该争议具有最实质性密切联系，法院有权且应该发布禁止仲裁令，禁止仲裁程序继续进行。[①]

二　中国投资者—尼日利亚投资争端机制的现实困境

《中国—尼日利亚 BIT》及投资协议是中国投资者在尼日利亚投资权益的保障，对条款解释和适用的差异会增加争端解决机制的不确定性，如对"投资"的认定标准、"岔路口"条款的适用，会阻却仲裁程序的进行。尼日利亚法院的禁止仲裁令说明本地保护主义仍是桎梏投资争端机制发展的重要因素，从而使中国投资者在尼日利亚寻求投资争端救济途径陷入泥沼。

（一）"投资"的认定标准——主观解释或客观解释

关于"投资"的认定，对仲裁管辖权的确定具有重要意义，《关于解决国家和他国国民之间投资争端公约》（简称《ICSID 公约》）第 25 条规定，仲裁庭仅受理因投资而产生的争议，但公约并未对"投资"作出明确界定，而是交由各国在国际投资协定（IIA）中自主约定。《中国—尼日利亚 BIT》中对"投资"采用了以财产为基础的定义模式，一方在另一方领土内所投入的各种财产均可被认定为投资，包括：（1）动产，不动产及抵押权、留置权或质权等其他财产权利；（2）股份、债券、股票或其他在公司的权益；（3）与投资有关的金钱请求权或其他合同项下的具有财务价值的行为请求权；（4）知识产权，特别是著作权、专利、商标、商名、工艺流程、专有技术和商誉；（5）法律或法律允许依合同授予的商业特许权，包括勘查、耕作、勘探、开发或开采自然资源的特许权。[②] 该协定以列举的方式限定了投资的范围，防止投资的概念过于宽泛，避免使东道国陷入仲裁案件的泥潭。但同时又以"包括但不限于"的开放式

---

① Zenith Global Merchant Limited v. Zhongfu International Investment（NIG）FZE, Ogun State Government and Attorney-General of Ogun State, High Court Ogun Division, Nigeria, 3PLR/2017/348（HC）.

② 《中华人民共和国政府和尼日利亚联邦共和国政府相互促进和保护投资协定》，中华人民共和国商务部，2010 年 2 月 25 日，http://tfs.mofcom.gov.cn/article/h/aw/201002/20100206795350.shtml。

方式为新的经济行为纳入投资范畴留有空间，以给予投资者充分的保护。在中山富诚诉尼日利亚案中，仲裁庭依据《中国—尼日利亚 BIT》中的"投资"定义条款，认定中山富诚在尼日利亚持有的公司股份、金钱投入和经济行为已构成"投资"，从而确认仲裁庭具有管辖权。仲裁庭在界定投资时，直接依据双边投资协定中的"投资"定义条款进行解释，并未附加其他严格的标准。对于仲裁庭的决定，尼日利亚政府提出异议，主张应依据客观标准对"投资"进行解释，尤其要考量"投资"是否具备对东道国有贡献（contribution）、运营风险（operational risk）、持续期间（duration）等因素。尼日利亚政府认为中山富诚在尼日利亚的经济行为不具备上述三个要素，从而不赞成《中国—尼日利亚 BIT》中关于投资的定义，认为仲裁庭没有管辖权。

仲裁庭对投资概念进行解释的方法属于主观主义解释方法，认为若有争议的投资涵盖在投资协定（BIT）定义的范围内，则视为当事方同意提交仲裁，仲裁庭不再对是否符合《ICSID 公约》第 25 条进行解释。① 这一解释方法以缔约国的自由意志作为判断仲裁庭是否拥有管辖权的依据，主要参照涉案当事国签署的投资协定进行解释。根据《维也纳条约法公约》第31 条，在对条约进行解释时，应按照上下文及条约目的进行善意解释。该解释方法能较好反映当事国的条约缔结目的和共同合意，因而在多个案件中被采用。如在 SGS v. Pakistan 案②和 SGS v. Philippines 案③中，仲裁庭认为 BIT 中对投资的定义较为宽泛，应按照上下文、目的和宗旨及通常含义对条约术语进行解释。在 Philippe Gruslin v. Malaysia 案④中，仲裁庭认为《ICSID 公约》第 25 条并没有涉及投资定义，不应对"投资"进行限制性解释，应当根据双边投资协定来判断。在 Azurix Corp. v. Argentine 案⑤和

---

① 朱文龙：《国际投资领域投资定义的发展及对中国的启示》，《东方法学》2014 年第 2 期，第 154 页；何芳：《论 ICSID 仲裁中的投资定义》，《河北法学》2018 年第 10 期，第 101 页。

② SGS Société Générale de Surveillance S. A. v. Islamic Republic of Pakistan, ICSID Case No. ARB/01/13, Decision of the Tribunal on Objections to Jurisdiction, 6 August 2003.

③ SGS Société Générale de Surveillance S. A. v. Republic of the Philippines, ICSID Case No. ARB/02/6, Decision of the Tribunal on Objections to Jurisdiction, 29 January 2004.

④ Philippe Gruslin v. Malaysia, ICSID Case No. ARB/99/3, Award on Jurisdiction, 28 November 2000.

⑤ Azurix Corp. v. Argentine Republic, ICSID Case No. ARB/01/12, Decision on Jurisdiction, 8 December 2003.

Camuzzi v. Argentine 案①中，仲裁庭认为如果争议当事方明示或暗示地将一项交易当作投资达成了共识，那么《ICSID 公约》第 25 条所指的投资就应当符合当事方的共识，因此，任何交易都可以依据当事方的合意被包含在《ICSID 公约》的范围内或被排除在外。主观主义解释方法侧重于对条约进行目的解释和善意解释来定义投资，赋予仲裁庭较大自由裁量权，在投资保护方面提供了更多的灵活性。国际投资协定是投资仲裁的基础，仲裁庭的管辖权来源于缔约国的主权让渡和共同合意，对缔约国"同意"的忽视，将动摇国际投资仲裁的合法性根基，因此，依据 BIT 来解释投资具有合理内核。但另外，该解释方法给予投资宽泛的定义，使得仲裁庭受理的案件范围扩大，增加了投资者滥诉的可能性和东道国被诉的风险，在一定程度上会加剧投资仲裁的合法性危机，以致越来越多的国家考虑退出或抛弃投资仲裁机制，转而诉诸国内司法途径，滋生卡尔沃主义。

尼日利亚政府解释投资的方法属于客观主义解释方法，该方法在判断投资是否存在时需考虑有争议的投资是否同时被涵盖于当事方同意的范围之内（通常规定在 BIT 中），以及符合《ICSID 公约》中对投资的定义。② 客观主义解释方法认为《ICSID 公约》第 25 (1) 条包含了对投资的客观要求，投资应该具备一些客观特征，如持续时间、定期的收益和回报、承担风险、对东道国经济发展有贡献等。③ 该解释方法在仲裁庭中的适用始于 Fedax v. Venezuela 案，④ 仲裁庭在该案中首次援引客观特征要素来界定投资，如一定的持续时间、承担风险、对东道国经济发展有贡献等。这一观点被其后许多案件援引，并在 Salini v. Morocco 案⑤中确定了判断投资的四个客观标准，即著名的 Salini 标准。根据这一标准，投资只有具备以下四个要素，才是《ICSID 公约》中的适格投资，即 (1) 资金或资

---

① Camuzzi International S. A. v. Argentine Republic, ICSID Case No. ARB/03/2, Decision on Objections to Jurisdiction, 11 May 2005.

② 赵骏：《国际投资仲裁中"投资"定义的张力和影响》，《现代法学》2014 年第 3 期，第 164 页；何芳：《论 ICSID 仲裁中的投资定义》，《河北法学》2018 年第 10 期，第 104 页。

③ Christoph H. Schreuer, *The ICSID Convention: A Commentary*, Cambridge：Cambridge University Press, 2001, pp. 125 – 127.

④ Fedax N. V. v. Republic of Venezuela, ICSID Case No. ARB/96/3, Decision of the Tribunal on Objection to Jurisdiction, 11 July 1997.

⑤ Salini Costruttori S. p. A. and Italstrade S. p. A. v. Kingdom of Morocco, ICSID Case No. ARB/00/4, Decision on Jurisdiction, 23 July 2001.

产的投入，（2）一定时间的持续，（3）交易活动中的风险承担，（4）对东道国经济发展具有贡献。Salini 标准为仲裁庭判断一项交易是否属于投资提供了客观标准，使仲裁庭更容易对交易的性质进行判断，在其后的案件中被广泛采用和发展。如在 Joy Mining v. Egypt 案[①]和 Jan de Nul v. Egypt 案[②]中，仲裁庭便完全采纳了该方法来界定投资。在 Phoenix v. Czech 案[③]中，仲裁庭新增投资要符合东道国法律和善意这两条标准，对投资的条件进行更严苛的审查。在 Saba Fakes v. Turkey 案[④]及 Quiborax v. Bolivia 案[⑤]中，仲裁庭对 Salini 标准进行了批判性接受，认为前三个要素已构成判断投资的充分必要条件，对东道国经济发展的贡献应是投资的结果，而不能作为投资的条件。仲裁庭在援引这一标准时，并不是僵硬地机械式适用，而是根据案件的具体情况，采用了更灵活务实的解释方法。客观主义解释方法为仲裁庭在投资活动日益复杂难以判断之际提供了可资参考的标准，在一定程度上保持了国际投资所需求的稳定性和可预测性。对当事方同意提交仲裁的案件进行客观审查，可避免投资者滥诉，缓解投资仲裁因对外国投资者过度保护而带来的合法性危机。另外，"同意"是仲裁庭管辖权的基石，《ICSID 公约》中第 25 条并未包含定义投资的客观标准，仲裁庭的这一解释方式属自身权限的扩张，在一定程度上是对缔约方意思自治和条约解释权的侵蚀，背离了条约的缔结本意。[⑥]

　　国际投资仲裁中，仲裁庭对主观主义解释方法和客观主义解释方法一直争论不休。联合国贸易和发展会议（UNCTAD）也在 2011 年的报告中指出：到底使用哪种方法取决于国际投资法的目的，如果其目的是投资保护则应采用主观主义；而如果是国际合作则应采用客观主义，而 ICSID 倾向于哪种还尚待分晓。[⑦] 中山富诚诉尼日利亚案中关于投资定义

---

① Joy Mining Machinery Limited v. Arab Republic of Egypt, ICSID Case No. ARB/03/11, Award, 6 August 2004.

② Jan de Nul N. V. and Dredging International N. V. v. Arab Republic of Egypt, ICSID Case No. ARB/04/13, Decision on Jurisdiction, 16 June 2006.

③ Phoenix Action Ltd. v. Czech Republic, ICSID Case No. ARB/06/5, Award, 15 April 2009.

④ Saba Fakes v. Republic of Turkey, ICSID Case No. ARB/07/20, Award, 14 July 2010.

⑤ Quiborax S. A. and Non-Metallic Minerals S. A. v. Plurinational State of Bolivia, ICSID Case No. ARB/06/2, Decision on Jurisdiction, 27 September 2012.

⑥ 何芳：《论 ICSID 仲裁中的投资定义》，《河北法学》2018 年第 10 期，第 108 页。

⑦ UNCTAD, World Investment Report, 2011, p. 119.

的分歧也反映出在国际投资仲裁中，两种解释方法双轨并行仍是常态，任何一种方法均不具有压倒性优势。虽然本案中仲裁庭采用主观主义解释方法确认了仲裁庭的管辖权，支持了中国投资者的诉求。但尼日利亚政府援引了投资的客观特征标准认为中山富诚在尼日利亚不构成投资，以仲裁庭无管辖权为由提出撤销仲裁裁决和不予承认与执行，尼日利亚政府的这一主张是否会得到法院支持，尚未可知。且仲裁裁决不具有先例效力，仅约束争议双方，这使得投资定义将仍处于一种波动状态。而投资的定义对于仲裁管辖权的确定具有重要意义，在《中国—尼日利亚 BIT》下，中国投资者可否有效运用投资仲裁机制解决投资争议面临不确定性。

（二）"岔路口条款"的适用——三重相同原则或基本依据标准

《中国—尼日利亚 BIT》第 9 条规定：（1）缔约一方投资者与缔约另一方的争议应友好协商解决；（2）如果争议在 6 个月内未能协商解决，争议任何一方有权将争议提交接受投资的缔约一方有管辖权的法院；（3）如果争议在诉诸本条第一款规定的程序后 6 个月内仍未能解决，可应任何一方的要求，将争议提交专设仲裁庭。如有关的投资者诉诸了本条第二款所规定的程序，本款规定不应适用。① 该规定又称"岔路口条款"，即外国投资者有权就争议选择东道国法院救济或国际投资仲裁，一旦选择了其中的一种方式，便为终局。② 作为用尽东道国当地救济原则的改进，岔路口条款赋予了投资者选择当地救济或国际仲裁的主动权，较好地平衡了东道国坚持国内司法主权的要求以及投资者诉诸国际仲裁机制的诉求，以及避免平行程序。在国际投资仲裁实践中，不时有投资者先在东道国提起诉讼，在败诉或预测无胜诉把握后，又依条约提起国际仲裁，从而触发岔路口条款能否适用的问题。仲裁庭在判断岔路口条款的适用时，借鉴了既判力（*Res Judicata*）原则的要求，即要求救济（*petitum*）相同、诉因（*causa petendi*）相同和双方当事人（*per-*

---

① 《中华人民共和国政府和尼日利亚联邦共和国政府相互促进和保护投资协定》，中华人民共和国商务部，2010 年 2 月 25 日，http://tfs. mofcom. gov. cn/article/h/aw/201002/20100206795350. shtml。

② R. Dolzer, C. Schreuer, *Principles of International Investment Law*, Oxford：Oxford University Press, 2012, p. 267.

sona） 相同，①来判断其受理的投资争端是否与东道国法院受理的争端相同。晚近的仲裁裁决几乎都对三重相同标准采取严苛适用、严格解释的态度，认为除非双方主体、标的和诉因都完全一致，否则不能触发岔路口条款，即使某一项要件存在实质上的联系或一致。如对当事人一致性进行判断时，仲裁庭认为国际仲裁中的申请方和东道国国内诉讼中的起诉方即便是母子公司关系，也构成不同的申请方，不适用岔路口条款。②若国内诉讼中的被诉方是东道国地方政府，而国际仲裁中的被申请方是东道国中央政府，也属不同的被诉方，岔路口条款不予适用。③在判断诉因和标的一致性时，即使争议是基于同一事实，仲裁庭会因诉因不同，如国内程序是合同之诉，国际程序是条约之诉，判定国内程序和国际程序的非同一性，从而不触发岔路口条款。④仲裁庭还会以国内程序是国内法之诉，国际仲裁是国际法之诉，二者诉求不同为由，不启用岔路口条款。⑤在中山富诚诉尼日利亚案中，仲裁庭沿袭了先前案件中所采用的三重相同标准，认为：（1）国内诉讼程序的原告是中富公司，国际仲裁程序的申请人是其母公司，二者属不同主体；（2）国内诉讼是合同之诉，国际仲裁是条约之诉，二者诉因不同；（3）国内诉讼是要求恢复合同项下的权利，国际仲裁是要求赔偿，二者诉讼请求不同。依据三重相同测试，岔路口条款不予适用。由此可知，在判断岔路口条款的适用上，国际仲裁中普遍采用三重相同原则，并对该原则进行严格的解释，从而可

---

①　徐崇利：《国际投资条约中的"岔路口条款"：选择"当地救济"与"国际仲裁"权利之限度》，《国际经济法学刊》2007 年第 3 期，第 127 页；傅攀峰：《国际投资仲裁中既判力原则的适用标准——从形式主义走向实质主义》，《比较法研究》2016 年第 4 期，第 146 页。

②　如 Enron v. Argentina 案，Enron Creditors Recovery Corporation（formerly Enron Corporation）and Ponderosa Assets, L. P. v. Argentine Republic, ICSID Case No. ARB/01/3, Decision on Jurisdiction, 2 August 2004；Genin v. Estonia 案，Alex Genin and Others v. Republic of Estonia, ICSID Case No. ARB/99/2, Award of the Tribunal, 25 June 2001。

③　如 Azurix v. Argentine 案，Azurix Corp. v. Argentine Republic, ICSID Case No. ARB/01/12, Decision on Jurisdiction, 8 December 2003。

④　如 CMS v. Argentina 案，CMS Gas Transmission Company v. Argentine Republic, ICSID Case No. ARB/01/8, Decision of the Tribunal on Objections to Jurisdiction, 17 July 2003；Toto v. Lebanon 案，Toto Costruzioni Generali S. p. A. v. Lebanese Republic, ICSID Case No. ARB/07/12, Decision on Jurisdiction, 11 September 2009。

⑤　如 Bayindir v. Pakistan 案，Bayindir Insaat Turizm Ticaret Ve Sanayi A. S. v. Islamic Republic of Pakistan, ICSID Case No. ARB/03/29, Decision on Jurisdiction, November 14, 2005。

使投资者获得国际仲裁救济。

　　对于仲裁庭的观点，尼日利亚政府提出异议，认为：（1）中富公司虽然是国内诉讼的原告，但是中山富诚是基于尼日利亚法律要求而设立的，由其全资拥有且实际控制，应视为同一主体；（2）三重相同原则并非合适的判断标准，而应该采取基本依据标准（fundamental basis）；（3）国内诉讼和国际仲裁是基于同一事实，基本权利都源自双方合同，都源于相同的不当行为，均请求赔偿。因此应启用岔路口条款，仲裁庭无管辖权。尼日利亚政府所采用的标准是新近兴起的基本依据标准。该标准要求不能机械地依据三重相同原则来解释岔路口条款的适用，而是要依据两个诉求基本依据是否相同，来判断国内诉讼的诉求是否独立于国际仲裁。① 该标准最初在 Pantechniki v. Albania 案②中被援引，仲裁庭认为同一事实可产生不同的法律主张，相似的申请人其诉讼理由可能不同，应依据是否具有同一基础性来源（same normative source）判断两个诉求是否独立，基于 BIT 提起的国际仲裁和基于合同提起的国内诉讼，都是基于合同损失请求赔偿，因此并非独立的两个诉求，从而适用岔路口条款。而后在 H&H v. Egypt 案③和 Supervision y Control v. Costa Rica 案④中，仲裁庭援引基本依据标准判定国际仲裁和国内诉讼程序具有相同的事实和基本依据，从而触发岔路口条款，仲裁庭对条约索赔无管辖权。这表明投资仲裁庭对岔路口条款的适用和态度正在发生改变，不再固守三重相同原则的僵化适用，开始通过分析实质要素来判断"投资争端"的同一性，岔路口条款的适用性被仲裁庭重新发挥。

　　中山富诚诉尼日利亚案中关于岔路口条款适用的争议，切实反映了当前国际投资仲裁对该条款适用的争论。虽然三重相同原则一直占主导地位，但对该原则的争议与批评从未停止，三重相同原则的适用标准过于严格和僵化，投资者可通过控股股东和子公司的名义排除当事方的同

① Markus A. Petsche, "The Fork in the Road Revisited: An Attempt to Overcome the Clash Between Formalistic and Pragmatic Approaches", *Washington University Global Studies Law Review*, 2019, 18 (2) p. 413.

② Pantechniki S. A. Contractors & Engineers v. Republic of Albania, ICSID Case No. ARB/07/21, Award, 30 July 2009.

③ H&H Enterprises Investments, Inc. v. Arab Republic of Egypt, ICSID Case No. ARB/09/15, Decision on Jurisdiction, 5 June 2012.

④ Supervision y Control S. A. v. Republic of Costa Rica, ICSID Case No. ARB/12/4, Award, 18 January 2017.

一性，也可以通过选择不同被诉方排除同一性；若是存在相同的诉讼标的和事由，投资者可通过肢解诉求、更换诉求事由来规避同一性。投资者通过灵活变通可轻易规避岔路口条款，从而使得该条款虽然体现在国际投资条约中，却形同虚设。投资者可在选择东道国当地救济后，再从国际仲裁中获益，而使东道国陷入国内诉讼和国际仲裁的双重程序中。仲裁庭严格适用岔路口条款，有扩大其管辖权之故，也有偏袒投资者之嫌，几乎使得岔路口条款名存实亡，这无疑增加了平行程序的概率，造成东道国和投资者利益失衡。从而招致东道国，尤其是发展中国家的强烈反对。① 基本依据标准则注重从"投资争端"的实质分析国内诉讼和国际仲裁的同一性，对适用岔路口条款采取积极、宽松的解释，能缓解三重相同原则对适用岔路口条款的僵化。虽然该标准并不能使岔路口条款的适用状况得以完全改善，但表明仲裁庭对待岔路口条款的态度已经发生改变。对于在尼日利亚及非洲投资的中国投资者而言，在发生投资纠纷后，基于对诉讼成本、方便程度以及与东道国的关系等因素的考虑，大多会先选择在当地法院诉讼，在诉讼受阻或败诉后，再提起投资仲裁。② 这无疑增加了适用岔路口条款的概率，从而无法寻求国际仲裁救济。虽然目前投资仲裁庭的主流观点是采用三重相同原则的严格解释，排除岔路口条款的适用，但国际投资保护的趋势已从倾向于保护投资者利益转为寻求东道国和投资者利益保护的平衡，基本依据标准逐渐被仲裁庭接受，开始使岔路口条款重新发挥作用，尼日利亚政府也依据该标准提出管辖权异议。在《中国—尼日利亚 BIT》下，中国投资者如何在不触发岔路口条款的情况下，有效运用投资争端机制进行权利救济仍需进一步解决。

（三）尼日利亚法院的长臂管辖——禁止仲裁令

在中山富诚诉尼日利亚案中，中富公司在提起投资仲裁前，还依投资协议约定的争议解决方式向新加坡国际仲裁中心提起商事仲裁。但之后基于尼方的请求，尼日利亚法院以尼日利亚与仲裁案件有最密切联系和避免程序滥用为由，发布禁止仲裁令，禁止商事仲裁程序继

---

① 徐崇利：《国际投资条约中的"岔路口条款"：选择"当地救济"与"国际仲裁"权利之限度》，《国际经济法学刊》2007 年第 3 期，第 134 页。

② 朱伟东：《中国与非洲民商事法律纠纷及其解决》，《西亚非洲》2012 年第 3 期，第 76 页。

续进行。① 禁止仲裁令（Anti-Arbitration Injunction）源于英国，是指经仲裁协议当事人或第三人申请，由法院签发的旨在阻止当事人、仲裁庭启动或继续进行仲裁的限制性命令，包括临时性的禁止仲裁令和永久性的禁止仲裁令。② 禁止仲裁令的签发常见于国际平行程序当中，即一方当事人提起诉讼或仲裁后，另一方当事人再另行提起仲裁或一方当事人再针对同一被告另行提起仲裁。法院在签发禁止仲裁令时一般会参考实体性因素和程序性因素。实体性因素的主要判断标准是仲裁程序是否公正，如仲裁是否具有压迫性、是否滥用仲裁程序、是否因程序不公正损害当事人利益等。程序性因素则要求禁诉令的申请须及时提出，不得延迟申请。目前，各国对禁止仲裁令的签发条件并无成文法规定，由法院自由裁量。尼日利亚法律也未对法院是否有权签发禁止仲裁令以及签发的条件进行规定。《联邦高等法院法案（2004）》第 13 条规定法院可在其认为合适的时候签发禁令。③至于该禁令的性质以及签发的条件，法案并没有进一步说明。

在中山富诚诉尼日利亚案中，尼日利亚法院认为因上级法院有权对下级法院进行监督，以此类推，同样有权对仲裁庭进行监督，进而认为其有权发布禁止仲裁令。尼日利亚法院的这一观点实属对法案进行扩张解释，仲裁庭是依当事人合意组成的，是和法院相互独立的不同机构。而法院是依国内法律设立，上下级法院同属一国司法系统，上级法院可对下级法院的审判活动进行指导和监督，对于下级法院的判决，可依当事人的上诉申请进行审查。因此，上级法院对下级法院的监督权并不能直接类推出法院拥有对仲裁庭的监督权。且《尼日利亚仲裁与调解法（2004）》第 34 条规定，法院不可对仲裁活动进行干涉。④ 可知，除非法律明确规定或授权，否则法院并没有权力干涉仲裁活动。根据仲裁庭自裁管辖权原则（Competence-Competence），应由仲裁庭决定对案件是否具有管辖权，以及是否

---

① SIAC Case No. ARB300/16/JCL，参见 Zenith Global Merchant Limited v. Zhongfu International Investment（NIG）FZE，Ogun State Government and Attorney-General of Ogun State，High Court Ogun Division，Nigeria，3PLR/2017/348（HC）。

② 黄旭：《国际商事争议解决中的禁止仲裁令制度研究》，《北京仲裁》2020 年第 2 期，第 95 页。

③ Article 13 of Nigerian Federal High Court Act（2004）："（1）The Court may grant an injunction or appoint a receiver by an interlocutory order in all cases in which it appears to the Court to be just or convenient so to do.（2）Any such order may be made either unconditionally or on such terms and conditions as the Court thinks just."

④ Article 34 of Nigerian Arbitration and Conciliation Act（2004）："A court shall not intervene in any matter governed by this Act except where so provided in this Act."

继续进行仲裁。这一原则也已被《尼日利亚仲裁与调解法（2004）》所采用。《尼日利亚仲裁与调解法（2004）》还进一步规定，即使当事人已在法院提起诉讼，只要在第一次实体陈述前要求仲裁，当事人仍可发起或继续仲裁，并获得仲裁裁决。① 可见尼日利亚法律并没有禁止平行程序，也没有规定法院可对仲裁进行限制。

此外，仲裁协议中约定在新加坡仲裁，尼日利亚法院认为仲裁协议约定仲裁开庭地（venue）为新加坡，而非仲裁地（seat），并进一步指出尼日利亚与案件联系最密切，且已采纳联合国国际贸法会仲裁规则，当事人选择将联合国国际贸法会仲裁规则作为仲裁程序法（lex arbitri），可视为选择了尼日利亚法律为仲裁程序法，因此尼日利亚为仲裁地，尼日利亚法院拥有司法监督权。尼日利亚法院的这一解释属对当事人本意的背离，扩大了尼日利亚法院对仲裁的干预权。仲裁协议约定在第三国新加坡仲裁，既是基于对新加坡在国际仲裁上享有良好声誉的考量，以保证仲裁的公正性；也是基于对尼日利亚法律程序公正性的担忧，希望避免或减少尼日利亚司法对仲裁的干预。仲裁地在国际商事仲裁中具有重要意义，在仲裁庭管辖权、仲裁协议有效性等方面发挥重要作用，以及涉及哪一个具体法院有权对仲裁协议及仲裁裁决实施监督。仲裁地通常由当事人在仲裁协议中约定；若未在仲裁协议中予以约定，则由仲裁庭确定或依据适用的仲裁规则确定。② 在本案中，仲裁协议既已约定在新加坡仲裁，新加坡应为仲裁地。即使存在协议约定不明之处，根据所适用的联合国国际贸法会仲裁规则，③ 也应由仲裁庭确定，而非法院。当事人意思自治是国际仲裁的基石，是仲裁庭管辖权的基础，法院禁止仲裁令的发布将会对国际仲裁制度造成严重的冲击和破坏，从而使仲裁庭自裁管辖权原则被架空。然而这并非尼日利亚法院首次持该观点发布禁止仲

---

① Article 4 of Nigerian Arbitration and Conciliation Act (2004)："（1）A court before which an action which is the subject of an arbitration agreement is brought shall, if any party so request not later than when submitting his first statement on the substance of the dispute, order or stay of proceedings and refer the parties to arbitration. （2）Where an action referred to in subsection (1) of this section has been brought before a court, arbitral proceedings may nevertheless be commenced or continued, and an award may be made by the arbitral tribunal while the matter is pending before the court."

② 赵秀文：《论法律意义上的仲裁地点及其确定》，《时代法学》2005 年第 1 期，第 15 页。

③ 《联合国国际贸易法委员会仲裁规则》（2013）第 18 条："（1）各方当事人未事先约定仲裁地的，仲裁庭应根据案情确定仲裁地。裁决应视为在仲裁地作出。"

裁令，尼日利亚法院在 Shell v. Crestar 案①中也以同样的理由签发禁止仲裁令，禁止 Crestar 继续在伦敦进行仲裁。此外，尼日利亚法院在国内仲裁案件中也签发过禁止仲裁令，以阻断仲裁程序进行。②

尼日利亚现有法律并没有对法院签发禁止仲裁令进行明确规定，但尼日利亚仲裁法要求法院不得对仲裁进行干预或限制，也没有禁止平行程序。尼日利亚法院频频签发禁止仲裁令，扩张了法院的权限。尼日利亚法院的行为虽然属自由裁量权范围内，但却是对仲裁制度的限制和侵蚀，这与尼日利亚仲裁法支持仲裁的立法本意，以及各国支持仲裁的趋势相背离，也会引发对尼日利亚司法公正性的进一步担忧，给在尼日利亚的中国投资者寻求仲裁救济带来更大的不确定性。

三　中国投资者在尼日利亚投资争端解决机制的突破路径

虽然目前中国在尼日利亚的投资争议案件较少，但随着中尼经贸合作的不断深入会逐渐增多。③ 中山富诚诉尼日利亚案虽是首例中企在尼投资仲裁案，却反映了在现有投资协定框架下中国投资者在尼日利亚投资争端解决机制中的困境。在寻求投资争端机制的突破途径时，需考虑投资者与东道国利益的平衡，在合理利用现有机制的基础上，在中尼合作持续深入的框架下，依托母国的力量，从合作机制和投资协定上实现进一步突破。

（一）在当前 BIT 框架下审慎选择争端解决方式

《中国—尼日利亚 BIT》中规定了投资者可通过磋商、诉讼和仲裁解决投资纠纷，其中磋商程序为前置程序，即投资者进入下一程序前必须

---

① Shell Petroleum Development Co. of Nigeria Ltd. v. Crestar Integrated Natural Resources Ltd. , (2015) LPELR - 40034, the Court of Appeal Sitting at the Lagos Division, Nigeria.

② Babatunde J. Fagbohunlu, "The Principle of Limited Court Intervention Survives in Nigeria…But How Far will the Courts Go?" *Kluwer Arbitration Blog*, 2 August 2013, http://arbitrationblog. kluwerarbitration. com/2013/08/02/the-principle-of-limited-court-intervention-survives-in-niger-ia-but-how-far-will-the-courts-go/. Accessed 2022 - 09 - 30.

③ 朱伟东：《外国投资者与非洲国家之间的投资争议分析——基于解决投资争端国际中心相关案例的考察》，《西亚非洲》2016 年第 3 期，第 156 ~ 157 页。

先采用磋商方式解决争端。顾及与东道国的友好合作关系，磋商方式不仅能友好地化解争端，还能促进中国投资者继续和东道国开展合作，其应作为投资争端解决机制的首要程序。

《中国—尼日利亚 BIT》中并未要求投资者必须用尽东道国救济，而是允许在诉讼和仲裁中选择其一，即岔路口条款。但对于中国投资者而言，应尽量避免选择在尼日利亚法院诉讼，主要原因有：（1）尼日利亚法院为三审终审制，即州/联邦高等法院—上诉法院—最高法院，且对于审理期限没有具体的时间限制，致使法院效率低下、拖延现象严重，如在中山富诚诉尼日利亚案中，法院受理案件近 2 年后还未进入实体审理程序；（2）尼日利亚法院可能存在本地保护等现象，这不利于维护外国投资者的利益，同样是在中山富诚诉尼日利亚案中，中富公司提起的诉讼程序近 2 年还未进行实体审理，而赞尼特公司提起的禁止仲裁令申请才几个月便获得了批准；（3）若在尼日利亚法院提起诉讼，可被东道国视作阻断仲裁的理由，BIT 中规定的岔路口条款要求投资者只能就诉讼和仲裁二者选一，一旦选择了在东道国诉讼，就意味着后续不能再依条约提起投资仲裁。虽然投资者可通过灵活的方式规避岔路口条款，但新近的仲裁案件表明，仲裁庭已开始采用宽松的方式适用岔路口条款，从而会给投资仲裁的适用带来不确定性。此外，尼日利亚法院还会在商事仲裁程序中以程序滥用为由签发禁止仲裁令，阻止投资者继续进行商事仲裁程序。

应优先考虑选择仲裁解决投资纠纷。在《中国—尼日利亚 BIT》、中非投资协定以及其他文件中均对仲裁持鼓励态度，鼓励企业利用各国和区域性仲裁机构解决争端，充分发挥仲裁在解决中非投资争端中的作用。① 截至 2022 年 9 月，已有包括中国和尼日利亚在内的 157 个国家批准加入《ICSID 公约》，ICSID 可受理缔约国国民和另一缔约东道国之间的投资争议，且缔约国必须承认和执行 ICSID 作出的裁决，这可使投资者实现权利救济。ICSID 仲裁为一裁终局，且败诉方不能向法院申请撤销仲裁裁决，只能向中心内部申请撤销，可避免法院对仲裁裁决的不当干预。ICSID 仲裁庭在实践中更倾向于扩大其管辖权且易于支持投资者的主张。②

---

① 朱伟东：《中国与非洲民商事法律纠纷及其解决》，《西亚非洲》2012 年第 3 期，第 85 页。

② 徐树：《国际投资仲裁庭管辖权扩张的路径、成因及应对》，《清华法学》2017 年第 3 期，第 186 页。

因此，中国投资者可优先考虑在 ICSID 申请仲裁。此外，中国投资者还可以选择在其他仲裁机构进行仲裁或临时仲裁，但尽量选择知名仲裁机构以及选择在《纽约公约》成员国内进行仲裁，以避免发生获得胜诉裁决却无法执行的情况。

（二）更新《中国—尼日利亚 BIT》或签署自由贸易协定

《中国—尼日利亚 BIT》签署于 2001 年，至今已逾 20 年，属于中国对外签署的第三代 BIT 范本。① 在该 BIT 范本中，投资争端解决机制已从仅征收补偿额可诉诸国际投资仲裁扩展到全面接受投资仲裁。该 BIT 规定的内容较为简单，且倾向于保护投资者。随着中国正在由资本输入国转向资本输入国和资本输出国并举，中国的投资政策也在发生变化，从而需要对《中国—尼日利亚 BIT》重新审查更新。尼日利亚政府于 2016 年批准了新的 BIT 范本（《尼日利亚—摩洛哥 BIT》②），并计划依据新的 BIT 范本对 1990 年至 2001 年签署的 BIT 进行审查和修订。③ 因此，对《中国—尼日利亚 BIT》进行更新的前提条件已具备。

而在我国和非洲国家签署的首个自贸协定《中国—毛里求斯自由贸易协定》④（简称《中毛 FTA》）中，其中的投资章节是我国与非洲国家间投资政策的最新体现。该投资章节全面详细地规定了投资及投资争端解决条款，引入了投资者—国家争端解决机制改革的新近成果，如对投资进行更详实准确的定义、允许东道国拥有税收规制权、放弃岔路口条款而引入弃权条款（No U-Turn）等。既可为投资者提供全面的投资保护，亦可平衡东道国利益。尼日利亚与毛里求斯同是非洲国家，且均已

---

① 韩秀丽、翟雨萌：《论"一带一路"倡议下中外投资协定中的投资者——国家仲裁机制》，《国际法研究》2017 年第 5 期，第 31 页。

② 《尼日利亚—摩洛哥 BIT》由双方于 2016 年 12 月 3 日签署，但尚未生效。参见 https://investmentpolicy. unctad. org/international-investment-agreements/treaties/tips/3711/morocco-nigeria-bit - 2016 - 。Accessed 2022 - 09 - 30.

③ Bettina Muller and Cecilia Olivet, "ISDS in Nigeria: Investment Regime Reforms and the Threats of Joining the ECT", The Transnational Institute (TNI) and Public Services International, 2021, p. 3.

④ 中国于 2019 年与毛里求斯签署了《中国—毛里求斯自由贸易协定》，该自由贸易协定于 2021 年 1 月 1 日正式生效。此前两国于 1996 年 5 月 4 日在路易港签署的《中华人民共和国政府与毛里求斯共和国政府关于相互促进和保护投资协定》（《中毛 BIT》）正式失效，被《中毛 FTA》所取代。

加入了非洲自贸区，中国和尼日利亚可在后续以该 FTA 中的投资章节为参照范本，并结合两国国情，对 BIT 进行更新或签署自由贸易协定。在投资争端解决机制方面，新的 BIT 协议或 FTA 可考虑包括以下内容。（1）扩大投资的范围，不仅包括直接投资还包括间接投资。投资范围可涵盖财产模式、企业模式和商业存在，亦可包括 EPC 合同、建设工程合同、管理合同等。（2）可对磋商制度进行详细规定，如应在提交仲裁前至少提前 180 日内发出磋商请求，请求内容应包括申请人名称和地址、投资者身份证明、诉请事项及理由依据、救济赔偿额等内容，使磋商制度更具操作性。（3）可放弃岔路口条款，但允许继续向东道国法院申请投资救济，并将救济时间限制在投资争端事项发生后 24 个月内。（4）可引入弃权条款，即投资者提交仲裁时，需提交书面弃权，放弃启动或继续行政救济、东道国诉讼及其他争端解决程序（如商事仲裁）。该条款既赋予了投资者选择各种救济途径的权利，同时也避免了平行程序的发生以及岔路口条款的僵化适用。

（三）在中非合作论坛机制下设立中非投资争议解决中心

随着"一带一路"倡议和对非合作"八大行动"在非洲做深做实，中国投资者可考虑在中非合作论坛机制下寻求争议解决方法。中非合作论坛是在中非双方共同倡议下，由中国及与中国建交的 53 个非洲国家和非洲联盟委员会共同设立的，旨在增进中非间的了解、扩大共识、促进合作。自 2000 年至今已召开八届部长级会议。伴随中非经贸纠纷的增多，中非双方于 2015 年 11 月在中非论坛机制下设立了中非联合仲裁中心（CAJAC），以解决中非企业之间的商业纠纷。相较于其他仲裁机构，中非联合仲裁中心是中非合作论坛的一部分，更熟悉和了解中非双方的社会现实、文化传统和法律制度，能更有效地处理中非之间的经贸纠纷。但该仲裁中心目前主要受理中非商事争议，仲裁员名册中的非籍仲裁员也较少，无法有效解决中非投资争端。非洲国家正在对现有国际投资法和投资争端解决机制进行革新，[①] 因而可考虑在中非合作论坛机制下设立中非投资争议解决中心以解决中非之间的投资争议，该投资争议解决中心可依托现有的中非联合仲裁中心设立，可分别设立调解中心和投资仲

---

① 银红武、梁开银：《论非洲国际投资法规制的革新》，《时代法学》2021 年第 3 期，第 90 ~ 92 页。

裁中心。

调解中心可参考《ICSID 调解规则》《联合国国际贸易法委员会调解规则》等制定专门的调解规则，并制定专门的调解员名册，调解员可由中非各国中精通本国法律与国际经贸法律和惯例的人员担任。同时原则上采用调解员与仲裁员相分离的模式，调解员不得在之后同一案件中担任仲裁员。为确保调解协议的执行效力，建议可在调解规则中明确规定，调解中心作出的调解协议在本国境内具有法律效力和可执行性，可像法院判决一样被强制执行。若调解不成功，允许当事人再选择在本仲裁中心或其他仲裁机构仲裁。

投资仲裁中心主要受理发生在中国和非洲各国境内的，中国/非洲投资者与非洲国家/中国之间因投资而产生的争端。投资仲裁中心应制定本中心的投资仲裁规则，同时应允许当事人选择适用联合国国际贸法会仲裁规则。还应制定专门的仲裁员名册，仲裁员由来自中国和非洲国家的法律专家组成。此外，也允许双方当事人从仲裁员名册外选择他们认为合适的人员担任仲裁员，以确保投资争议得以有效解决。

结　语

随着"一带一路"倡议在非洲的深入推进，中国逐渐由资本输入国转变为资本输入与资本输出的双向大国，中国在非洲的投资额和投资纠纷也在逐年增多，中国投资者开始通过投资争端机制寻求救济，如中山富诚诉尼日利亚案、北京恒威交通照明科技有限公司诉加纳政府案。作为中国投资者对非洲国家投资仲裁第一案，中山富诚诉尼日利亚案反映了中国投资者在尼日利亚运用投资争端解决机制的困境，也反映出我国投资者在资本输出过程中对东道国法律和国际投资法律规则尚不熟悉。该案最终能获得全面胜诉，则是因为投资者在权益受损后并没有被动等待，而是主动适用国际投资法律规则，合理运用多种路径维护自身权益。同时依靠专业法律团队精准把控双边投资协定中的条款，避免适用"岔路口条款"而丧失提起仲裁的权利。中国投资者在走出去过程中应主动了解东道国法律、熟悉国际投资法律规则以及注意了解中国和投资目的国之间是否存在双边投资保护协定。在投资权益因东道国的国家行为受到损害时，要主动利用现有国际投资法律和 BIT 寻求权利救济，适时设计恰当的争议解决方案。尤其要注意"投资"定义、"岔路口条款"、用尽本地救济、禁止仲裁令等影响仲裁庭管辖权的重要条款或措施，避免贻误最佳的行权时机，错失正确的行权途径。

【责任编辑】李雪冬

非洲研究　2023 年第 1 卷（总第 20 卷）

第 204—218 页

SSAP © , 2023

西非国家主流媒体对"一带一路"的
报道及其分析

王　珩　朱伟铭

【内容提要】 近年来，我国与西非国家共建"一带一路"取得重要成就，引起当地媒体的关注，西非主流媒体通过对"一带一路"的报道展现了良好的中国形象。但出于历史、现实原因，中国对非洲传播工作仍面临挑战。本文以 2017～2021 年西非国家主流媒体关于"一带一路"倡议的报道为样本进行研究，总结西非主流媒体相关报道的状况与特点，分析中国国家形象在西非传播的优势与挑战，并探讨未来我国依托"一带一路"倡议提升在非国家形象的实践路径。

【关键词】 中国国家形象；西非主流媒体；"一带一路"倡议

【作者简介】 王珩，博士，浙江师范大学非洲研究院副院长，教授，博士生导师，主要研究方向为中非人文交流；朱伟铭，浙江师范大学非洲研究院 2021 级硕士研究生，主要研究方向为中非人文交流（金华，321004）。

非洲是"一带一路"建设的历史和自然延伸，是重要参与方，几乎所有同中国建交的非洲国家都同中国签署了共建"一带一路"合作文件。① 一份对全球 22 个国家民众进行的调查显示：世界各国对中国整体

---

① 中华人民共和国国务院新闻办公室：《新时代的中非合作》，中国政府网，2021 年 11 月 26 日，http://www.gov.cn/zhengce/2021 - 11/26/content_5653540.htm，最后访问时间：2021 - 03 - 05。

形象好感度持续上升，认为中国全球治理表现亮眼，"一带一路"倡议在世界范围的认知度不断上升，是海外认可度最高的中国理念。① 非洲民调机构"非洲晴雨表"2021年11月发布的调研报告显示，在非洲有63%的受访者认为，中国对本国政治经济具有积极影响；66%的受访者认为，中国对非洲的政治经济影响是正面的，中国在非洲的影响力排名第一。②

西非地区包括尼日利亚、加纳、科特迪瓦、塞内加尔等15个国家，③2020年该地区总人口约占撒哈拉以南非洲总人口的35%，地区生产总值约占撒哈拉以南非洲的40.5%，④是撒哈拉以南非洲总体发展程度较高、经济潜力较大的地区，其中尼日利亚更是非洲第一大经济体和人口第一大国。2018年7月21日，塞内加尔成为首个加入"一带一路"倡议的西非国家。2021年11月底，布基纳法索加入"一带一路"倡议，标志着全部西非国家都加入了"一带一路"合作大家庭。

随着中国和西非国家共建"一带一路"不断深入，这一倡议本身也引起了当地媒体的关注。在"一带一路"倡议提出十周年，"一带一路"建设进入西非五周年之际，分析西非国家主流媒体对"一带一路"倡议的相关报道，有助于深入了解西非国家对"一带一路"倡议的舆情态势和民众态度，有利于发现总结中国在西非的国家形象建构与传播的内在特点、问题挑战和成功经验，对树立中国在非国家形象、构建高水平中非命运共同体、助力中非关系行稳致远具有重要意义。

一 西非主流媒体报道概况及特点

本文选取西非地区人口和经济总量最高的国家，分别是尼日利亚、加纳、科特迪瓦、尼日尔、布基纳法索、马里、塞内加尔、几内亚、贝宁、

① 当代中国与世界研究院课题组：《中国国家形象全球调查分析报告（2019）》，《人民论坛·学术前沿》2020年第20期，第90～95页。

② 《2021年11月22日外交部发言人赵立坚主持例行记者会》，中华人民共和国外交部，2021年11月22日，https://www.mfa.gov.cn/web/wjdt_674879/fyrbt_674889/202111/t20211122_10451497.shtml，最后访问时间：2021－12－02。

③ African Union, https://au.int/en/member_states/countryprofiles2. Accessed 2022－03－05.

④ The World Bank, World Bank Open Data, https://data.worldbank.org/. Accessed 2021－11－17.

多哥共 10 个国家作为研究的对象国。由于无法完整收集到马里、几内亚主流媒体相关报道，而布基纳法索加入"一带一路"倡议时间较短，因此选择尼日利亚《今日报》（*THISDAY*）、加纳《每日写真报》（*Graphic*）、科特迪瓦《博爱晨报》（*Frat Mat*）、尼日尔《萨赫勒报》（*Le Sahel*）、塞内加尔《太阳报》（*Le Soleil*）、贝宁《民族报》（*La Nation*）、多哥《多哥新闻报》（*Togo Presse*）共 7 个国家的代表性媒体作为样本（见表 1），以"一带一路"倡议相关报道作为具体研究对象。所选取样本报刊均为西非地区具有巨大影响力的重要刊物，具有较强的代表性。如尼日利亚《今日报》是尼日利亚发行量最大的国民报纸之一，从发行第一年开始连续三年获得"年度报刊"奖项。其余 6 家媒体分别是各国官方媒体，或发行量最大、最具社会影响力的报纸，能够通过议程设置对国内舆论进行引导。

表 1　西非国家主流媒体基本信息概况

国别	报刊名	是否为官方报刊	是否为西非国有报社联盟成员	年发行量（万份）	影响力、特征
尼日利亚	《今日报》	×	×	792.123	尼主流媒体，发行量最大的全国性报纸之一，"一带一路"新闻合作联盟成员，内容丰富全面，影响广泛
加纳	《每日写真报》	√	×	3650	该国最大的全国性日报，发行量是第二名的两倍，每日读者数约为 150 万人。1998 年开始采用新华社消息
科特迪瓦	《博爱晨报》	√	√	3650	执政党和政府的喉舌，法语非洲规模最大的报纸之一
尼日尔	《萨赫勒报》	√	√	182.5	全国唯一日报，创刊于 1974 年，每周一至周四出日报，周五出周末版《萨赫勒星期日刊》
塞内加尔	《太阳报》	√	√	2372.5	国内最大的官方法文日报
贝宁	《民族报》	√	√	182.5	已发行 3000 多期。陶卫光、彭惊涛等大使多次访问该报社，在该报上多次发表署名文章
多哥	《多哥新闻报》	√	√	219	前大使刘豫锡曾会见该报社长与总编，其媒体代表团曾访问中国非洲研究院

资料来源：笔者根据中国驻各国大使馆官网、"一带一路"新闻合作联盟官网信息整理。

以"一带一路"倡议（The Belt and Road Initiative/One Belt and One Road/BRI/OBOR）（La Ceinture et la Route/Une Ceinture et une Route/LCR）、新丝绸之路（La Nouvelle Route de la Soie）、丝绸之路倡议（Initiative Route de la Soie）为关键词，检索 Factiva 数据库自 2017 年到 2021 年共五个年份的相关报道，对检索到的报道进行二次筛选，筛除不相关和重复信息，最终得到相关报道 213 篇。下文对 213 篇报道的数量、类别、情感倾向进行量化研究，分析报道框架，探究报道呈现的中国国家形象的现状与特点。

（一）报道数量与趋势分析

与西非媒体涉华报道总量相比，对"一带一路"倡议的总体报道数量不多，且国别差异较大。如尼日利亚《今日报》相关报道共 116 篇，占总量的 54.5%，而多哥仅 5 篇，贝宁、塞内加尔、尼日尔等国报道数量也仅十余篇（见表 2）。

表 2　西非媒体报道的数量分布和主要内容

国家	媒体	报道数量（篇）	主要关注内容
尼日利亚	《今日报》	116	双边关系、基础设施建设、经贸交往、疫情防控、旅游合作、债务问题、中美贸易冲突
科特迪瓦	《博爱晨报》	37	双边关系、基础设施建设、经贸交往、疫情防控
贝宁	《民族报》	16	双边关系、疫情防控
塞内加尔	《太阳报》	15	双边关系、经贸交往
尼日尔	《萨赫勒报》	14	双边关系、经贸交往
加纳	《每日写真报》	10	经贸交往、媒体交流、科技合作
多哥	《多哥新闻报》	5	双边关系、媒体合作、医疗合作

资料来源：笔者整理。

从报道数量的年度变化趋势看，2018 年、2019 年西非国家主流媒体对"一带一路"倡议的报道数量最多，占总报道量的 62.4%。2020 年、2021 年报道数量与前两年相比大幅下降（见图 1）。

其中 2018 年与 2019 年报道数量存在四个报道高峰，分别是 2018 年 7 月、2018 年 9 月、2019 年 4 月到 5 月和 2019 年 9 月（见图 2）。

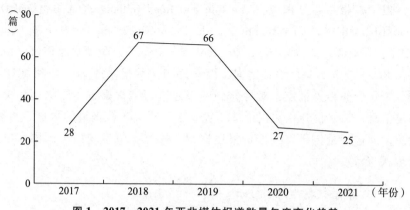

图 1　2017～2021 年西非媒体报道数量年度变化趋势

资料来源：笔者自制。

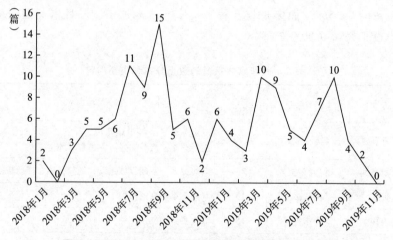

图 2　2018～2019 年西非媒体报道数量月度变化趋势

资料来源：笔者自制。

四次报道高峰正逢"一带一路"相关会议举办或重大事件发生，如中非合作论坛北京峰会、中国（北京）国际服务贸易交易会召开、中美贸易摩擦中国采取反制措施等。可见，西非媒体对"一带一路"倡议的关注度与中方推进"一带一路"倡议的积极实践、国际经贸格局的演变等具有一定相关性。全球疫情背景下，2020 年、2021 年报道数量较前两年大幅下降，西非各国为削弱疫情冲击采取多项防控措施，国际发展合作受阻，媒体报道注意力转移，这些因素都对"一带一路"倡议的报道与传播带来影响。

（二）报道类别分析

依据西非媒体对新闻报道的主流分类方法和样本具体情况，将213篇报道分为政治、经济、文化、社会、科技、卫生等主题，对于部分报道覆盖多个主题的情况，则将这些报道分别纳入不同类别进行统计。统计发现，西非媒体对"一带一路"倡议报道主要集中在政治与经济领域，分别占总数的44%和39%，对文化、社会等层面关注相对较少（见图3）。政治领域报道内容主要集中在双边关系、多边合作、国家治理、中国共产党建党百年等方面。经济领域报道主要关注基础设施合作、贸易往来、债务问题等。文化领域报道主要涉及中非媒体交流、艺术交流等。卫生领域报道主要包括中非卫生合作、疫情溯源问题等。西非媒体侧重于从政治、经济视角来论述"一带一路"倡议在非洲产生的影响，尤其是其对双边关系、经贸往来、重点领域合作等方面的促进作用。

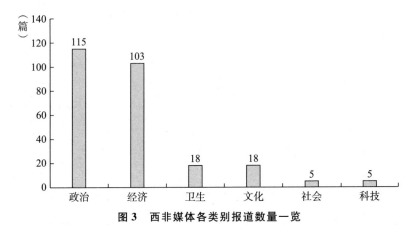

图3　西非媒体各类别报道数量一览

资料来源：笔者自制。

利用AntConc语料库分析软件统计五个年份的报道高频词，研究西非媒体对"一带一路"倡议报道的主题变化。将选取的报道按照年份与语言分类后进行词频统计，剔除无关字词与"中国""非洲""一带一路"等主题词后，将获得的统计结果翻译并汇总归纳，获得2017～2021年报道的关键词频次表（见表3）。

表 3 2017～2021 年西非媒体对"一带一路"倡议报道的关键词及频次汇总

时间	关键词（频次）
2017 年	合作（122）、国家（111）、发展（105）、经济的（72）、广汽传祺（70）、论坛（67）、全球（55）、汽车（54）、投资（54）、品牌（51）、旅游业（50）、贸易（50）、新的（50）、总统（49）、游客（40）、增长（36）、经济（32）、市场（31）、商业（30）、国际的（30）
2018 年	合作（248）、发展（206）、总统（174）、贸易（158）、经济的（133）、旅游业（121）、北京（112）、海运的（95）、百万（94）、峰会（93）、贝宁（91）、基础设施（90）、国际的（84）、港口（65）、投资（60）、中非合作论坛（59）、增长（56）、游客（56）、交通（52）、布哈里（50）
2019 年	合作（403）、发展（367）、国家（336）、总统（234）、经济的（153）、国际的（129）、美国（128）、尼日尔（108）、关系（108）、贸易（99）、政府（97）、政策（84）、贫困（75）、商业（74）、新的（74）、共和国（73）、论坛（70）、世界（65）、交流（63）、赢家（57）
2020 年	国家（271）、合作（153）、世界（136）、新冠病毒（141）、全球（131）、发展（130）、反对（103）、国际的（84）、习近平（81）、健康（69）、病毒（67）、外交（66）、美国（59）、共同体（51）、斗争（49）、关系（49）、峰会（48）、思想（47）、团结一致（47）、人类（39）
2021 年	发展（137）、世界（102）、合作（96）、人们（92）、十亿（84）、经济的（71）、国家（61）、新的（52）、国际的（47）、中国共产党（46）、总统（43）、美国（35）、政府（35）、南方的（33）、贸易（33）、北方的（31）、塔利班（31）、高的（30）、阿富汗（29）、全球（28）

资料来源：笔者根据 AntConc 语料库分析结果整理而成。

2017～2021 年西非媒体相关报道中，"合作"与"发展"是出现频度最高的关键词，彰显了"一带一路"倡议促进合作发展的基调与主题。关键词的变化又呈现报道主题的动态聚焦。如 2018 年 9 月中非合作论坛北京峰会召开期间，"中非合作论坛""北京""峰会""总统""布哈里"等词语在报道中高频出现。在新冠病毒全球大流行的背景下，西非媒体在 2020 年集中报道了中非在"一带一路"框架下的卫生健康合作、习近平主席呼吁打造"人类卫生健康共同体"等内容，媒体大量使用"新冠病毒""健康""共同体""团结一致"等词语。2021 年是中国共产党建党 100 周年，关键词"中国共产党"频率激增，各家媒体积极报道中国共产党成立 100 周年庆祝活动。中国共产党百年华诞为西非民众了解中国发展历程与中国南南合作历程，了解"一带一路"理念提供了机遇。此外，中美贸易摩擦、中国政府对外贸政策的诠释也成为外交话语的重要组成部分，"美国""关系""贸易""交流"等词语使用频率较高，中国在中美贸易摩擦背景下对"一带一路"倡议的推行与宣介再次成为西非媒体关注的重点。

（三）报道情感倾向分析

西非媒体对中国主要持积极正面的态度，总体呈现良好的中国国家形象。本文将报道中媒体的情感倾向分为积极、消极和中立三类。所选取的 213 篇报道中，积极倾向报道共有 158 篇，约占样本总数的 74%；消极倾向报道共 11 篇，约占 5%；中立倾向报道共有 44 篇，约占 21%。

积极正面的情感倾向是西非媒体对"一带一路"的主流态度，报道内容主要涵盖两部分：一是介绍"一带一路"倡议建设成效，如中国与西非国家在双边贸易、基础设施、工业化建设、金融投资等多领域的合作；二是展望中国与西非国家未来关系和贸易状况，对中非关系发展和未来经贸往来持乐观态度。相关议题的设置对塑造和传播中国良好形象产生了积极作用，中国在西非媒体中呈现积极向上的形象。有 44 篇报道持中立态度，主要涵盖"非洲在'一带一路'倡议中如何获得最大利益"[①] "中美两国签证事宜的异同"[②] "非洲如何在外部援助中提高自己的可持续发展能力"[③] 等主题。这些报道大部分是强调在"一带一路"倡议背景下发挥非洲自身的积极作用，少部分报道则是对中国国家政策进行客观描述。此外，部分判断依据不是特别明显、难以界定情感倾向的文章，如《非洲国家需要中国战略》[④] 等，也归纳在中立态度的维度内。消极倾向报道有 11 篇，主要来自尼日利亚《今日报》，这些报道或采纳了世界银行、西非本土智库和行业协会等信源，或是直接转载路透社、

① Olusegun Adeniyi, "Of China, BRI and the Road Ahead", *THISDAY*, April 25, 2019, https://www. thisdaylive. com/index. php/2019/04/25/of-china-bri-and-the-road-ahead/. Accessed 2021 − 10 − 25.

② "Diplomacy of Passports and Visas in International Relations United States and China as a Case Study", *THISDAY*, June 23, 2019, https://www. thisdaylive. com/index. php/2019/06/23/diplomacy-of-passports-and-visas-in-international-relations-united-states-and-china-as-a-case-study. Accessed 2021 − 10 − 21.

③ Adebayo Adeleke, "Adeleke: Nigeria Cannot Achieve SDGs with Foreign Aid", *THISDAY*, November 1, 2019, https://www. thisdaylive. com/index. php/2019/11/01/adeleke-nigeria-cannot-achieve-sdgs-with-foreign-aid/. Accessed 2021 − 11 − 02.

④ Chukwuemeka Uwanaka, "Nigeria's Need for a 'China Strategy'", *THISDAY*, January 6, 2021, https://www. thisdaylive. com/index. php/2021/01/06/nigerias-need-for-a-china-strategy/. Accessed 2021 − 10 − 21.

法国新闻社等媒体的文章。虽然数量不多，但这部分文章仍可能对我国国际传播工作和非洲民众对华认知造成不良影响，需要加以警惕。

结合报道数量分析，可以发现情感倾向分布具有一定的时空规律。在时间分布上，正面报道与总体报道的数量年度变化趋同，且正面报道数量会随着中国推进"一带一路"倡议的相关重大事件而增加。如 2018 年召开了中非合作论坛北京峰会，峰会期间西非媒体刊发了大量正面报道，积极介绍峰会成果，展望中非合作未来。中立报道数量呈倒 U 形分布，2019 年数量最多。当年，受中美贸易摩擦影响，西非媒体对这一事件的报道大多保持中立态度。负面报道最多的年份是 2018 年，之后随着西非各国陆续加入倡议和合作的深入推进，负面报道逐年减少。在国别分布上，负面报道主要来自尼日利亚《今日报》。中立倾向报道主要来自尼日利亚、加纳、科特迪瓦三国媒体，它们在报道国际事务时更倾向采取谨慎的态度，聚焦非洲利益的实现，强调自身能力建设对非洲可持续发展的意义和作用。

二　中国对西非国家形象传播的优势与面临的挑战

党的十八大以来，中国将对外话语体系与国际传播能力建设作为对外宣传工作的重点内容，随着共建"一带一路"的不断推进，中国国家形象日趋改善，外部舆论环境日趋向好，但同时也面临挑战，从而影响中国在西非国家形象的塑造与传播效能。识别并分析我国对西非国家形象传播的优势与挑战，对加强对外话语体系和国际传播能力建设，提高国际传播效能具有重要意义。

（一）中国对西非国家形象传播的优势

中非友谊源远流长，为中国在非洲建立积极正面的国家形象打下坚实的情感基础。近代以来，相似的历史遭遇让中非双方在反对帝国主义、殖民主义、种族主义的斗争中相互同情、相互支持，在联合国等国际组织中相互协调与配合，共同维护第三世界国家的利益。改革开放以来，中国综合国力显著上升，在和平共处五项原则、中非友好合作精神等理念指导下积极回应非洲国家诉求，开展务实有效合作，推动中非关系在传统友谊的基础上日渐深化，形成了全面战略合作伙伴关系。自"一带一路"倡议延伸至非洲国家以来，其已成为中国同非洲国家深化务实合作、推进共同发展的重要平台。在非洲推进"一带一路"建设实践中，中国坚持立足于非洲实际和中非共同利益，秉持"真实亲诚"理念、正确义利观和共商共建共享原则，推进中非双方在各领域的合作。从结果层面来看，"一带一路"倡议在非洲长期耕耘，为非洲创造了前所未有的发展机遇，中非双方不断推动各领域合作，推动基础设施建设、疫苗援助、粮食安全合作、人文教育合作等重点、难点、亮点项目落地，并逐步探索绿色清洁能源、数字化智能化建设等新兴领域合作，为非洲经济发展注入动力、为社会发展补足短板、为国家可持续发展提供帮助，努力构建起政治互信、经济相融、民心相通的命运共同体。

为塑造良好的国家形象，中国媒体借助中非媒体合作论坛、"一带一路"新闻合作联盟等平台，推动中非媒体战略协调、资源共享、信息互通、人员往来，不断提升中国媒体的在非影响力。通过在"一带一路"倡议实施过程中积极设置议程，创造文化精品，发挥非洲企业家、学者"以外传外"的重要作用等方式，彰显我国和平、发展、负责任的大国形象。在西非媒体相关报道中，"合作"与"发展"是出现频度最高的关键词，"一带一路"倡议"以合作促发展，以发展谋共赢"的特质已成为非洲人民的共识，这有效促进了非洲人民对中国国家形象的积极认知，有利于建立积极参与全球治理、促进中非合作共赢的负责任大国形象。非洲晴雨表数据显示，2019～2021年，中国在非洲保持着良好的声誉，[1]德国一家咨询机构显示，非洲对"一带一路"倡议的看法较世界其他地方都更为积极。[2]对"一带一路"倡议的正向认知已在非洲社会中占据主流地位，为中国国家形象构建奠定了良好基础。

（二）中国对西非国家形象传播的挑战

文化差异是影响国际传播的重要因素，不同的文化背景会孕育出各

---

[1] Josephine Appiah-Nyamekye Sanny and Edem Selormey, "Africans Welcome China's Influence but Maintain Democratic Aspirations", Afrobarometer, November 15, 2021, https://www. afrobarometer. org/wp-content/uploads/2022/02/ad489 - pap3 - africans_welcome_chinas_influence_ maintain _ democratic _ aspirations-afrobarometer _ dispatch – 15nov21. pdf. Accessed 2023 – 05 – 14.

[2] "Belt and Road Initiative the View from Africa", CMS, 2021, https://cms. law/en/media/inter-national/files/publications/publications/bri-view-from-africa? v = 1. Accessed 2023 – 05 – 14.

异的语言习惯、思维方式与价值判断，因此文化差异会在传播中造成信息交换的阻碍和意义理解的偏差。此外，由于非洲大陆内部文化还具有显著的差异性，[①] 又进一步加大了中国对非传播的实施难度。

在"一带一路"合作中，双方常常因文化差异造成理解偏差，影响项目实施和传播实效。以一些大型基础设施项目为例，中国媒体会积极宣传其对当代社会经济发展的贡献，而非洲媒体更偏重探讨其对自然环境可能带来的影响。从西非媒体相关报道的特点来看，其主动阐释"一带一路"倡议具体内涵的报道数量少，多数报道仅仅将"一带一路"倡议作为报道中非合作项目的政策背景简单提及。从少部分报道可以看出当地媒体严重的"认知偏差"，如将"一带一路"倡议称为满足非洲需要的新"马歇尔计划"。由于语言隔阂，中国媒体的中文报道相较于欧美媒体的英语、法语报道更难以被非洲国家采纳。而以美国为首的西方国家也出于意识形态偏见和国家利益考虑，有组织精心制造各式话语陷阱，企图阻碍中非合作、损害中非关系。非洲国家作为国际社会相对的"信息贫困国"，不可避免地会受到各种"话语陷阱"影响。肯尼亚非洲政策研究所所长彼得·卡戈万加（Peter Kagwanja）对此评价，西方及少数不明真相的非洲媒体对中非关系的批评和误解具有一定的误导作用，与中非关系的实际情况不符。[②] 欲超越中非文化差异和西方国家破坏对我国塑造国家形象的负面影响，对非讲好中国故事，我国亟须提高国际传播能力，提升传播效果，但目前中国国际传播能力建设仍有进步空间。

现阶段，中国在西非地区还没能完全建立起具有中国特色的话语体系和国际传播体系，影响效果相对有限。在传播主体层面，中国对西非地区"一带一路"传播的主体较为单一，以政府、政党、中央媒体为主，高校、企业、地方媒体、公众等主体未能充分发挥传播效能，媒体外交、企业外交、城市外交等实践形式有待进一步开发。在传播内容层面，对"一带一路"倡议理念与实践的挖掘、阐释、创作和推介力度不够，对文化、科技、社会等领域内容供给不足，对环境保护、债务风险等当地民众热议话题的回应与跟进不够及时，引导力略显薄弱。中非双方在共建"一带一路"倡议的实践中，会遭遇全新的问题和情况，这对中非共有话语、共有知识的

---

① 刘鸿武：《黑非洲文化研究》，华东师范大学出版社，1997，第 30 页。

② 《肯尼亚非洲政策研究所所长前来中国非洲研究院交流》，中国社会科学院西亚非洲研究所网站，2019 年 4 月 24 日，http://iwaas. cass. cn/xshd/xsjl/201904/t20190424_4869187. shtml，最后访问时间：2022 - 01 - 12。

形成提出新的要求，但国内有关话语体系建设的研究相对落后于现实需求，关于"一带一路"倡议的成果数量在近两三年甚至有所减少。在传播效果层面，一项调查显示，超40%的海外受访者认为中国媒体表达方式难以理解，内容不够吸引人，节目种类少。[①] 中国媒体在推进传播内容"乐于理解"与"易于接受"方面效果不尽如人意，导致非洲民众对中国的认知落差存在扩大趋势。话语体系与传播体系的弱势会造成非洲国家对中国的"误解"，中国需大力加强国家传播能力建设，努力形成与综合国力相符的国际话语权。

三　"一带一路"倡议与提升中国在非国家形象的思考

研究证实，"一带一路"倡议与提升中国国家形象具有显著的正相关性。[②] 在党的二十大胜利召开，"一带一路"倡议和"真实亲诚"对非政策理念提出十周年的背景下，中国有必要持续发挥和巩固"一带一路"倡议对中国国家形象的正面作用，改善我国在非洲地区国家形象，提升影响力。

（一）加强对"一带一路"倡议的阐释，弥合非洲民众认知差异

如何阐释好"一带一路"理念，不仅关乎中国在非国家形象的塑造，还关乎中非关系发展和人类命运共同体的建设。首先，应通过全人类共同价值视角深入阐释"和平合作、开放包容、互学互鉴、互利共赢"的丝路精神，深刻剖析"一带一路"倡议的宏伟愿景和具体实践，帮助非洲民众弥合对"一带一路"理念的认知差异。在政治层面，突出"一带一路"倡议在增进国家间政治互信、推动区域和平稳定、维护发展中国家利益、变革全球治理机制等方面的有益贡献；在经济层面，突出"一带一路"倡议在推进贸易自由化和投资便利化、促进全球可持续发展等方面的积极作为；在文化层面，突出"一带一路"倡议尊重文明多样性，推动思想共通、知识共享、文化共兴，助力中非民心相通的重要意义，帮助非洲民众消除对"一带一路"理念的不解与误解，让"可信、可爱、

① 余江、李文健：《新作为、新论断与新路径：新时代加强国际传播能力建设的再思考》，《求是学刊》2021年第6期，第12~19页。
② 王金波：《"一带一路"能否提升中国国家形象》，《世界经济与政治》2022年第2期，第4~31页。

可敬"的中国形象更加立体饱满。其次，应加强政治对话、文化交流以弥合认知差异。通过将"一带一路"倡议与非盟《2063 年议程》、非洲各国发展战略进行联系，增强理念阐释的文化贴近性，帮助非洲国家更好了解"一带一路"理念的性质、目的和意义。通过学术交流、文化传播活动实现知识与理念的共同生产、分享、传播，构建"一带一路"自主知识体系，有效消除国际舆论场中的杂音，助力中非各国之间更好地相互理解，推进合作。

（二）保持战略定力，推动中非高质量共建"一带一路"

"一带一路"倡议是展示中国形象、传播中国话语的重要窗口。从取得的成果来看，"一带一路"倡议为非洲发展繁荣带来了实实在在的利益与帮助，有效提高了我国在非洲的国家形象。现阶段，"一带一路"已从"大写意"进入"工笔画"的高质量发展阶段。我国应继续努力推进"一带一路"倡议提能升级，提供高质量的公共产品，回应非洲国家的现实关切。首先，应重点关注与非洲国家在民生、脱贫、工业化、医疗、安全等领域的合作，为非洲经济社会发展补足短板，着重把握能够有效提升非洲民众生活质量的"小而美"项目，切实增强普通民众的幸福感和获得感，提升"一带一路"倡议的影响力和认可度。其次，应加强对在非洲的中国企业的监管，引导其注重社会责任，树立公共外交意识，强化品牌形象，提高产品与服务的可靠性，与当地社区保持良好关系，增强当地群众对中国的信任与好感。最后，从长远来看，"一带一路"倡议具有全球影响力，难免会遭遇外部挑战。美国与欧盟陆续提出的"重建更美好世界"（Build Back Better World，简称 B3W）和"全球门户"战略，势必会对"一带一路"倡议在全球的开展造成影响，冲击中国在非洲的影响力。我们既要保持战略定力，又需以持久战心态看待"一带一路"倡议，坚持务实合作，展现出真实、立体、全面的中国。

（三）优化对非国际传播策略，推动多主体协同传播

为提升对非传播中国国家形象的实效，我们亟须改善现有传播策略，优化话语方式，通过多主体协同传播共同塑造中国形象。首先，在传播策略上，应根据受众国的文化背景和媒介偏好，采取分众传播，制定专属的新闻框架与话语范式，提高传播效率和影响力。在话语建构上，进一步提炼"一带一路"倡议的世界意义与文化标签，选取中非合作经典

案例将传播内容故事化、案例化，将精神内核具体化、标签化，促进非洲受众对传播内容的情感共鸣与价值认同。在观点阐释上，综合非洲媒体、西方媒体等多方信源，体现国际视角，促进国家形象自塑与他塑相结合，让报道更具亲和力、说服力。在平台选择上，顺应全球传播移动化、社交化、视频化的发展趋势，利用好"Tik Tok""Twitter"等平台，提升对非洲青年群体的引领力。其次，积极开展公共外交，提升媒体合作水平。充分利用中非媒体领袖峰会、中非媒体合作论坛、"一带一路"新闻合作联盟和"一带一路"国际传播企业联盟等交流平台，尝试建立中非媒体合作联席会议制度，实现工作对接的常态化与机制化，推动媒体资源、信息资源的高效对接与充分共享。加强国际舆情分析，面对西方媒体的"话语陷阱"，要避免消极应对，发挥外籍专家、学者、媒体作用，联动发力驳斥"债务陷阱""新殖民主义"等不实指控，提升对非洲民众的影响力和引导力，共同营造和维护好有利于"一带一路"建设的国际舆论环境。

（四）推动智库媒体融合发展，加强高素质人才队伍建设

无论是中非共建"一带一路"，还是推进对非国际传播，都需要专业智库和研究人员提供智力支持。首先，非洲研究具有复杂性，应充分发挥优势，聚合优质资源，通过设立研究基金、推动智库跨国合作研究，大力推行产学研合作等方式，提升研究水平。利用好中国非洲研究院、浙江师范大学非洲研究院、北京大学非洲研究中心、云南大学非洲研究中心等高校智库平台，立足中非合作关系现实中的紧迫与重大问题，加强非洲发展问题研究和中非关系发展研究，了解不同非洲国家的历史社会现状、经济政治格局和现实发展需求，推动中非务实合作提质增效。其次，需加强对非传播研究，利用好国内高校、智库、企业研究院等优质资源，发挥传音公司、四达时代等企业的优势，聘用非洲研究、国际传播领域领军人才，将制度优势、组织优势、人才优势、市场优势转化为传播优势，强化媒体的战略研究能力、思想传播能力、舆论引导能力、社会服务能力，助力智媒融合，打造"媒体型智库""智库型媒体"。发挥智库服务决策作用，定期组织开展非洲各区域各国的受众倾向、传媒市场、国际传播相关研究，通过民意调查、数据分析、搭建模型等方式，描绘群体用户画像，精确洞察认知需求。搭建数据库，推出具有行业引领力、国际影响力的智库成果，为精准传播、科学决策提供参考。最后，应打造国际传播专业团队，培养真正切合非洲发展实际与中国对外传播需求的集研究能力、语言能力、传播能力于一身的复合型人才，为"一带一路"建设和中国国际传播提供强有力的人才支持。

【责任编辑】宁彧

书　评

非洲研究　2023 年第 1 卷（总第 20 卷）
第 221—229 页
SSAP ©，2023

《非洲经济史：内部发展与外部依赖》述评[*]

赵亮宇

【内容提要】 美国学者拉尔夫·奥斯丁[①]的《非洲经济史：内部发展与外部依赖》是海内外第一部全面研究非洲经济史的著作。作者以全景式的写作框架，在前殖民时期—殖民地时期—后殖民时期这一非洲史传统分期的基础上，以"大陆性—主题性"相交替的方法进行论述，力图展现非洲经济史的全貌。该书因其长时段的历史观察、对欧洲中心论的纠正、特色鲜明的理论分析和丰富的历史资料，揭示了非洲经济史的复杂性，使其成为一部值得一读的非洲经济史。

【关键词】 非洲；非洲经济史；拉尔夫·奥斯丁

【作者简介】 赵亮宇，苏州城市学院城市文化与传播学院讲师（苏州，215104）。

1987 年，由美国学者拉尔夫·奥斯丁（Ralph Austen）撰写的《非洲经济史：内部发展与外部依赖》（*African Economic History: Internal Develop-*

---

* 本文系国家社会科学基金重大项目"多卷本《非洲经济史》"（项目编号：14ZDB063）的阶段性研究成果。

① 拉尔夫·奥斯丁（Ralph Austen），美国历史学家，芝加哥大学历史系荣休教授。主要从事非洲史特别是非洲经济史研究，特别关注大西洋奴隶贸易、殖民主义与帝国主义等问题。除《非洲经济史：内部发展与外部依赖》外，主要著作还有《德国和英国统治下的坦桑尼亚西北地区：殖民政策与部落政治，1889～1939》《喀麦隆河区的中间商：杜阿拉人与他们的腹地，1600～1960》《世界历史视野下的跨撒哈拉地区》等。

ment and External Dependency）正式出版。这部著作问世后，好评如潮，获得学界的高度评价。2019 年，该书的中译本出版。[①] 该书出版 30 多年后的今天，这部著作仍然是学习和研究非洲经济史的必读书。

一

该书由导言和正文（共 10 章）组成。奥斯丁在导言中指出，即便是非洲内部受过教育的群体，对这片大陆的认识依然很不清晰，而我们这些身处非洲大陆以外的人们对此则更是知之甚少。因此，该书试图尽可能地广泛全面，兼收并蓄。在导言中，作者对该书的写作框架、重要概念以及非洲经济史的相关学术问题做了介绍。

第一章"维持性经济的动力：历史视野下的非洲内部经济"篇幅不长，主要介绍了包括史前时期在内的非洲内部经济，或者称之为"维持性经济"（subsistence economy）。作者详细阐释了内部经济的生产组织和市场关系，但又指出，由于年代久远相关档案缺失，以及实地考察较少使其数据不足等方面的限制，对非洲内部经济的研究尚有不少困难。

第二章至第四章[②]分别考察非洲传统社会时期的西苏丹地区与撒哈拉、东非与印度洋以及西非与大西洋之间的经济和贸易活动。奥斯丁将它们视为非洲对外经济交往的三种不同模式。西苏丹地区的接触型经济（contact economy）是一种理想的非洲发展模式：生产力持续而又普遍地提升，在关键商品和服务上保持对域外贸易伙伴最低限度的依赖。相比之下，位于贸易前沿的东非和西非则不仅贸易效率低下，对外部贸易伙伴的依赖程度也明显较高。对外贸易关系中的依赖程度，主要与贸易双方的经济发展水平有关。西苏丹地区的手工艺水平已经可以与地中海地区相提并论，而东非始终只是原料产品出口和制成品进口的集散地。因此，就东非和印度洋地区而言，这一时期该区域的经济发展已经显示出更多的依附和欠发展迹象。西非是受欧洲影响最深的地区，欧洲的经济

---

① 〔美〕拉尔夫·奥斯丁：《非洲经济史：内部发展与外部依赖》，赵亮宇、檀森译，上海社会科学院出版社，2019。

② 第二章："商业前沿与经济接触（一）：西苏丹与撒哈拉"；第三章："贸易前沿与接触性经济体（二）：东非与印度洋"；第四章："贸易前沿与接触性经济体（三）：西非与大西洋"。

发展与对非政策的变化都直接影响着西非的经济发展，诸如欧洲工业革命直接促使西非从奴隶贸易向"合法商业"转化。

第五章"从奴隶贸易到帝国主义瓜分：工业化早期欧洲经济框架中的非洲"介绍并描述了从18世纪初到19世纪末帝国主义殖民瓜分之前，处在工业化早期欧洲经济框架下的非洲。在这一时期，非洲已经完全进入西方工业社会的外围。由于欧洲的私营企业没有能力单独完成占领非洲的任务，因此扩张行动必定由国家主导。对奴隶贸易的废除和帝国主义列强瓜分非洲这两项重大历史事件的解读，奥斯丁认为从欧洲层面切入更为合适，市场的力量在这两个标志性事件中虽然重要，但其他因素仍然起了类似的重要作用。作者对殖民瓜分没有做评价，相反，对这一时期的殖民活动做出了一般性结论："殖民瓜分的背后原因需要从当时欧洲宗主国经济政策的制定背景和过程中寻找答案。"① 也就是说，扩张主义政策完全是欧洲带来的。工业化进程使得欧洲的经济增长率远高于非洲内部的发展速度，最终导致两者之间的贸易前沿不得不呈现一种外部侵入的状态。

第六章"殖民经济体（一）：国家主义—小农体制"和第七章"殖民经济体（二）：竞争性剥削体制"聚焦殖民地时期非洲的经济状况。进入殖民地时期，分析非洲经济的视角就不再是与外部世界进行经济接触的地点和方式，而是以土地所有权为代表的生产控制形式。奥斯丁分别考察了两种政权结构的殖民经济体，即国家主义—小农体制（Etatist-Peasant Regimes）和竞争性剥削体制（Regimes of Competitive Exploitation）。作者以从塞内加尔一直延伸到尼日利亚的西非地区作为案例论证了在国家主义—小农体制中，"构成新兴经济体的主要力量是代表宗主国利益的官僚阶层"，② 但同时，用于维持生计或出口的生产仍然集中在"有土地的小型农业生产者"手中。③ 竞争性剥削体制则不同，最突出的特点是"欧洲裔私营企业家为了争夺土地、劳动力和政治影响力与非洲人开展直接竞争"，体现这类体制最好的实例是南非。④ 作者认为，殖民

---

① 〔美〕拉尔夫·奥斯丁：《非洲经济史：内部发展与外部依赖》，赵亮宇、檀森译，上海社会科学院出版社，2019，第187~188页。

② 〔美〕拉尔夫·奥斯丁：《非洲经济史：内部发展与外部依赖》，赵亮宇、檀森译，上海社会科学院出版社，2019，第198页。

③ 〔美〕拉尔夫·奥斯丁：《非洲经济史：内部发展与外部依赖》，赵亮宇、檀森译，上海社会科学院出版社，2019，第224~232页。

④ 该书英文原版出版于1987年，当时的南非仍在白人种族主义统治下。

地初期非洲大陆的经济体制是"国家主义—小农体制"，当时小农主导的农产品和矿物原料出口是这一时期占主导地位的经济形式，铁路等基础设施的规模性建设也是该阶段的特点。① 在此之后，非洲经济进入了竞争性剥削体制的新阶段，那些得到殖民地当局相关优惠政策补贴和优待的欧洲裔农场主与非洲裔小农场主展开了不公平竞争，最终扼杀了非洲农村资产阶级的形成和壮大。肯尼亚、南非、罗德西亚（现津巴布韦）和赞比亚等国是这方面较好的例子。在这一阶段中，南非的经济成长和转型历程较为特殊，用作者的话来说，南非工业化转型的历程既非传统的欧洲模式，也非亚洲模式。采矿业与欧洲裔农场主主导的商业化农业是南非工业化的两大支柱，但绝大多数的非洲裔人口被排除在这一进程之外。

第八章"从新重商主义到非殖民化：20 世纪中期世界经济中的非洲"聚焦非殖民化问题。作者把二战后众多殖民地的纷纷独立放到了战后西方政治和经济变革这一更广的视域中。与泛非主义叙事或一般观点不同，奥斯丁认为民族独立并不是非洲经济发展史上的"转折点"。②相反，非洲民族国家取得独立后，以前殖民宗主国为代表的外部经济体依然深度参与了非洲经济发展进程。究其原因，与殖民瓜分背后的关键考量很相似，即"为了在一个高度竞争性的国际秩序中维持关键战略地位……并且害怕他们在非洲的影响力会被苏联集团压过"，③ 因此各国都想分一杯羹。这就导致在政策制定的考量过程中，所谓的"元经济学"（meta-economics）占据了主导地位，决策者优先考虑的是政策的长期收益，而不是可能带来的短期后果。

第九章"从非殖民化到后殖民政权：内部转型的努力"讨论了非洲国家继承殖民政权后的经济基础和发展成效。该章节以四个具有代表性的国家［加纳、坦桑尼亚、象牙海岸④（今科特迪瓦）和肯尼亚］为案

---

① 〔美〕拉尔夫·奥斯丁：《非洲经济史：内部发展与外部依赖》，赵亮宇、檀森译，上海社会科学院出版社，2019，第 255 页。

② 〔美〕拉尔夫·奥斯丁：《非洲经济史：内部发展与外部依赖》，赵亮宇、檀森译，上海社会科学院出版社，2019，第 323 页。

③ 〔美〕拉尔夫·奥斯丁：《非洲经济史：内部发展与外部依赖》，赵亮宇、檀森译，上海社会科学院出版社，2019，第 352 页。

④ 科特迪瓦（Côte d'Ivoire）意为"象牙海岸"，由于原书成书时间较早，作者在此处使用其英语译名象牙海岸（Ivory Coast）。1986 年 1 月 1 日起，这个国家的名称一律采用其音译"科特迪瓦"。

例，回顾了四国独立后的经济发展实践。其中，作者将加纳和坦桑尼亚作为走社会主义道路国家的代表，将科特迪瓦和肯尼亚作为走资本主义道路国家的代表。该书成书于20世纪80年代，从当时的角度看，很难对其未来发展做出预测，但从对两个阵营经济转型的回溯来看，其成效都堪称糟糕。

该书第十章"回顾：增长与依附，自主与边缘化"对全书做了总结。

二

纵观全书，我们可以总结出以下的特点。

第一，全景式的写作框架。

从时间上看，该书的时间跨度从公元前两千年开始，一直到成书时的20世纪80年代，涵盖了从狩猎采集、食物生产驯化到非洲国家独立后的全部历史发展阶段。这种经济史时段的安排，体现了作者力图展示非洲经济史全貌的尝试。从空间上看，根据主题的需要，在非洲经济发展早期，作者的论述主体是整个非洲大陆，例如第一章阐述了整个非洲从新石器时代一直到与欧洲和中东的外部经济体发生接触之前的内部经济情况。在其余的时段，作者则按照"大陆性—主题性"（经济史发展的主题与非洲地区相结合）的方法进行论述，主要涵盖撒哈拉以南非洲。从内容的安排来看，除了导言和第十章"回顾：增长与依附，自主与边缘化"之外，前九章的内容大致可以划分为前殖民时期（第一章至第五章）、殖民地时期（第六章至第八章）和后殖民时期（第九章）。十分明显，上述三个时期相对应的是非洲古代经济史、非洲近代经济史和非洲现代经济史。对此，非洲经济史学家简·豪根道尔（Jan Hogendorn）认为"奥斯丁的研究从对食物资源驯化的开始一直延伸到后殖民时期。该书在地理上的覆盖范围比A. G. 霍普金斯（A. G. Hopkins）的《西非经济史》（1973）更全面，还涉及了东部和南部非洲"。因此，该书全景式的写作框架决定了"这是一本肯定会在本科生和研究生的非洲经济史课程中广泛使用的教科书"。①

① Jan Hogendorn, "Reviewed Work（s）: African Economic History: Internal Development and External Dependency by Ralph A. Austen", *The American Historical Review*, 1990, 95（2）, p. 558.

第二，对欧洲中心论进行了一定程度的反思。

受欧洲中心论影响，在关于前殖民时期的非洲经济的讨论中，一直流行一种错误的观点，即认为"传统非洲社会"是"非经济社会"（Non-economic Africa）。这是一种孤立的社会，是一种静止不变的实体，即便它在以龟的速度缓慢发展，那几乎也可以忽略不计。于是，一些西方学者认为，非洲大陆在西方殖民主义入侵之前，不存在什么经济活动。① 该书没有重复欧洲中心论的老调，而是依据历史事实，对包括史前在内的非洲内部"维持性经济"，以及包括西苏丹、东非和西非与外部世界的三种接触性经济模式进行了详尽阐述。这三种模式对各个地区其后的经济发展产生了不同的影响。西苏丹有能力避免与欧洲人的任何直接经济接触，所以它的发展进程和态势能够一直保持到欧洲殖民者入侵之前，不被打断；葡萄牙、法国和英国对东非进行了殖民渗透，东非经济受到了一些影响，但与东非保持最直接经济联系的地区仍然是亚洲而非欧洲，因此全局性、根本性的变革并没有出现。至于西非，这一地区与西方的经济接触最为频密，因此受西方的影响也更加深远。基于此，作者对包括史前在内的非洲早期的经济活动做了客观的总结。其一，在这一时期，非洲也曾经快速发展起受外部影响较少的驯化农业和冶金技术，然而，这些本土产品的规模、使用的技术和相关社会组织受到了当地生态和文化因素的限制。其二，非洲社会之间存在剩余产品的交换，这种贸易活动除了促使生产工具和生产技术发展和进步外，也推动了专业分工的出现。但也必须指出，非洲贸易活动的规模、范围、技术层次，以及消费者与生产者的分离程度尚十分有限。作者的客观评价，有利于恢复非洲经济史的原来面貌，消除欧洲中心论的影响。著名非洲经济史学者霍普金斯也指出："奥斯丁的著作是对整体的非洲的研究，反映了从欧洲中心论到本土观点的转变。"②

第三，特色鲜明的理论分析。

在对非洲经济史进行阐述时，奥斯丁提出了两个重要的观点。

其一，依靠本土资源实现经济的自主增长和通过加深与外部世界（主要是欧洲国家）的接触和交往来获得先进技术和产品是非洲经济发展

---

① Cohen, David William, "Agenda for African Economic History", *The Journal of Economic History*, 1971, 31 (1), pp. 208 – 221.

② A. G. Hopkins, "African Economic History: The First Twenty-Five Years", *Journal of African History*, 1989, 30 (1), p. 157.

历史上出现过的两类模式，但是效果都不尽如人意。第一种模式主要体现在非洲经济发展的早期，我们可以看到驯化农业和冶金技术都依靠本土的力量而得到较快发展，但是其发展明显受到生态和文化因素的制约。虽然非洲本土已经存在的贸易来往同样在一定程度上促进了非洲经济发展，但与外部世界相比，其在贸易规模、产品的技术水平以及市场的发展程度上都存在一定的差距。因此，如果不与外部世界接触，非洲经济将较长时间停留在较低水平。第一种发展途径无疑意味着把非洲推向世界经济的边缘。而第二种较为依赖外部技术和产品的发展模式同样有其严重弊端。在交往的过程中，非洲的经济发展水平有所提高，经济可能会得到一定发展。然而，外部世界先进技术和产品的输入也打击和压制了非洲本土的生产和产品。非洲本土生产和产品趋于萎缩的局面进而导致其对外部世界的产品呈现越来越强的依赖性。因此，在非洲经济史中，有两对指标极其重要，即增长与依附、自主与边缘化。"增长"是指非洲大陆的经济活动范围不断拓宽，生产能力不断提升；"依附"指的是非洲与外部世界的不平等经济关系，双方关系越来越密切，却也越来越不平等。"自主"表示非洲大陆利用本土资源维持增长的能力；"边缘化"则表现在非洲经济在世界经济中的地位日益衰落，自主增长失去动力。用以上两种视角进行观察和分析，可以了解和总结非洲几千年来经济活动的脉络和轨迹。

其二，在非洲经济发展中，发展与风险相连，依附伴随着边缘化。作者认为，非洲历史上每一个发展阶段都蕴藏着几个主要风险：首先是生计问题，这是阻碍非洲最早期生产变迁的主要原因，也是近几次生产变迁带来的持久风险；其次是自主权，其风险主要来自与科技领先的外部世界建立的紧密经济联系。当非洲稳步与世界经济整合时，对这些海外贸易伙伴的依附也是风险的一种体现。数百年来，西方经济经历了指数级的增长，但随着资本主义进入非洲，非洲在世界经济中的地位却日趋衰落：从欧洲和亚洲贵金属的主要来源地，跌落到新世界奴隶劳力的供给地，最后沦为世界市场各种初级产品的出口地。总体来看，资本主义引入非洲后，是不利于其生产力的提升的。非洲内外经济活动的日渐频密导致了更深层次的依附，在拉近非洲与域外经济体联系的同时，也使其关系愈加不平等。随着与外部世界一体化程度的提高，非洲大陆在不断增长的国际经济中所占的份额不断减少，并且在 19 世纪末陷入了边缘化状态。因此，非洲大陆必须面对内外环境的变化，进行适当的调适。

总之，奥斯丁的观点十分明确，由于非洲大陆受到生态和文化方面的制约，生产力水平与外部世界（欧洲国家）存在明显的差距。依靠非洲本土的力量，非洲经济也得到了发展，但是速度受到限制。与外部世界交往时引进非洲的生产工具、技术和产品使非洲受到不同程度的影响。交往越频繁，非洲受到的影响就越大。这种影响削弱了非洲本土经济发展的动力，从而对外部世界产生了日益增长的依赖，自主性降低，依附的成分增加。这种依附的因素在非洲国家独立后继续发挥作用，在很大程度上是后殖民时期非洲国家经济发展陷入迟缓和停滞状态的罪魁祸首。

第四，丰富的历史资料和研究材料。

奥斯丁对于现存的有关历史文献做了大量收集、归纳和分析工作。该书涉及的历史文献数量可观，其范围从约鲁巴人出现的遥远古代一直到今天，作者对这些文献做了很好的解读。尤其值得一提的是，作者在每一章后面都列出了可以进一步阅读的材料。这为读者（包括高等院校学生、教师和有关研究人员）进一步深入了解和研究非洲经济史提供了十分有益的指导。

众所周知，非洲经济史由于受到西方殖民主义、种族主义和欧洲中心论的打压，长期无法形成独立的学科。直至 20 世纪 60 年代非洲大陆获得独立后，非洲经济史作为一个研究领域才迎来了发展的大好时光。由于非洲经济史诞生晚，加之历史文献不足，因此研究进展比较缓慢。从某种意义上说，奥斯丁 1987 年出版的这部著作是第一部全面研究非洲经济史的著作。[①] 要用一本书就阐述几千年的非洲经济史，其难度可想而知。因此，它既具有开拓创新的意义，又难免带有这样或者那样的不足。

首先，宏观研究与微观研究的结合显得不足。非洲经济史学家罗宾·劳（Robin Law）指出：奥斯丁为自己设定了一项雄心勃勃的任务，

---

① 在该书出版之前，也有一些有关非洲经济史的著作问世，但大多只涉及一个次区域，诸如对西非、热带非洲的研究。如霍普金斯于 1973 年出版的《西非经济史》（*An Economic History of West Africa*）；Z. A. 孔克扎基（Z. A. Konczacki）和 J. M. 孔克扎基（J. M. Konczacki）共同主编的《热带非洲经济史》（*Economic History of Tropical Africa*）。P. L. 威京斯（P. L. Wickins）于 1981 年出版了《非洲经济史：从远古至瓜分》（*An Economic History of Africa: From the Earliest Times to Partition*），但正如书名所示，该书研究时间到殖民瓜分为止。

即在一卷范围内阐述非洲（实际上是撒哈拉以南非洲）的整个经济史，从公元前两千年粮食生产的起源到 20 世纪 80 年代。[①] 但实际上，这本书涵盖的范围并不像它所暗示的那样广泛。比如，作者对于宏观（非洲大陆层面）的研究主导了全书的内容，对于微观（国家层面）的分析相对显得不足。非洲有 54 个独立的国家，在共同的历史和特性之外，有着不同的国情和迥异的经济发展历程。又如，在有关殖民地时期的分析中，作者将帝国主义国家视作一个整体，没有把英国、法国、德国、意大利、葡萄牙、西班牙等列强在撒哈拉以南非洲的殖民活动区分开来。因此，宏观视野和微观分析兼顾似乎是该书遇到的第一个困难。

其次，对非洲经济发展中各类因素的综合分析不足。人类的经济发展所包含的因素十分复杂，既有生产活动，也有贸易活动，还受到制度、文化、国际关系等各种变量影响。作者在内容上的关注点聚焦在对外经济交往和贸易活动上，缺少对非洲大陆内部几千年以来生产活动的分析，也缺乏对上述其他变量的考量，很难充分展示非洲经济史的全貌。

瑕不掩瑜，这部《非洲经济史：内部发展与外部依赖》因其宏观视野、长时段的历史观察、丰富的历史资料和具有特色的理论剖析，使其成为一部值得一读的非洲经济史。虽然距其出版已有 30 多年，其后也陆续出版了一些新的非洲经济史著作，但是它的学术影响力仍然存在，成为非洲经济和非洲问题研究者的重要参考著作。

【责任编辑】杨惠

---

① Robin Law, "Reviewed Work（s）：African Economic History：Internal Development and External Dependency by Ralph Austen；Africa 1880 – 1980：An Economic History by Peter Wickins", *African Affairs*, 1988, 87（348）, p. 472.

Table of Contents & Abstracts

Abstract: Since African countries gained independence, the issue of peace and security has always been the biggest obstacle restricting the development of countries, and countries are also constantly exploring local solutions to internal conflicts in practice. In this context, the concept of "African solutions to African problems" came into being. Influenced by the ideas of Pan-Africanism and African Renaissance, "African solutions to African problems" highlighted Africa's strong desire to play a leading role in resolving internal conflicts, and its connotation is constantly clarified in practice. Although this concept still faces many challenges at the practical level, with the continuous enrichment of relevant cases, the African continent has shown more and more distinct indigenous propositions in resolving internal conflicts.

Keywords: African Solutions to African Problems; Pan-Africanism; Africa Renaissance

Abstract: The state failure wave in Africa after the end of the Cold War brought the problem of state fragility to the fore, which had long been hidden behind the facade of equal sovereignty of states. By taking the "state in society"

perspective and on the basis of reviewing the representative studies in anthropology and historiography, this paper examines how the fragmented social control in the Democratic Republic of the Congo (DRC), formed during the pre-colonial period and substantially expanded and solidified during the colonial period, shaped and constrained the state building trajectory of DRC after the latter's independence. This article concludes that state building does not take place in vacuum and it tends to be shaped by specific historical experiences of a given country. The findings of this article echo the "historical" turn in social science studies in recent years.

Keywords: Democratic Republic of the Congo; "State in Society"; Colonial Rule; Social Control; Chiefs

Review and Reflection on the Development of African Constitutions

Huang Mudan, Hong Yonghong / 41

Abstract: Since independence, African countries have gone through more than 60 years in the exploration of constitutional and legal systems. During this period, the constitutional and legal systems of African countries have experienced four periods including imitation, reform, transformation, and reshaping, each with corresponding institutional changes. In this process, African countries have basically realized the construction of citizens' constitutional rights, the construction and distribution of power, and the appropriate restriction of administrative power. African countries have made great progress in constitutional democracy, but there are still some prominent problems. The causes for these problems include the decisive role of economic development, changes in domestic political forces, the development of social group forces, and excessive external interference, etc. African countries will continue to firmly follow the path of democracy, so the exploration of the model of public participation in the constitutional process, diversified constitutional management, the reform of the constitutional court and branches, and the improvement of the government system and electoral system will be the focus of reform in the future.

Keywords: African Country; Constitution; Election

The Practice and Reflection of Ethiopia's Industrialization Strategy（1991 −2019）

Jiang Lu / 57

Abstract：Since the 1990s, led by Ethiopian People's Revolutionary Democratic Front, the Ethiopian government has started to promote the country's economic structural transformation, particularly seeking a light-manufacturing-oriented industrialization. By implementing a series of industrial policies and mobilizing a range of business actors, Ethiopia's economy has witnessed rapid growth and preliminary transformation results. That said, the development of Ethiopia's light manufacturing industry still suffers from some limitation. First, the industrial policy doesn't adequately promote effective linkages among key industrial sectors; second, the government lacks in its capacity in terms of mobilizing a broader range of market actors, and maintaining close relations with investors in the post-investment-promotion stage; last, the slow progress of commercial environment improvement also limits the country's industrialization transformation. Reflection on Ethiopia's industrialization practice has important implications to the government's deepening of economic structural transformation as well as external development partners's adjustment of their cooperation method with Ethiopia.

Keywords：Ethiopia; Economic Structural Transformation; Industrialization; Industrial Policy; State Capacity

A Comparative Analysis of the US and EU Sanctions against African Countries

Wang Xia, Fan Junjie / 76

Abstract：The sanctions imposed on African countries by the international community led by the United States and the European Union are an important external factor affecting the African political process and national development. Based on the Global Sanctions Database, this paper constructs an observation sample of "Global Sanctions against Africa" and observes the development of global sanctions against African countries. The main conclusions include：

(1) Human rights and democratic goals are the main targets of sanctions imposed by the United States and the European Union on Africa, and counter-terrorism goals have also become the main targets of sanctions imposed by the United States on Africa after the September 11th; (2) The close traditional connection between European countries and African countries makes the effectiveness of EU sanctions on Africa significantly higher than that of the United States; (3) Financial sanctions are an important tool for the United States and the European Union to intervene in the affairs of African countries. This paper provides a relatively objective and basic research reference for the profound studies on related issues in this field.

Keywords: US Sanctions against Africa; EU Sanctions against Africa; Targets of Sanctions; Effectiveness of Sanctions; Forms of Sanctions

Internationalization of Commercial Law in Africa: An Analysis of the Unified Commercial Law System for Africa

Xu Jinghang / 95

Abstract: The internationalization of commercial law is an important trend in the development of commercial law worldwide. Among the many models of commercial law internationalization, OHADA has rapidly achieved the goal of commercial law internationalization and integration by establishing a unified commercial law system with the Uniform Act on General Commercial Law as the core. Its flexible and unified legislative model, system design under the Uniform Act on General Commercial Law, and the legal concept focusing on the autonomy of commercial law are worthy of recognition. Although OHADA's unified commercial law system is rich in rules, it is also faced with the practical dilemma, which is mainly manifested in the conflict of diversified legal sources and the challenge of international commercial rules to local traditional business ethics. China can cooperate further on issues such as legislation, judiciary and legal talent training with OHADA to provide the rule of law guarantee for building a new era of China-Africa community with a shared future.

Keywords: Internationalization of Commercial law; OHADA; Uniform

Act on General Commercial Law

From Siti to Kidude: A Socio-historical Study of Taarab Music in Zanzibar

Ao Manyun, Yan Ziyi / 113

Abstract: Taarab is a music genre shaped by multi-cultural communication and social changes on the coastal region of East Africa. It was originally regarded as court music in the Sultanate of Zanzibar, and later evolved into popular music on the East African coast. During this process, two female musicians from different generations, Siti Binti Saad, known as "The Mother of Taarab" and Kidude Binti Baraka, known as "The Queen of Taarab", played a vital role in the development of Taarab. With the specific social contexts concomitant with their musical endeavors, Taarab accomplished its localization in Zanzibar and manifested its legacy and innovation in terms of form and content. Arguably, Siti endowed Taarab music with connotation of survival and resistance, later on this basis, Kidude cooperated with Tanzanian government as well as a female orchestra to inherit and innovate traditional Taarab, which contributed to the development of Taarab and maintained the subjectivity of female musicians in a Muslim society. We argue that the study of Siti and Kidude especially their individual features, is of great value to the socio-historical study of Taarab music in Zanzibar.

Keywords: Taarab; Socio-historical Study; Female Musicians; Zanzibar

The Ethic Tension and National Identity in Zimbabwean Literature Since the 21st Century

Lan Yunchun / 130

Abstract: African countries generally confront the problems of domestic ethnic opposition and weak national identity, and literary works are important vehicles for recording and conveying the sentiments of different ethnic groups.

This article takes the literary works in English by writers from Ndebele and Shona, the two main ethnic groups in Zimbabwe since the beginning of the 21st century as the research objects. In terms of their selection of subject matters, thematic preference, narrative tone and aesthetic taste, the article analyzes and compares the differences in national identity between the two ethnic groups of writers, as well as the focus and expression of ethnic opposition between them.

Keywords: English Literature in Zimbabwe; The Themes of the Weariness of Disorders; Ethnic Tension; National Identity

National Identity Perspective: An Analysis on History Textbooks of Secondary Schools in Anglophone Cameroon

Zhang Shengyun / 144

Abstract: Most African countries are diverse in ethnic groups, cultures, and religions. With a complex colonial history, it is facing more difficulties for African countries to construct national identity. History textbooks play a key role in national identity education, which can help cultivate the patriotic consciousnesss for the young generation. It is of a great significance to promote national rejuvenation. History Textbooks of Secondary Schools in Anglophone Cameroon fail to achieve one national identity between "self image" and "nation image", which causes multiple competition and a blur of identity. In the context of long existing "Anglophone crisis", Cameroon government should attach importance to the function of history textbooks on national identity. History textbooks should emphasize the history of Anglophone and Francophone Cameroon fighting against colonizers and pay less attention to the history of former suzerain. History textbooks should be used to solve the issues of seperation and mutual hate and to promote the idea of "one Cameroon".

Keywords: National Identity; History Textbooks; Cameroon

The Historical Review and Thinking on the Interactions between the CPC and African Political Parties

Zhu Xu, *Zhang Yue* / 167

Abstract: The inter-party interactions between the Communist Party of China (CPC) and political parties in African countries are an important part of the diplomatic work of the CPC and an indispensable part of China's diplomatic layout. Due to changes in the international situation and needs of national interests, the interactions between the CPC and African political parties have roughly experienced four stages of underpinning, enlivening, changing and flourishing. On the whole, inter-party interactions between China and Africa have shown the characteristics of an increasing number of interactions, more frequent high-level interactions, richer content of interactions, and increasingly mature dialogue mechanisms. In the future, political interactions between the CPC and African political parties need to further consolidate their political foundation and strengthen interactions at the political level; expand diplomatic channels and emphasize the role of democratic parties; build a cooperation platform to promote the construction of a China-Africa community with a shared future.

Keywords: The CPC; Political Party Interactions; Political Party Diplomacy; Inter-party Relations; China-Africa Community with a Shared Future

The Dilemma and Way-out of Chinese Investors Seeking the ISDS Mechanism in Nigeria
—An Overview of Zhongshan Fucheng v. Nigeria

Peng Xianqi / 184

Abstract: With the expansion of the Belt and Road Initiative, China has gradually transitioned from a capital-importing to a capital-importing and capital-exporting country. China's investments in Africa have grown dramatically in comparison to other investor countries. The investment disputes between China and Africa have also increased. The first investment arbitration case brought by a

Chinese investor against an African country is Zhongshan Fucheng v. Nigeria. It reflects the quandary of Chinese investors who use ISDS mechanisms for resolving investment disputes in Nigeria. Denial of judiciary, issuance of an anti-arbitration injunction prohibiting international commercial arbitration, and challenge to investment arbitration jurisdiction by invoking the fork-in-the-road clause are all examples. It is due to the lack of knowledge with the ISDS mechanism and the local protection of the host country court. In order to resolve these issues, Chinese investors should carefully select dispute resolution methods under the existing international treaties and BIT. When it is appropriate, they can propose to the Chinese government that the China-Nigeria BIT need to be updated or that an FTA need to be signed. Finally, they can seek to establish a China-Africa Investment Dispute Resolution Center under the auspices of the Forum of China-Africa Cooperation in order to settle China-Africa investment disputes amicably.

Keywords: Zhongshan Fucheng v. Nigeria; Fork-In-The-Road Clause; Anti-arbitration Injunction; China-Nigeria ISDS

An Analysis of Reports on the Belt and Road Initiative by Mainstream Media in West African Countries

Wang Heng, Zhu Weiming / 204

Abstract: China's joint construction of the Belt and Road Initiative with West African countries in recent years has attracted the attention of local media for its significant achievements. Through their reports on the Belt and Road Initiative, mainstream media in West Africa have demonstrated a positive image of China. Due to historical and current reasons, China's communication efforts in Africa continue to face challenges. This paper takes the reports on the Belt and Road Initiative by mainstream media in West African countries from 2017 to 2021, as an example for case analysis. It summarizes the status and characteristics of related reports by mainstream media in West Africa, analyzes the advantages and challenges of China's national image communication in West Africa, and explores practical ways for China to enhance its national image in Africa through the Belt and Road Initiative.

Keywords：China's National Image；Mainstream Media in West African Countries；The Belt and Road Initiative

A Review on *African Economic History*：*Internal Development and External Dependency*

Zhao Liangyu / 221

Abstract：*African Economic History: Internal Development and External Dependency*, composed by Ralph Austen, is the first comprehensive scholarly work in this field. In an attempt to display the entire landscape of African economic history, the author periodized the African history in the traditional way of pre-colonial, colonial and post-colonial, while simultaneously expounded on details in a "continental-thematic" sequence. This work unfolded before us the complexity of African economic history. It is undoubtedly worth reading because of the extensive time span, the correction of euro-centrism, distinctive theoretical analyses and profound historical materials.

Keywords：Africa；African Economic History；Ralph Austen

本刊宗旨与投稿体例

《非洲研究》创刊于 2010 年，由浙江师范大学非洲研究院主办，是刊发非洲研究成果、探讨非洲问题的综合性学术刊物。本集刊 2015 年入编中国知网、中国学术期刊网络出版总库辑刊，2021 年入选中文社会科学引文索引（CSSCI）来源集刊、《中国学术期刊影响因子年报》统计源期刊。

本集刊秉持浙江师范大学非洲研究院"非洲情怀、中国特色、全球视野"之治学精神，坚持"求真创新、平等对话、沟通交流"之办刊方针，致力于搭建开放的非洲学术交流平台，致力于打造独具非洲特色的人文社会科学期刊，荟萃学术思想与观念之精华，努力推动中国非洲研究事业的进步。本集刊设有"政治与国际关系""经济与发展""社会文化与教育""中国与非洲关系"等固定栏目以及"书评""海外来稿"等特色栏目。我们热忱欢迎国内外不同学科领域的学者从各自学科的角度对非洲问题进行研究，并踊跃向本刊投稿、交流观点。《非洲研究》编辑部将严格按照学术规范流程进行稿件审核，择优录用，作者投稿时应将稿件电子版发送至：fzyjbjb2016@126.com。

一 稿件基本要求

1. 来稿应注重学术规范，严禁剽窃、抄袭，反对一稿多投。

2. 来稿正文字数控制在 13000 字以内。

3. 来稿应包含以下信息：中英文标题、内容提要、关键词；作者简介、正文、脚注。中文简介不少于 200 字，英文简介不少于 150 字；关键词 3—5 个；作者简介包含姓名、单位、主要研究领域、通信地址、电话和电子邮件地址，如为外籍学者需注明国别。

4. 本刊采用脚注形式，用"①②③"等符号标注，每页重新编号。

5. 如有基金项目，请注明基金项目名称、编号。

二　引文注释规范

1. 期刊：作者，篇名，期刊名，年月，期数，页码。如：

纪宝成：《当前高等教育发展中的五大困境》，《中国高教研究》2013
年第 5 期，第 6 页。

Joas Wagemakers, "A Purist Jihadi-Salafi: The Ideology of Abu Muham-
mad al-Maqdisi", *British Journal of Middle Eastern Studies*, August 2009, 36
(2), p. 281.

2. 著作文献：作者，书名，出版社，年月，页码。如：

刘鸿武：《尼日利亚建国百年史（1914—2014）》，浙江人民出版社，
2014，第 163 页。

C. A. 贝利：《现代世界的诞生》，于展、何美兰译，商务印书馆，2013。

Stig Jarle Hansen, *Al-Shabaab in Somalia—The History and Ideology of a
Militant Islamist Group*, 2005 – 2012, London: Hurst & Company, 2013, p. 9.

3. 纸质报纸：作者，文章名称，报纸名称，年月，所在版面。如：

杨晔：《第二届中非民间论坛在苏州闭幕》，《人民日报》2012 年 7
月 12 日，第 3 版。

Rick Atkinson and Gary Lee, "Soviet Army Coming apart at the Seams",
Washington Post, November 18, 1990.

4. 文集析出文献：作者，文章名，文集编者，文集名，出版社，出
版时间，页码。如：

杜威·佛克马：《走向新世界主义》，载王宁、薛晓源编《全球化与
后殖民批评》，中央编译出版社，1999，第 247 ~ 266 页。

R. S. Schfield, "The Impact of Scarcity and Plenty on Population Change
in England", in R. I. Rotberg and T. K. Rabb, eds., *Hunger and History:
The Impact of Changing Food Production and Consumption Pattern on Society*,
Cambridge, Mass: Cambridge University Press, 1983, p. 79.

5. 学位论文：作者，论文名称，所在院校、年份，页码。如：

方明东：《罗隆基政治思想研究（1913—1949）》，博士学位论文，北
京师范大学历史系，2000，第 67 页。

Lidwien Kapteijns, *African Historiography Written by Africans, 1955 – 1973:
The Nigerian Case*, PhD diss., University of Amsterdam, 1977, p. 35.

6. 研究报告：作者，报告名称，出版社，出版日期，页码，如：

世界银行，《2012 年世界发展报告——性别平等与发展》，清华大学出版社，2012，第 25 页。

Rob Wise，"Al-Shabaab"，Center for Strategic International Studies，July 2011，p. 3，http：//csis. org/files/publication/110715 _ Wise _ AlShabaab _ AQAM％20Futures％20Case％20Study_WEB. pdf.

7. 网络资源：作者，文章名，网络名称，时间，网址，上网时间。如：

中华人民共和国外交部，《外交部副部长翟隽在第七届"蓝厅论坛"上的讲话》，中华人民共和国外交部，2012 年 7 月 12 日，http：//www. mfa. gov. cn/chn/gxh/tyb/zyxw/t950390. htm，最后访问日期：2015 年 12 月 25 日。

Tomi Oladipo，"Al-Shabab Wants IS to Back off in East Africa"，BBC News，November 24, 2015，http：//www. bbc. co. uk/news/world-africa-34868114. Accessed 2015 － 12 － 25.

《非洲研究》编辑部

2018 年 6 月

图书在版编目（CIP）数据

非洲研究. 2023 年. 第 1 卷：总第 20 卷 / 刘鸿武，
周倩主编；单敏执行主编. -- 北京：社会科学文献出
版社，2023.12
ISBN 978 - 7 - 5228 - 2750 - 6

Ⅰ. ①非… Ⅱ. ①刘… ②周… ③单… Ⅲ. ①非洲 -
研究 - 丛刊 Ⅳ. ①D74 - 55

中国国家版本馆 CIP 数据核字（2023）第 216322 号

非洲研究　2023 年第 1 卷（总第 20 卷）

主　　办 / 浙江师范大学非洲研究院
主　　编 / 刘鸿武　周　倩
执行主编 / 单　敏

出 版 人 / 冀祥德
责任编辑 / 宋浩敏
文稿编辑 / 顾　萌
责任印制 / 王京美

出　　版 / 社会科学文献出版社·国别区域分社（010）59367078
　　　　　　地址：北京市北三环中路甲 29 号院华龙大厦　邮编：100029
　　　　　　网址：www. ssap. com. cn
发　　行 / 社会科学文献出版社（010）59367028
印　　装 / 三河市龙林印务有限公司

规　　格 / 开　本：787mm × 1092mm　1/16
　　　　　　印　张：15.25　字　数：250 千字
版　　次 / 2023 年 12 月第 1 版　2023 年 12 月第 1 次印刷
书　　号 / ISBN 978 - 7 - 5228 - 2750 - 6
定　　价 / 98.00 元

读者服务电话：4008918866